Garantias Fiduciárias

Garantias Fiduciárias

2022

Bruno Cezar Toledo De Conti

GARANTIAS FIDUCIÁRIAS
© Almedina, 2022

Autor: Bruno Cezar Toledo De Conti

Diretor Almedina Brasil: Rodrigo Mentz
Editora Jurídica: Manuella Santos de Castro
Editor de Desenvolvimento: Aurélio Cesar Nogueira
Assistentes Editoriais: Isabela Leite e Larissa Nogueira
Estagiária de Produção: Laura Roberti

Diagramação: Almedina
Design de Capa: Roberta Bassanetto

ISBN: 9786556275260
Maio, 2022

Dados Internacionais de Catalogação na Publicação (CIP)
(Câmara Brasileira do Livro, SP, Brasil)

Conti, Bruno Cezar Toledo De
Garantias fiduciárias / Bruno Cezar Toledo De Conti
São Paulo : Almedina, 2022

ISBN 978-65-5627-526-0 1

Alienação fiduciária 2. Bens imóveis – Brasil
3. Dogmática jurídica 4. Direito civil 5. Direito fundiário
6. Garantia real 7. Propriedade fiduciária
I. Título.

22-104566   CDU-347.277.8

Índices para catálogo sistemático:

1. Alienação fiduciária em garantia : Direito civil 347.277.8

Maria Alice Ferreira – Bibliotecária – CRB-8/7964

Este livro segue as regras do novo Acordo Ortográfico da Língua Portuguesa (1990).

Todos os direitos reservados. Nenhuma parte deste livro, protegido por copyright, pode ser reproduzida, armazenada ou transmitida de alguma forma ou por algum meio, seja eletrônico ou mecânico, inclusive fotocópia, gravação ou qualquer sistema de armazenagem de informações, sem a permissão expressa e por escrito da editora.

Editora: Almedina Brasil
Rua José Maria Lisboa, 860, Conj. 131 e 132, Jardim Paulista | 01423-001 São Paulo | Brasil
www.almedina.com.br

*Aos meus pais, Julio e Elaine,
por tornarem tudo possível.*

AGRADECIMENTOS

Agradeço ao meu orientador, Dr. Claudio Luiz Bueno de Godoy, excepcional jurista e professor, com quem tive o prazer de aprender Direito Civil desde a minha graduação, pela oportunidade e pela orientação cuidadosa, fundamental para os méritos que essa dissertação possa ter.

Agradeço à minha querida Giordana, pelo carinho, por todo o companheirismo, pelo apoio irrestrito, pelos inúmeros conselhos, pelas palavras de conforto e pela enorme paciência.

Agradeço aos meus pais, pelo amor e carinho, e por propiciarem todas as condições, materiais e imateriais, para que eu pudesse chegar até aqui.

Agradeço ao meu irmão, Caio, à toda minha família e aos meus amigos pela presença e parceria de sempre.

Agradeço à equipe RFT, melhor time que alguém poderia querer, e especialmente ao meu chefe e amigo Renan, pelo apoio, pela compreensão e pelos conselhos.

PREFÁCIO

Fruto de dissertação de mestrado defendida, com brilho, na Faculdade de Direito da Universidade de São Paulo, perante Banca composta pelos Professores Marco Fábio Morsello (da Casa), Marcelo Fortes Barbosa Filho e Hamid Charaf Bdine Jr (ambos da Faculdade de Direito da Universidade Presbiteriana Mackenzie), o trabalho de Bruno Cezar Toledo De Conti agora se transforma em livro, e de consulta valiosa para quem tencione estudar a garantia fiduciária.

Conheci o autor quando ainda aluno de graduação na Faculdade do Largo de São Francisco. Fui seu orientador no Trabalho de Conclusão de Curso (TCC), que desenvolveu, já com muita qualidade, sobre a teoria da perda de uma chance. Uma vez formado, recebi-o – aprovado nas provas de ingresso – para orientação no Programa do Pós-Graduação, em cujo transcurso, de novo, demonstrou sempre extrema dedicação, afinal culminando com a apresentação da dissertação hoje convertida em livro. Bruno é advogado militante, com experiência no trato casuístico do tema que escolheu para a dissertação, e hoje vê-se em vias de suplementar seus estudos no exterior.

O trabalho tem como traço marcante uma real organização da teoria da garantia fiduciária, de múltipla previsão positiva no País, como é sabido. Inicia pelo exame do que se consideram fontes ditas de inspiração do instituto (a fidúcia romana e germânica), referido ainda o negócio fiduciário. Segue analisando figuras afins, mesmo no sistema da common law, aí incluído o trust e sua possível recepção no sistema da civil law. Refere os corpos normativos, no direito brasileiro, alusivos à garantia fiduciária, portanto seus regimes jurídicos para, então, chegar ao esboço de uma teoria geral do instituto. Nessa linha, analisa as questões da constituição (título e modo), do funcionamento (a propriedade e a posse da coisa, a dívida e seu vencimento) e das consequências do inadimplemento do débito garantido, particularmente a dinâmica da excussão e satisfação do credor.

Para tanto, e a um só tempo, o autor não deixa de se posicionar sobre pontos ontológicos que dizem com a própria natureza do instituto, mesmo da própria propriedade fiduciária – e reflexos daí decorrentes –, como esgrime problemas operacionais, pragmáticos, que ele suscita, constantemente renovados. Bem por isso, cabe realçar, a obra revela também grande atualidade.

Enfim, reforça-se a crença de que, por esses motivos todos, como ainda pelos tantos outros que o leitor se incumbirá de verificar à medida da sua leitura, o livro ora levado ao público representa, de um lado, importante contribuição à doutrina das garantias e, de outro, material fértil de pesquisa a quem precise enfrentar ou solucionar questões concretas relacionadas à garantia fiduciária.

São Paulo, janeiro de 2022

CLAUDIO LUIZ BUENO DE GODOY
Professor do Departamento de Direito Civil da Faculdade de Direito da Universidade de São Paulo.

SUMÁRIO

INTRODUÇÃO	15
1. FONTES DE INSPIRAÇÃO DAS GARANTIAS FIDUCIÁRIAS	27
1.1. Fidúcia romana	27
1.2. Fidúcia germânica	32
1.3. Negócio fiduciário	35
1.3.1. Caracterização	35
1.3.2. Figuras afins e a validade do negócio fiduciário	47
1.4. Figuras da *Common Law*	53
1.4.1. *Trust*	53
1.4.1.1. Caracterização	53
1.4.1.2. *Trust* e *Civil Law*	59
1.4.2. *Mortgage* e *Trust Receipt*	65
2. AS GARANTIAS FIDUCIÁRIAS NA LEGISLAÇÃO BRASILEIRA	69
2.1. Instituto próprio brasileiro	69
2.2. Evolução legislativa das garantias fiduciárias	74
2.3. O triplo regime e o papel do Código Civil	82
3. TEORIA GERAL DAS GARANTIAS FIDUCIÁRIAS	87
3.1. Considerações preliminares	88
3.1.1. Direitos Reais	88
3.1.2. Propriedade	93
3.2. Constituição	98

	3.2.1.	Contrato (título)	98
		3.2.1.1. Abrangência das garantias fiduciárias	101
		3.2.1.1.1. Requisito objetivo	102
		3.2.1.1.2. Requisito subjetivo	107
		3.2.1.2. Disposições obrigatórias	114
		3.2.1.2.1. Aspectos da especialização nas garantias fiduciárias	116
		3.2.1.2.2. Efeito da não especialização	119
	3.2.2.	Registro (modo)	121
3.3.	Funcionamento		130
	3.3.1.	Transmissão do bem em garantia	130
		3.3.1.1. A alienação da propriedade	131
		3.3.1.2. Aquisição da propriedade fiduciária	135
		3.3.1.2.1. Propriedade e titularidade fiduciárias	136
		3.3.1.2.2. Conceituação da propriedade fiduciária	140
	3.3.2.	Propriedade fiduciária como propriedade resolúvel	142
		3.3.2.1. Propriedade resolúvel em geral	144
		3.3.2.2. Posição do fiduciante	147
		3.3.2.3. Posição do fiduciário	150
	3.3.3.	Propriedade fiduciária como propriedade limitada	152
		3.3.3.1. Posse	154
		3.3.3.2. Disposição	161
		3.3.3.3. Patrimônio de afetação	164
	3.3.4.	Propriedade fiduciária como propriedade desonerada	169
		3.3.4.1. Ausência de responsabilidade quanto às obrigações advindas do objeto da garantia	169
		3.3.4.2. Ausência de obrigações e risco quanto ao objeto da garantia	176
	3.3.5.	Normas aplicáveis dos direitos reais de garantia	180
		3.3.5.1. Indivisibilidade	181
		3.3.5.2. Vencimento antecipado	182
3.4.	Consequências do inadimplemento		185
	3.4.1.	Consolidação da propriedade	186

  3.4.2. Conversão do bem em dinheiro 194
    3.4.2.1. Obrigação de venda 196
    3.4.2.2. Vedação ao pacto comissório 200
    3.4.2.3. Apuração de saldo 205
    3.4.2.4. Formas lícitas de o fiduciário obter definitivamente o bem 211
 3.5. Propriedade fiduciária como propriedade 215

CONCLUSÕES 225

REFERÊNCIAS 229

INTRODUÇÃO

O crédito ocupa posição fundamental na sociedade atual. É contando com ele que milhares de pessoas sonham com a compra de um carro e até de uma residência. É contando com ele que empresários e sociedades empresariais buscam crescer e expandir seus negócios. Em suas mais variadas formas, o crédito nada mais é do que uma das principais engrenagens do sistema capitalista, sendo diretamente responsável por fazer a economia girar.[1]

Consequentemente, ocupam papel central na economia aqueles que estão dispostos a emprestar, ou seja, a aplicar seu capital (ou de outros poupadores, como no caso das instituições financeiras[2]) na perseguição do objetivo de outra pessoa, na esperança de que, no futuro, o recuperarão com a remuneração que consideram adequada.

---

[1] Sobre a importância do crédito, ver: RESTIFFE, Paulo Sérgio. Garantias tradicionais no novo Código Civil. **Revista dos Tribunais**, São Paulo, v. 821, mar. 2004, p. 731; CHALHUB, Melhim Namem; ASSUMPÇÃO, Márcio Calil de. Cessão fiduciária de direitos creditórios: aspectos da sua natureza jurídica e seu tratamento no concurso de credores. **RTDC**: Revista Trimestral de Direito Civil. Rio de Janeiro, v.10, n. 38, abr./jun. 2009, p. 82-83; ALVES, José Carlos Moreira. **Da alienação fiduciária em garantia**. 3. ed. Rio de Janeiro: Forense, 1987, p. 2.

[2] É frequentemente realçado o papel das instituições financeiras enquanto intermediadoras do crédito, captando a poupança popular (atuando como devedoras) e a empregando na concessão de crédito (atuando como credoras). Cf. MOLLE, Giacomo. **Manuale di diritto bancário**. 2. ed. Milão: A. Giuffrè, 1977, p. 3 e 102.

É claro que a operação de emprestar à vista para receber a prazo implica a assunção do risco de inadimplemento do devedor, o risco de crédito.[3] E, apesar de inexistir "crédito totalmente isento de risco", esse risco deve ser reduzido ao máximo, especialmente na atividade bancária, que lida com a poupança popular.[4] É necessária a usual construção de "diques, barragens, amortecedores" contra os efeitos negativos do risco.[5]

Ganham grande relevância, assim, os mecanismos aptos a conferir não apenas esperança ao credor, mas segurança de que o capital emprestado poderá ser recuperado da forma mais célere possível na hipótese de inadimplemento.

Tal probabilidade de recuperação, por sua vez, estará diretamente relacionada com as variadas garantias que podem ser dadas ao credor, que têm como função a cobertura de um risco[6] e consistem em uma "via de privilégio", reforçando a posição do credor frente à possível precariedade do patrimônio geral do devedor, o qual, quando de uma execução, pode estar definitivamente desfalcado[7].

---

[3] O risco de crédito é assim definido pelo Banco Central do Brasil: "[...] define-se o risco de crédito como a possibilidade de ocorrência de perdas associadas ao não cumprimento pelo tomador ou contraparte de suas respectivas obrigações financeiras nos termos pactuados, à desvalorização de contrato de crédito decorrente da deterioração na classificação de risco do tomador, à redução de ganhos ou remunerações, às vantagens concedidas na renegociação e aos custos de recuperação" (Resolução 3.721/2009).

[4] COVELLO, Sergio Carlos. **Contratos bancários**. 4. ed. rev. e atual. São Paulo: Leud, 2001, p. 277.

[5] SZTAJN, Raquel. **Sistema financeiro**. Rio de Janeiro: Elsevier, 2010, p. 67.

[6] SILVA, Fábio Rocha Pinto e. **Garantias das obrigações**: uma análise sistemática do direito das garantias e uma proposta abrangente para sua reforma. São Paulo: Editora IASP, 2017, p. 57.

[7] VASCONCELOS, L. Miguel Pestana de. **Direito das garantias**. Coimbra: Almedina, 2011, p. 43-44. É o que também explica Noronha: "o patrimônio do devedor é a primeira garantia com que contam os credores, para a hipótese de haver inadimplemento; diz-se mesmo que esse patrimônio é a garantia comum dos credores, ou garantia geral das obrigações. É garantia que se traduz na sujeição à execução de todos os bens que constituem o patrimônio do devedor, ressalvados aqueles que são impenhoráveis; é ela que está subjacente a preceitos como os arts. 391 e 942, caput, do Código Civil (LGL\2002\400) e 591 do CPC (LGL\1973\5). Muitas vezes, porém, essa garantia é precária, seja porque o devedor tem patrimônio reduzido, seja porque tem muitas dívidas; é para estes casos que os interessados têm a possibilidade de providenciar outras garantias, conhecidas como garantias especiais, as quais podem ser pessoais (como a fiança e o aval) ou reais (como o penhor e a hipoteca)" (NORONHA, Fernando.

Logo, por estarem intrinsicamente conectadas ao crédito, fica claro o papel econômico central das garantias.[8] Quanto mais segura a garantia, mais fácil, barata e abundante vai ser a concessão do crédito. Não à toa se vê uma incessante tentativa de encontrar a garantia ideal, que, ao mesmo tempo, seja constituída de modo simples e funcione "de forma rápida, eficaz e pouco onerosa"[9].

Alves, nessa linha, ressalta que "para facilitar a obtenção do crédito, é indispensável garantir, da maneira mais eficiente possível, o credor, sem, em contrapartida, onerar o devedor a ponto de que fique, por causa da garantia, impedido de pagar o que deve, ou de utilizar, de imediato, daquilo que adquiriu a crédito"[10].

A colocação é decorrência da situação em que se encontrava o sistema de garantias brasileiro após a primeira metade do século XX, com as principais garantias reais, a hipoteca e o penhor, já não mais satisfazendo adequadamente os interesses da sociedade, sendo consideradas "formas obsoletas"[11].

Três eram os maiores problemas das garantias reais tradicionais: (i) a questão da posse do bem, que no caso do penhor, mesmo com a superação da necessidade de entrega do bem móvel ao credor em algumas hipóteses,

---

A alienação fiduciária em garantia e o leasing financeiro como supergarantias das obrigações. **Revista dos tribunais**, São Paulo, v. 845, p. 37-49, mar. 2006).

[8] VASCONCELOS, L. Miguel Pestana de. **Direito das garantias**. Coimbra: Almedina, 2011, p. 50.

[9] VASCONCELOS, L. Miguel Pestana de. **Direito das garantias**. Coimbra: Almedina, 2011, p. 51. Nessa linha, Silva é forte na lição de que a garantia ideal teria as seguintes qualidades: "(i) de constituição simples e pouco onerosa, para não aumentar o custo do crédito; (ii) adequada à dívida garantida – nem em excesso, nem insuficiente –, a fim de evitar o abuso de garantias que desperdiça o crédito do devedor; (iii) eficaz, ou seja, conferir ao credor a certeza de que será pago, na hipótese de o devedor inadimplir a obrigação garantida; e (iv) de execução simples, a fim de evitar demoras e custos inúteis. De maneira concisa, podemos dizer que a garantia deve ser de constituição simples, adequada, material e processualmente eficaz" (SILVA, Fábio Rocha Pinto e. **Garantias Imobiliárias em Contratos Empresariais**: Hipoteca e Alienação Fiduciária. São Paulo: Almedina, 2014, p. 41).

[10] ALVES, José Carlos Moreira. **Da alienação fiduciária em garantia**. 3. ed. Rio de Janeiro: Forense, 1987, p. 2.

[11] WALD, Arnoldo. Da alienação fiduciária. **Revista dos Tribunais**, São Paulo, v. 400, ano 58, fev. 1969, p. 27.

o devedor continuava obrigado a exercê-la sob o controle do credor[12]; (ii) a questão da exclusividade sobre a garantia, pois além de a hipoteca e o penhor poderem ser constituídos sucessivas vezes sobre o mesmo objeto (artigos 1.456 e 1.476 da Lei nº 10.406/02 – Código Civil), ambos estavam sujeitos à insolvência do devedor e concorriam segundo a ordem de preferência legal, a qual, por sua vez, desprestigiava tais créditos em face dos trabalhistas, fiscais e de institutos e caixas de aposentadoria e pensão[13]; e (iii) a questão da crise judiciária que atingiu os países desenvolvidos e em desenvolvimento com o acúmulo exagerado de ações de execução infindáveis, que ressaltavam o fracasso na excussão dos direitos reais de garantia até então disponíveis[14].

Estava clara a necessidade da criação de uma garantia mais "enérgica"[15], que assegurasse, de uma só vez, a manutenção das atividades pelo devedor e a satisfação da obrigação[16], por meio de uma rápida recuperação do crédito na ocasião do inadimplemento, auxiliando, assim, a manter a estabilidade das fontes de captação e, consequentemente, os fluxos financeiros necessários para a concessão de novos empréstimos[17].

Foi a oportunidade para que, em 1964, quando da implementação de medidas econômicas visando a fomentar a disponibilização de recursos para o desenvolvimento do comércio e do setor industrial, com a reforma

---

[12] GOMES, Orlando. **Alienação Fiduciária**. 4. ed. São Paulo: Revista dos Tribunais, 1975, p. 186. Wald acrescenta nesse ponto que "as fraudes repetidas e generalizadas esvaziaram completamente o penhor mercantil como técnica de garantia de créditos" (WALD, Arnoldo. Da alienação fiduciária. **Revista dos Tribunais**, São Paulo, v. 400, ano 58, fev. 1969, p. 25).

[13] Cf.: LIMA, Otto de Sousa. **Negócio fiduciário**. São Paulo: Revista dos Tribunais, 1962, p. 134-135; CHALHUB, Melhim Namem; ASSUMPÇÃO, Márcio Calil de. Cessão fiduciária de direitos creditórios: aspectos da sua natureza jurídica e seu tratamento no concurso de credores. **RTDC**: Revista Trimestral de Direito Civil. Rio de Janeiro, v.10, n.38, abr./jun. 2009, p. 84.

[14] LOBO, Jorge. Cessão Fiduciária em garantia de recebíveis performados e a performar. In: ANDRIGHI, Fátima Nancy; BENETI, Sidnei; ABRÃO, Carlos Henrique. **10 anos de vigência da lei de recuperação e falência**: (Lei n. 11.101/2005): retrospectiva geral contemplando a Lei nº 13.043/2014 e a Lei Complementar nº 147/2014. São Paulo: Saraiva, 2015, p. 71.

[15] BUZAID, Alfredo. Ensaio sobre a Alienação Fiduciária em Garantia. **Revista dos Tribunais**, v. 401, ano 58, São Paulo, mar. 1969, p. 10.

[16] OLIVA, Milena Donato. Do negócio fiduciário à fidúcia, São Paulo: Atlas, 2014, p. 107-108.

[17] CHALHUB, Melhim Namem. **Alienação fiduciária**: Negócio fiduciário. 5. ed. rev., atual. e ampl. Rio de Janeiro: Forense, 2017, p. 6.

bancária e o surgimento do mercado de capitais, institucionalizados pelas Leis nº 4.595/64 e 4.728/65[18], se criasse uma nova garantia calcada na transferência da propriedade de um bem para o credor, de modo a afastar a "fragilidade estrutural da garantia constituída sobre bem alheio"[19].

Assim, ficaria neutralizado o risco de excussão do bem por qualquer outro credor, especialmente com relação à insolvência do devedor[20], e facilitada a realização da garantia, com a possibilidade de venda do bem pelo próprio credor, sem a necessidade do acionamento da máquina judiciária.[21]

A solução foi, portanto, passar pelo instituto que, segundo Rodotà, conta com a tutela jurídica mais forte em nossa sociedade: a propriedade.[22] Até por isso, sendo a nova garantia muito mais poderosa que as garantias reais tradicionais, Noronha a chamou de supergarantia[23], enquanto Penteado foi ainda mais contundente, colocando-a como uma hipergarantia[24].

Logo, a alienação fiduciária e a cessão fiduciária, nomes dos contratos que representam essas garantias baseadas na transferência da propriedade (propriedade fiduciária, como se verá), que serão chamadas para fins didáticos de garantias fiduciárias, se tornaram os contratos de garantia preferidos das instituições financeiras[25], tendo permitido a expansão

---

[18] Cf.: AMARAL NETO, Francisco dos Santos. A alienação fiduciária em garantia no direito brasileiro. **Revista de Direito civil, imobiliário, agrário e empresarial**, São Paulo, v. 22, ano 6, out./dez. 1982, p. 36; e CANUTO, Elza Maria Alves. **Alienação fiduciária de bem móvel**: responsabilidade do avalista. Belo Horizonte: Del Rey, 2003, p. 97.

[19] RESTIFFE NETO, Paulo; RESTIFFE, Paulo Sérgio. **Garantia fiduciária**: direito e ações: manual teórico e prático com jurisprudência. 3. ed. rev., atual. e ampl. São Paulo: Revista dos Tribunais, 2000, p. 22.

[20] OLIVA, Milena Donato. **Do negócio fiduciário à fidúcia**. São Paulo: Atlas, 2014, p. 108.

[21] CHALHUB, Melhim Namem; ASSUMPÇÃO, Márcio Calil de. Cessão fiduciária de direitos creditórios: aspectos da sua natureza jurídica e seu tratamento no concurso de credores. **RTDC**: Revista Trimestral de Direito Civil. Rio de Janeiro, v. 10, n. 38, abr./jun. 2009, p. 91.

[22] RODOTÀ, Stefano. *Il terribile diritto*: studi sulla proprietà privata. 2. ed. Bolonha: Società editrice il Mulino, 1990, p. 17 e 19.

[23] NORONHA, Fernando. A alienação fiduciária em garantia e o leasing financeiro como supergarantias das obrigações. **Revista dos Tribunais**, São Paulo, v. 845, mar. 2006, p. 37-49.

[24] PENTEADO, Luciano de Camargo. *Direito das coisas*. São Paulo: Revista dos Tribunais, 2008, p. 431.

[25] NORONHA, A alienação fiduciária em garantia e o leasing financeiro como supergarantias das obrigações. **Revista dos Tribunais**, São Paulo, v. 845, mar. 2006, p. 37-49. A própria venda

do crédito para consumo, especialmente nos setores de automóveis e eletrodomésticos[26].

Devido ao grande sucesso da nova garantia, que inicialmente não foi criada para a utilização geral, mas sim como uma exigência do mercado financeiro[27], pouco a pouco ela foi se expandido para outros setores da economia até chegar numa aplicação mais generalizada do instituto, a ponto de ser o foco do sistema de garantias brasileiro nos dias atuais.

Ocorre que, ante uma sociedade que ansiava por uma solução imediata, a garantia que se calca na transferência da propriedade não foi estudada e inserida no sistema jurídico como deveria, de forma planejada e organizada. Pelo contrário, foi inserida de forma fragmentada e com diversas remodelações por meio de leis esparsas, na medida em que setores de mercado específicos, cada um ao seu tempo, se mostravam carentes.

Falta uma garantia mais segura para o mercado de capitais? Permite-se a garantia fiduciária de coisa móvel no setor (Lei nº 4.728/65). A construção civil precisa de fomento? Habilita-se a cessão fiduciária de direitos creditórios nessa seara (Lei nº 4.864/65). O mercado está com dúvidas sobre a aplicação da alienação fiduciária? Cria-se norma para regulamentar melhor a garantia (Decreto-Lei nº 911/65). O mercado imobiliário precisa de incentivo? Possibilita-se a garantia fiduciária de coisa imóvel e a cessão fiduciária de direitos (Lei nº 9.514/97). Todos os setores anseiam por esse tipo de garantia? Cria-se a garantia fiduciária de coisa infungível

---

com reserva de domínio foi preterida pelas garantias fiduciárias, mesmo tendo em seu cerne igualmente a propriedade como forma de garantia do vendedor quanto ao adimplemento da dívida (FABIAN, Christoph. **Fidúcia**: negócios fiduciários e relações externas. Porto Alegre: Sergio Antonio Fabris Ed., 2007, p. 80-81).

[26] WALD, Arnoldo. Da alienação fiduciária. **Revista dos Tribunais**, São Paulo, v. 400, ano 58, fev. 1969, p. 25. Apesar do entusiasmo apresentado por Wald no referido texto, um contraponto deve ser apresentado. Possuindo uma garantia mais adequada à proteção do crédito, aqueles que emprestam devem ter consciência de que é necessária uma contrapartida, consubstanciada na redução dos juros praticados. De nada adianta um mecanismo muito mais efetivo de diminuição de risco se os mutuantes continuarão a não fazer a análise detalhada e real do risco de crédito dos tomadores (cf., nesse sentido, o detalhado estudo de Palhares, Cinara. **Distribuição dos riscos nos contratos de crédito ao consumidor**. Tese (Doutorado em Direito Civil). Faculdade de Direito da Universidade de São Paulo. São Paulo, 2014, p. 193-194 e 216).

[27] BUZAID, Alfredo. Ensaio sobre a Alienação Fiduciária em Garantia. **Revista dos Tribunais**, São Paulo, v. 401, ano 58, São Paulo, mar. 1969, p. 19.

de ampla utilização (Código Civil). O mercado de capitais precisa de outras garantias fiduciárias? Abre-se a possibilidade de utilização da cessão fiduciária de direitos (Lei nº 10.931/04). A locação imobiliária está desestimulada? Permite-se a garantia fiduciária de quotas de fundos de investimentos (Lei nº 11.196/05).

Isso quando essas garantias não são concomitantemente disciplinadas em outras leis que tratam de um bem específico (independentemente do setor), como no caso das ações (Lei nº 6.404/76) e das aeronaves (Lei nº 7.565/86).

Ou seja, "esses regimes coexistem no ordenamento e incidem, ora simultaneamente, ora alternativamente, de acordo com as características subjetivas e objetivas do caso concreto"[28].

Quando da criação dessas leis, a preocupação primordial não foi a formação de um sistema único e coeso, mas apenas a aplicação em setores específicos. Contudo, essa falta de uma normatividade central, com a capilarização em microssistemas, faz com que qualquer característica básica das garantias fiduciárias se torne um verdadeiro embate jurídico. É como se já fossem conhecidas inúmeras "espécies" de garantias fiduciárias, mas o "gênero" em si ainda fosse uma categoria nebulosa.

A falta de sistematização das garantias que se baseiam na transmissão da propriedade fiduciária, com múltiplas normas promulgadas sem o menor cuidado com a coerência sistêmica, é de amplo conhecimento no meio jurídico, especialmente em função dos problemas daí decorrentes, como incoerência, contradição, incompreensão e insegurança.[29]

---

[28] TEPEDINO, Gustavo; BARBOZA, Heloisa Helena; MORAES, Maria Celina Bodin de. **Código Civil interpretado conforme a Constituição da República**, v. III. Rio de Janeiro: Renovar, 2011, p. 747.

[29] Veja-se, nesse sentido: OLIVA, Milena Donato; RENTERÍA, Pablo. **Fidúcia**: a importância da incorporação dos efeitos do trust no direito brasileiro. **Revista Trimestral de Direito Civil**, Rio de Janeiro, v. 48, out./dez. 2011, p. 56; SILVA, Fábio Rocha Pinto e. **Garantias das obrigações**: uma análise sistemática do direito das garantias e uma proposta abrangente para sua reforma. São Paulo: Editora IASP, 2017, p. 533-534; GUEDES, Gisela Sampaio da Cruz. TERRA, Aline de Miranda Valverde. **Alienação fiduciária em garantia de bens imóveis**: possíveis soluções para as deficiências e insuficiências da disciplina legal. In: GUEDES, Gisela Sampaio da Cruz; MORAES, Maria Celina Bodin de; MEIRELES, Rose Melo (coord.). **Direito das Garantias**. São Paulo: Saraiva, 2017, p. 220; MARTINS, Raphael Manhães. A propriedade fiduciária no direito brasileiro: uma proposta para a construção do modelo dogmático. **Revista jurídica empresarial**, n. 14, ano 3, mai./jun. 2010, p. 146-149.

Nesse sentido, em termos concretos, a título de exemplo, além do antigo e já superado embate entre o Superior Tribunal de Justiça e o Supremo Tribunal Federal sobre o cabimento da prisão civil nessas garantias[30], pode-se citar: a discussão sobre a submissão do credor fiduciário aos efeitos da recuperação judicial[31]; as discussões sobre as consequências do registro, surgindo novos questionamentos sobre sua aplicação geral[32]; o silêncio do Código Civil com relação à necessidade de consolidação da propriedade e notificação sobre a mora do devedor para a excussão da garantia[33]; a aplicabilidade geral da vedação ao pacto comissório[34]; a possibilidade de o credor ficar com o bem dado em garantia em definitivo[35] etc.

Isso sem contar o próprio questionamento que gira em torno da efetiva transmissão da propriedade nas garantias fiduciárias e do impacto que a dita propriedade fiduciária gera no sistema jurídico brasileiro.[36]

As garantias fiduciárias constituem mecanismo complexo e possuem peculiaridades que merecem tratamento aprofundado. Não só lidam com uma propriedade com características muito diferentes de tudo que se estuda em relação a esse direito (limitada ao extremo, com distribuição incomum das obrigações e envolvendo também direitos pessoais), como também trazem um regime jurídico híbrido, envolvendo mútuo, resolubilidade, depósito, posse e a possibilidade de excussão extrajudicial.[37] Daí a imprescindibilidade de uma sistematização, apta a diminuir a insegurança jurídica existente, neutralizando os

---

[30] Superado pela Súmula Vinculante nº 25 do Supremo Tribunal Federal, publicada em 2009, que ressaltou ser *"ilícita a prisão civil de depositário infiel, qualquer que seja a modalidade do depósito"*. Cf. Capítulo 3.3.4.2.
[31] Cf. Capítulo 3.3.1.1.
[32] Cf. Capítulo 3.2.2.
[33] Cf. Capítulo 3.4.1.
[34] Cf. Capítulo 3.4.2.2.
[35] Cf. Capítulo 3.4.2.4.
[36] Cf. Capítulo 4.
[37] Nessa linha, Carvalho afirma ser a alienação fiduciária um "instituto híbrido", pois compreende "Mútuo + propriedade resolúvel + alienação que não é venda + fidúcia + depositário com posse direta + adquirente com posse indireta" (CARVALHO, Milton Paulo de. Desconsideração do depósito em caso de prisão do alienante fiduciário. **Revista Jurídica**, n. 298, ano 50, ago. 2002, nota 22, p. 30).

inúmeros problemas por ela causados[38], como as externalidades que gera no mercado[39].

Assim, é possível dizer que seria de muita utilidade a normatização expressa de uma teoria geral das garantias fiduciárias.[40] Todavia, enquanto a estrutura geral não é dada,[41] ela pode muito bem ser encontrada, na

---

[38] Como explica Wald: "A primeira causa da insegurança jurídica é certamente o relativo caos legislativo no qual vivemos, caracterizando-se tanto pelo excesso de leis, como pela falta de coerência do sistema e, algumas vezes, até pela falta de racionalidade de alguns dos textos legais. [...] Ora, a insegurança jurídica não se coaduna nem com o Estado de Direito, nem com o desenvolvimento nacional. Ao contrário, a incerteza quanto ao direito vigente representa uma incontestável causa do chamado 'custo Brasil' ou do 'risco Brasil', que onera o país e, consequentemente, pesa sobre todos os brasileiros e, em particular, cria uma taxa de juros incompatível com o progresso da nossa economia" (WALD, Arnoldo. A patologia do direito bancário: causas e soluções – uma primeira visão panorâmica. **Revista de Direito Bancário e do Mercado de Capitais**, São Paulo, v. 7, jan./mar. 2000, p. 36-52).

[39] Externalidade é um termo muito utilizado por economistas para tratar de custos ou benefícios nascidos de atividade e não suportados por seu exercente, mas sim por terceiros, dentre os quais se inclui a própria sociedade (SZTAJN, Rachel. Externalidades e custos de transação: a redistribuição de direitos no novo Código Civil. **Revista de Direito Mercantil**, nº 133, ano XLIII, jan./mar. 2004, p. 7).

[40] Em Projeto de Lei apresentado em 1998 (PL nº 4.809/98), e ao final, não aprovado, o Deputado José Chaves, por ele responsável, em sua justificação, ressaltou que "não há dúvida de que essas figuras já regulamentadas no direito positivo brasileiro, com a ampliação e o aperfeiçoamento introduzidos pela mais recente lei, a de nº 9.514/97, são instrumentos de extraordinária utilidade no funcionamento do mercado de capitais e no desenvolvimento dos negócios em geral. No entanto, neles observam-se algumas lacunas, deficiências ou inexatidões que podem gerar controvérsias ou insegurança jurídica". Esses problemas poderiam se resolver por meio de uma "estrutura sistematizada que contempla as regras gerais concernentes à propriedade fiduciária e à segregação patrimonial, com o que se tornariam nítidos os direitos e deveres das partes, preenchendo-se as lacunas deixadas pela legislação vigente e estabelecendo rigorosos instrumentos de proteção dos investidores [...]".

[41] E não há perspectiva de que, na forma que se encontram hoje, as garantias fiduciárias efetivamente sejam sistematizadas pelo Legislador. Atualmente estão em trâmite no Poder Legislativo apenas propostas de incorporação dos efeitos do *trust* dos países de Common Law por meio de projetos de código comercial (PL nº 487/13, em trâmite perante o Senado e aqui considerado em sua redação atualizada pelo Parecer nº 1 de 11.12.2018, e PL nº 1.572/11, em trâmite na Câmara dos Deputados e aqui considerado em sua redação dada pelo substitutivo de 4.6.2018), que, assim como em outras tentativas pretéritas (PL nº 3.362/57, PL nº 3.264/65 e PL nº 4.809/98), apresentam pontos tangenciais às garantias fiduciárias, mas não uma sistematização destas garantias. Tanto que os artigos 476, §1º, do PL nº 487/13 (cf.: "Art. 476. [...] § 1º. O contrato fiduciário pode ter o propósito de constituição de garantia,

tentativa de reforçar a segurança jurídica que o instituto procurou dar ao sistema de crédito brasileiro.

O presente estudo é, então, para analisar a legislação brasileira de forma sistemática, traçando um diálogo entre as diferentes fontes normativas, os entendimentos doutrinários e a jurisprudência, e buscando traços comuns entre todas as espécies de garantias fiduciárias a fim de delimitar uma teoria geral, aplicável a todas elas indistintamente. Nessa linha, o viés do estudo será mais analítico do que prospectivo, sem que se deixe de apresentar, sempre que necessário, o devido olhar crítico.

Importante ressaltar, ademais, que o objeto de estudo será exclusivamente a garantia baseada na transmissão da propriedade fiduciária e não a propriedade fiduciária por si só. Esta última está presente no ordenamento jurídico brasileiro com outras funções, como a de administração[42], que não está compreendida no escopo do estudo.

Além disso, tendo como base a busca de uma estrutura geral, todo o cuidado foi tomado para não se adentrar em discussões específicas de cada garantia fiduciária que não impactem no estudo geral. As garantias fiduciárias possuem campo fértil para discussão em cada detalhe que as compõem, de modo que, sem o devido foco, o objeto central ficaria indevidamente diluído.

É em razão dessas particularidades de cada espécie que há uma abundância de estudos que tratam das garantias fiduciárias. Contudo, a esmagadora maioria das obras é voltada para uma ou outra espécie, sem tratar detidamente daquilo que seria aplicável a todas elas. Isso sem contar que já se passaram mais de 50 anos da criação da primeira garantia fiduciária no Brasil, sendo que, desde 1965, foram produzidas leis e mais leis alterando e complementando o regime jurídico das garantias fiduciárias, tendo a literatura jurídica se ocupado de abordar a constante mudança dos temas polêmicos ao longo de todo esse tempo.

---

aplicando-se, no que couber, o disposto nos arts. 1.361 e seguintes do Código Civil [...]") e o 353, § 1º, do PL nº 1.572/11 (cf.: "Art. 353. [...] § 1º O contrato fiduciário pode ter o propósito de constituição de garantia, caso em que se submete às disposições legais aplicáveis à alienação fiduciária em garantia e, apenas na omissão destas, às disposições do presente Capítulo") são claros ao enunciar que para a função de garantia do contrato ali estabelecido se aplicarão as leis já existentes.

[42] Cf. Capítulo 3.3.1.2.2.

Ainda, tratamento compreensivo teve que ser dado à produção jurisprudencial. Em um país com dimensões continentais, com um imenso número de decisões sendo proferidas diariamente tratando de um tema tão controverso como esse, é mais do que esperada a existência de decisões opostas a uma teorização geral em todos os seus aspectos. Dessa forma, foram considerados especialmente os entendimentos jurisprudenciais de maior abrangência (proferidos pelo Superior Tribunal de Justiça e pelo Supremo Tribunal Federal) ou aqueles de ocorrência reiterada em tribunais brasileiros, aptos a ensejar uma verdadeira discussão jurídica.

Dito isso, passa-se à estrutura do presente estudo. Primeiro serão abordados os institutos históricos que serviram de substrato para a criação das garantias fiduciárias brasileiras (Capítulo 1). Em seguida, analisar-se-á a evolução legislativa dessas garantias e a disposição dessas normas legais na atualidade (Capítulo 2), para então ser extraída uma teoria geral com base na legislação do modo que está posta, objeto principal deste estudo, passando, para isso, pela constituição e o funcionamento dessas garantias, bem como pelas consequências do inadimplemento das dívidas garantidas e pelas críticas feitas à estrutura identificada (Capítulo 3).

1.
FONTES DE INSPIRAÇÃO DAS GARANTIAS FIDUCIÁRIAS

Apesar do surgimento das garantias fiduciárias na legislação brasileira ter decorrido de uma necessidade imediata de conferir maior segurança ao sistema de crédito, o instituto não foi uma experiência puramente nova do legislador.

A figura criada no direito pátrio também não é atribuída a um único instituto, mas sim fruto do aproveitamento de características de figuras clássicas e modernas, de *Civil Law* e de *Common Law*. Varia apenas o grau de influência dessas figuras sobre as garantias fiduciárias.

Neste capítulo serão analisados os institutos usualmente mencionados como possíveis inspirações para as garantias fiduciárias, seja em razão da nomenclatura, das características ou dos efeitos produzidos.

1.1. Fidúcia romana

Não foi simples para os historiadores identificarem os traços característicos da fidúcia romana, que só pôde ser conhecida através de vestígios, já que Justiniano a considerava antiquada e todos os esforços foram envidados para excluí-la de suas compilações, inclusive por interpolações. No entanto, são tantos os vestígios que hoje é possível estudar os elementos da fidúcia com certa segurança.[43] Assim, é possível dizer

---

[43] Para uma abordagem completa sobre os vestígios da fidúcia no direito romano, ver: LONGO, Carlo. ***Corso di diritto romano***. XI: la fiducia. Milão: *A. Giuffrè*, 1933, p. 8-17. Em tal passagem o autor explica mais detalhadamente que tais vestígios estão presentes em textos não jurídicos,

que a fidúcia já estaria presente na Lei das XII Tábuas,[44] entre 451 e 450 a.C.[45]

De larga aplicação no direito pré-clássico e clássico romano[46], a fidúcia, segundo Jacquelin, tratava-se de um acordo baseado na boa-fé, pelo qual se realizava um ato de transferência do direito de propriedade e um ato inverso com fins de neutralizar os efeitos do primeiro.[47] Em que pese o conceito um pouco mais abstrato, o autor deixa claro, em primeiro lugar, que a fidúcia era um instituto baseado na boa-fé, característica que já não fica tão em evidência em outras definições, como a de Bonfante:

> A *fidúcia* se pode definir como uma convenção, pela qual uma das partes (fiduciário), ao receber da outra (fiduciante) uma coisa na forma da *mancipatio* ou da *in iure cessio*, assume a obrigação de fazer uso dela com um fim determinado, e, via de regra, restituí-la, uma vez alcançado aquele fim.[48]

Dessa definição extrai-se que a fidúcia só poderia se efetivar pela *mancipatio* ou pela *in iure cessio*[49] (de aplicação restrita aos cidadãos

---

como Cícero, Boécio e Isidoro, e jurídicos, como a Fórmula Bética, as Tábuas de Pompéia, as Institutas de Gaio, as Sentenças de Paulo, a Collatio, Fragmentos do Vaticano e Fragmentos de uma Constituição do Código Teodosiano, além do Digesto, ainda que com as mencionadas interpolações.

[44] LIMA, Otto de Souza. **Negócio Fiduciário**. São Paulo: Revista de Tribunais, 1962, p. 13. O que o autor ressalta não significar que esse teria sido necessariamente o surgimento do instituto, uma vez que a fidúcia inicialmente se tratava de uma convenção secreta ligada a um ato solene, que, até por esse caráter oculto, não possuía sanção legal e, portanto, muitos registros, sendo impossível precisar o surgimento exato (LIMA, Otto de Souza. **Negócio Fiduciário**. São Paulo: Revista de Tribunais, 1962, p. 11).

[45] MARKY, Thomas. **Curso elementar de direito romano**. 8. ed. São Paulo: Saraiva, 1995.

[46] LONGO, Carlo, *Corso di diritto romano*. XI: la fiducia. Milão: A. Giuffrè, 1933, p. 6.

[47] JACQUELIN, René. *De la fiducie*. Paris: A. Giard, Libraire-Éditeur, 1891, p. 23.

[48] Tradução livre de: "*La fiducia si può definire una convenzione, per cui una delle parti* (fiduciario), *ricevendo dall'altra* (fiduciante) *una cosa nella forma della mancipatio o della in iure cessio, assume l'obbligo di usarne a un fine determinato, e, di regola almeno, restituirla, esaurito quel fine*" (BONFANTE, Pietro. **Istituzioni di diritto romano**. 9. ed. rev. e atual. Milão: Vallardi, 1932, p. 454-455). Em sentido semelhante: LONGO, Carlo. **Corso di diritto romano**. XI: la Fiducia. Milão: A. Giuffrè, 1933, p. 6.

[49] A *mancipatio* e a *in iure cessio* eram os modos formais de transmissão das *res mancipi* no direito quiritário (aplicável apenas aos cidadãos romanos). Na *mancipatio* a transmissão era feita por meio de uma venda simbólica, na presença de testemunhas, enquanto na *in iure cessio* ela era

romanos[50]), de modo que implicava a transferência da propriedade "plena e inteira e para sempre" para o fiduciário.[51] O pacto com o qual concordou o fiduciário, de restituir (*remancipare*) o bem ao fiduciante, é chamado *pactum fiduciae*[52], que também delimita os limites da utilização daquela propriedade pelo fiduciário.

Assim, segundo Marino, a fidúcia caracteriza-se pela coligação entre um negócio jurídico translativo e abstrato, pelo qual se transfere a propriedade, e outro de eficácia obrigacional, a limitar a posição jurídica atribuída ao fiduciário, o *pacto fiduciae*.[53] Justamente pelo dever de devolver o bem ser apenas obrigacional, ficava o fiduciante sujeito à vontade do fiduciário (que poderia inclusive dispor do bem[54]), o que veio a se chamar de poder de abuso.[55]

---

efetivada perante um magistrado (BONFANTE, Pietro, ***Istituzioni di diritto romano***. 9. ed. rev. e atual. Milão: Vallardi, 1932, p. 266-267).

[50] Cf. explicação de Meira: "[...] e) só a propriedade quiritária poderia ser objeto de fidúcia. A *mancipatio* e a *in iure cessio*, sendo modos de aquisição do *jus civile*, só poderia recair sobre bens quiritários, *res mancipi*; f) pelas mesmas razões só os cidadãos romanos poderiam garantir as obrigações com o *pactum fiduciae*. Os não-cidadãos e os estrangeiros não poderiam utilizá-lo nas suas operações de crédito. Tinha, portanto, um campo de aplicação restrito: às coisas *mancipi* e aos cidadãos romanos. [...] A fidúcia tivera utilização apenas no Ocidente, inaplicável que era às pessoas que não gozassem da cidadania. Talvez por isso não há referência a elas nas 'Institutas' de JUSTINIANO, elaboradas em Constantinopla, no século VI" (MEIRA, Sílvio Augusto de Bastos. **Instituições de direito romano**. 2. ed. São Paulo: Max Limonad, 1962, p. 264).

[51] Ou, nas palavras de JACQUELIN, "*pleine et entière et pour toujours*" (JACQUELIN, René, ***De la fiducie***. Paris: A. Giard, Libraire-Éditeur, 1891, p. 62).

[52] MARRONE, Matteo. ***Istituzioni di diritto romano***. 3. ed. Palermo: Palumbo, 2006, p. 448. No mesmo sentido: MEIRA, Sílvio Augusto de Bastos, **Instituições de direito romano**. 2. ed. São Paulo: Max Limonad, 1962, p. 263. Vale mencionar que, em razão da obrigação de devolver o mesmo bem transferido ao fiduciário, não era possível a realização da fidúcia com coisas fungíveis, já que dessa forma se permitiria a devolução de bem diferente, ainda que do mesmo gênero (cf.: ALVES, José Carlos Moreira. **Da alienação fiduciária em garantia**. 3. ed. Rio de Janeiro: Forense, 1987, p. 123; LIMA, Otto de Souza. **Negócio Fiduciário**. São Paulo: Revista de Tribunais, 1962, p. 67).

[53] MARINO, Francisco Paulo de Crescenzo. Notas sobre o negócio jurídico fiduciário. **Revista Trimestral de Direito Civil**, v. 20, ano 5, out./dez. 2004, p. 41.

[54] ALVES, José Carlos Moreira. Da fidúcia romana à alienação fiduciária em garantia no direito brasileiro. In: CAHALI, Yussef Said. **Contratos nominados**: doutrina e jurisprudência. São Paulo: Saraiva, 1995, p. 24.

[55] AZEVEDO, Antonio Junqueira de. Negócio Fiduciário. Frustração da fidúcia pela alienação indevida do bem transmitido. Oponibilidade ao terceiro adquirente dos efeitos da fidúcia

Importante constatar que, inicialmente, o instituto se calcava apenas na confiança daquele que transferia o bem de que aquele que o recebia o devolveria quando a finalidade pela qual foi transferido se extinguisse, inexistindo ação atribuída ao fiduciante contra o fiduciário para reaver o bem. Daí decorre a importância da boa-fé na mencionada definição de Jacquelin, que, conforme lição de Azevedo, é realçada no próprio nome do instituto: *Fiducia, ae*, que deriva de *fides*, conjugação do verbo *fidere*, que significa confiar[56].

Contudo, ainda que inicialmente não existisse uma ação atribuída ao fiduciante, que acreditava unicamente na *fides* do fiduciário, deve-se lembrar que a fidúcia era atribuída aos cidadãos romanos, a quem a quebra da *fides* era um comportamento grave e repreensível, inclusive com sanções religiosas, de modo que os romanos sabiam que podiam confiar no cumprimento do pacto.[57]

De qualquer forma, em meados século II a.C., o fiduciante passou a contar com a *actio fiduciae* para buscar a restituição do bem, ação infamante, baseada em critérios de lealdade e correção[58]. Além disso, como em função da transferência da propriedade, o fiduciário teria poderes para usar, gozar e dispor do bem como lhe conviesse, ainda que em desrespeito ao *pacto fiduciae*, aos poucos a *actio fiduciae* passou a ser utilizada também para repelir o uso do bem pelo fiduciário em desrespeito à finalidade pactuada.[59]

No entanto, como ressalva Cariota-Ferrara, tendo em vista que o fiduciário recebeu um direito real ilimitado, enquanto o pacto possuía caráter obrigatório, ou seja, "não atuava realmente"[60], caso o fiduciário dispusesse da propriedade, o fiduciante não teria outro remédio que não o ressarcimento dos danos sofridos.[61]

---

germânica e de procuração em causa própria outorgada ao fiduciante. In: **Novos estudos e pareceres de direito privado**. São Paulo: Saraiva, 2009, p. 114.

[56] AZEVEDO, Álvaro Villaça. **Prisão Civil por Dívida**. 2. ed. rev., atual. e ampl. São Paulo: Revista dos Tribunais, 2000, p. 90.

[57] MARRONE, Matteo. *Istituzioni di diritto romano*. 3. ed. Palermo: Palumbo, 2006, p. 450.

[58] MARRONE, Matteo. *Istituzioni di diritto romano*. 3. ed. Palermo: Palumbo, 2006, p. 450.

[59] BONFANTE, Pietro. *Istituzioni di diritto romano*. 9. ed. rev. e atual. Milão: Vallardi, 1932, p. 455.

[60] Tradução livre de *"non operava realmente"* (CARIOTA-FERRARA, Luigi. ***I negozi fiduciari***. Pádua: Cedam, 1933, p. 10).

[61] CARIOTA-FERRARA, Luigi. ***I negozi fiduciari***. Pádua: Cedam, 1933, p. 10. No mesmo sentido: ALVES, José Carlos Moreira. Da fidúcia romana à alienação fiduciária em garantia no

Com relação às finalidades para as quais era efetivada a transmissão da propriedade mediante pacto de restituição, elas poderiam ser duas, cada uma limitando os poderes do fiduciante conforme sua função: (i) a primeira seria garantir um crédito, de modo que o fiduciário deveria restituir a propriedade quando adimplida a dívida (chamada *fiducia cum creditore*); (ii) a segunda seria para a custódia de um bem, sendo que nesse caso o fiduciário deveria devolvê-lo mediante simples solicitação do fiduciante (*fiducia cum amico*).[62]

Como se pode imaginar, é ampla a gama de funções que um bem pode ser transferido para "custódia", justamente por isso que Franceschelli entende a *fiducia cum amico* como não possuidora de um "significado econômico-jurídico suficientemente definitivo e preciso", podendo ser no máximo definida como toda a relação fiduciária que não está funcionalizada para a garantia de um crédito (como é o caso da *fiducia cum creditore*), já que é elástica e não tecnicamente definida[63], funcionando como uma "forma de colocar o direito em consonância com a vida"[64].

Além disso, como se extrai do próprio nome desse tipo de fidúcia, Jacquelin confirma que a *fiducia cum amico* está diretamente relacionada a uma proximidade entre as partes, procurando o fiduciante o serviço de um amigo.[65]

Já a *fiducia cum creditore* tem seus traços mais bem definidos, como se pode extrair do entendimento de Franceschelli citado acima, até porque

---

direito brasileiro. In: CAHALI, Yussef Said. **Contratos nominados**: doutrina e jurisprudência. São Paulo: Saraiva, 1995, p. 23-24.

[62] MARRONE, Matteo. ***Istituzioni di diritto romano***. 3. ed. Palermo: Palumbo, 2006, p. 449.

[63] FRANCESCHELLI, Remo. *La garanzia reale dei crediti nel diritto romano clássico e nel diritto inglese (fiducia cum creditore e mortgage)*. In: **Studi in memoria di Aldo Albertoni**, v. III. Pádua: Cedam, 1935, p. 7-8.

[64] FRANCESCHELLI, Remo. *La garanzia reale dei crediti nel diritto romano clássico e nel diritto inglese (fiducia cum creditore e mortgage)*. In: **Studi in memoria di Aldo Albertoni**, v. III. Pádua: Cedam, 1935, p. 12. O autor cita que a *fiducia cum amico* permitia sua utilização como forma de depósito e de comodato antes mesmo de tais figuras existirem (FRANCESCHELLI, Remo. *La garanzia reale dei crediti nel diritto romano clássico e nel diritto inglese (fiducia cum creditore e mortgage)*. In: **Studi in memoria di Aldo Albertoni**, v. III. Pádua: Cedam, 1935, p. 9).

[65] JACQUELIN, René. ***De la fiducie***. Paris: A. Giard, Libraire-Éditeur, 1891, p. 353.

foi em relação a ela que se encontraram mais vestígios nas fontes romanas.[66] Ela foi possivelmente a primeira garantia real do direito romano e sem dúvida a mais vigorosa, ressaltando o rigorismo em face do devedor no direito primitivo.[67]

Nessa linha, Alves ressalta que ela apresentava relevantes problemas para o devedor, pois (i) usualmente este não podia fruir da coisa enquanto perdurava a dívida, (ii) muitas vezes entregava a propriedade de bem muito maior que a dívida e (iii) dependia da vontade do credor para reavê-la, já que mesmo com a evolução do instituto e o surgimento da *actio fiduciae*, o devedor nada poderia fazer para ter a coisa se o bem fosse alienado para um terceiro.[68]

Por outro lado, se o credor deixasse o devedor com a posse do bem, tinha o devedor a possibilidade de readquirir a propriedade por *usureceptio*, espécie de usucapião, no prazo de um ano, sem a necessidade de justa causa, exceto se a posse fosse dada a título de locação ou a título precário, que retirariam o requisito da *possessio uti dominus*.[69]

Na *fiducia cum creditore*, difundiu-se a prática de atribuir ao credor o direito de vender o bem objeto da fidúcia para se pagar, tendo o devedor direito àquilo que sobejasse a dívida garantida, conforme consta das Sentenças de Paulo.[70]

Após ter permanecido em pleno uso durante todo o período clássico, no período pós-clássico, com desaparecimento dos modos formais de transmissão da propriedade no direito romano (*mancipatio* e *in iure cessio*), a fidúcia romana começou a ser cada vez menos utilizada, chegando a

---

[66] Lima ressalta que há menção a tal modalidade de fidúcia, além de em obras não jurídicas, nas Tábuas de Pompéia, na Fórmula Bética, nas Sentenças de Paulo e nos textos interpolados do Digesto (LIMA, Otto de Souza. **Negócio Fiduciário**. São Paulo: Revista de Tribunais, 1962, p. 76).

[67] ALVES, José Carlos Moreira. Da fidúcia romana à alienação fiduciária em garantia no direito brasileiro. In: CAHALI, Yussef Said. **Contratos nominados**: doutrina e jurisprudência. São Paulo: Saraiva, 1995, p. 23.

[68] ALVES, José Carlos Moreira. *Da fidúcia romana à alienação fiduciária em garantia no direito brasileiro*. In: CAHALI, Yussef Said. **Contratos nominados: doutrina e jurisprudência**. São Paulo: Saraiva, 1995, p. 24.

[69] MARRONE, Matteo. ***Istituzioni di diritto romano***. 3. ed. Palermo: Palumbo, 2006, p. 449.

[70] MEIRA, Sílvio Augusto de Bastos. **Instituições de direito romano**. 2. ed. São Paulo: Max Limonad, 1962, p. 264. No mesmo sentido: MARRONE, Matteo, *Istituzioni di diritto romano*. 3. ed. Palermo: Palumbo, 2006, p. 450.

desaparecer da legislação romana no século V por conta de Justiniano, apesar de não ser possível afirmar que deixou de existir, especialmente no Império Romano do Ocidente.[71]

1.2. Fidúcia germânica

Sempre que se fala de fidúcia há uma forte tendência de comparar a forma como o instituto se apresentava no direito romano e a forma com a qual foi recepcionado pelos povos germânicos[72], já que, apesar de usualmente as necessidades levarem à criação de institutos semelhantes em diferentes povos, é comum serem notadas peculiaridades próprias, como ocorreu nesse caso.[73]

Nessa linha, são usualmente utilizadas como base para a comparação, principalmente as figuras germânicas do *manus fidelis,* do *salmann* e do penhor de propriedade.[74] Suscintamente, pode-se dizer que nas duas primeiras, o fiduciário, na posição de um intermediário e muitas vezes de confiança, exercia a função de administração em favor de um beneficiário terceiro[75], enquanto a última, embora tenha recebido o nome de penhor pelos germânicos, corresponderia em sua essência à fidúcia *cum creditore,* uma vez que o fiduciante transmitia a propriedade ao fiduciário como

---

[71] LONGO, Carlo. *Corso di diritto romano*. XI: la fiducia. Milão: *A. Giuffrè*, 1933, p. 163-165.

[72] Explica Lima que os povos germânicos recepcionaram o direito romano não por uma admiração técnica ou por entenderem importante uma unificação, mas sim porque se consideravam seus sucessores. Assim, era comum encontrar em tais povos institutos típicos e outros claramente influenciados pelo direito romano. (LIMA, Otto de Souza. **Negócio Fiduciário**. São Paulo: Revista de Tribunais, 1962, p. 88).

[73] FERREIRA, Waldemar. O *"trust"* anglo-americano e o *"fideicomisso"* latino-americano. **Revista da Faculdade de Direito**, São Paulo, v. 51, 1956, p. 195-196. Em sentido semelhante, Cariota-Ferrara ressalta que os institutos no direito romano e no direito germânico, embora tivessem o mesmo espírito e o mesmo fim, tiveram uma roupagem jurídica distinta (CARIOTA-FERRARA, Luigi. *I negozi fiduciari*. Pádua: Cedam, 1933, p. 10).

[74] Para uma visão mais detalhada dessas figuras, cf.: MESSINA, Giuseppe. *Scritti Giuridici*, v. 1. Milão: Giuffre, 1948, p. 136-165; LIMA, Otto de Souza. **Negócio Fiduciário**. São Paulo: Revista de Tribunais, 1962, p. 88-99.

[75] Cf.: MESSINA, Giuseppe, *Scritti Giuridici*, v. 1. Milão: Giuffre, 1948, p. 149-161; MARTORELL, Mariano Navarro. *La propriedad fiduciária*. Barcelona: Bosch, 1950, p. 43; LIMA, Otto de Souza, *Negócio Fiduciário*. São Paulo: **Revista de Tribunais**, 1962, p. 92-97; FERREIRA, Waldemar, O *"trust"* anglo-americano e o *"fideicomiso"* latino-americano. **Revista da Faculdade de Direito**, São Paulo, v. 51, 1956, p. 170-171.

forma de garantir um débito, contando com sua restituição no caso de adimplemento.[76]

Algumas teorias foram elaboradas na tentativa de identificar qual seria a posição jurídica do fiduciário e do fiduciante no direito germânico, dentre as quais se sobressai a que entende ser a propriedade transferida sob condição resolutiva,[77] diferenciando-se, assim, do instituto nascido no direito romano.

Nessa linha, Cariota-Ferrara explica que, ao contrário do direito romano, em que o fiduciário recebia um direito real ilimitado, que como visto, a função para a qual o bem era transferido criava limitações para o fiduciário apenas no campo obrigacional, no direito germânico a esfera dos poderes jurídicos do fiduciário era diretamente limitada por meio de uma condição resolutiva.[78]

Tal entendimento está em consonância com a maior parte da doutrina brasileira, que faz coro na diferenciação entre os institutos em função de o romano estar calcado em limitações obrigacionais aos poderes do fiduciário, enquanto o germânico, por meio de condição resolutiva, em limitação com eficácia real (podia o fiduciante reivindicar o bem com quem o detivesse).[79]

---

[76] Cf.: BUZAID, Alfredo. Ensaio sobre a Alienação Fiduciária em Garantia. **Revista dos Tribunais**, São Paulo, v. 401, ano 58, mar. 1969, p. 13-14; MARTORELL, Mariano Navarro, *La propriedad fiduciária*. Barcelona: Bosch, 1950, p. 43; MESSINA, Giuseppe, op. cit., p. 138-139; LIMA, Otto de Souza, *Negócio Fiduciário*. São Paulo: **Revista de Tribunais**, 1962, p. 90-92.

[77] Além da mencionada teoria, Marino cita outras cinco: (i) o fiduciário tem a propriedade e o fiduciante um amplo direito real de uso; (ii) o fiduciário tem um direito real de administração e a propriedade é do fiduciante; (iii) fiduciante e fiduciário possuem uma titularidade comum; (iv) o fiduciante tem a propriedade e o fiduciário um direito real limitado conforme os fins do negócio jurídico; e (v) "conformação da eficácia real da titularidade do fiduciário consoante a relação interna entre as partes" (MARINO, Francisco Paulo de Crescenzo. Notas sobre o negócio jurídico fiduciário. **Revista Trimestral de Direito Civil**, Rio de Janeiro, v. 20, ano 5, out./dez. 2004, p. 42-43).

[78] CARIOTA-FERRARA, Luigi. *I negozi fiduciari*. Pádua: Cedam, 1933, p. 10.

[79] Cf., exemplificativamente: BUZAID, Alfredo. Ensaio sobre a Alienação Fiduciária em Garantia. In: **Revista dos Tribunais**, São Paulo, v. 401, ano 58, mar. 1969, p. 15; AMARAL NETO, Francisco dos Santos. A alienação fiduciária em garantia no direito brasileiro. In: **Revista de Direito Civil, imobiliário, agrário e empresarial**, v. 22, ano 6, out-dez, 1982, p. 39; RESTIFFE NETO, Paulo; RESTIFFE, Paulo Sérgio. **Garantia fiduciária, direito e ações**: manual teórico e prático com jurisprudência. 3. ed. rev., atual. e ampl. São Paulo: Editora Revista dos Tribunais, 2000, p. 24; CANUTO, Elza Maria Alves, **Alienação fiduciária de bem móvel**: responsabilidade do avalista. Belo Horizonte: Del Rey, 2003, p. 91. Uma rara

Justamente por isso, afirmou Martorell que a fidúcia romana era mais frágil e também mais pura, já que nela a confiança tem um papel fundamental,[80] enquanto o que se via na fidúcia germânica era a neutralização do poder de abuso pela condição resolutiva.[81]

Segundo Martorrell, a maior proteção jurídica dada ao fiduciante no direito germânico se justifica no papel da publicidade naqueles povos, já que, por estarem os terceiros protegidos de limitações que não fossem feitas públicas, não teriam justificativas para se opor às limitações reais públicas decorrentes da fidúcia, enquanto no direito romano, por outro lado, as situações reais eram oponíveis *erga omnes* independentemente do seu reconhecimento.[82]

1.3. Negócio fiduciário

As construções clássicas da fidúcia deram lugar ao que modernamente se chama de negócio fiduciário, por vezes colocado como o próprio instituto do direito romano "revestido de roupagens novas e adaptado para exercer novas funções e a satisfazer novas necessidades da vida moderna"[83].

Tal figura jurídica, como se verá, é repetidamente mencionada como base para a construção das garantias fiduciárias no ordenamento, de modo que sua caracterização merece atenção.

1.3.1. Caracterização

Apesar de não ser possível dizer que a essência da fidúcia em algum momento deixou de existir[84], foi apenas em 1880 que Ferdinand

---

exceção foi feita por Lima, que considera o penhor de propriedade do direito germânico muito semelhante à fidúcia *cum creditore*, constituído por uma transferência real da propriedade com um pacto de restituição apenas obrigacional (LIMA, Otto de Souza. **Negócio Fiduciário**. São Paulo: Revista de Tribunais, 1962, p. 92).

[80] MARTORELL, Mariano Navarro. *La propriedad fiduciária*. Barcelona: Bosch, 1950, p. 40.

[81] MARTINS-COSTA, Judith. Os negócios fiduciários – considerações sobre a possibilidade de acolhimento do "trust" no direito brasileiro. **Revista dos Tribunais**, São Paulo, v. 657, ano 79, jul. 1990, p. 39.

[82] MARTORELL, Mariano Navarro, *La propriedad fiduciária*. Barcelona: Bosch, 1950, p. 42.

[83] LIMA, Otto de Souza. **Negócio Fiduciário**. São Paulo: Revista de Tribunais, 1962, p. 2.

[84] Ressalta Martins-Costa a origem remota do negócio fiduciário, que desde o direito romano vem sendo moldado pelos tribunais, estando presente em diversas estruturas em diferentes povos, mas sempre com a mesma função de tutela do patrimônio (MARTINS-COSTA, Judith.

Regelsberger, pandectísta[85] alemão, nomeou o fenômeno como negócio fiduciário (*fiduziarische Geschäft*) e abriu as portas para o seu estudo mais aprofundado:[86]

> Eu gostaria de propor para este fenômeno jurídico a denominação "negócio fiduciário" para o qual nós temos exemplos nas fontes. Característico é para este a desproporção entre a finalidade e meio. Para alcançar um certo resultado, foi escolhida uma forma jurídica, que proporciona mais do que é necessário para o conseguimento daquele resultado; para assegurar o uso tomam-se em conta a possibilidade do abuso.[87]

A definição de negócio fiduciário dada por Regelsberger, contudo, mais ressalta as características do negócio fiduciário do que propriamente o define,[88] talvez até por realmente ser um instituto "de difícil delimitação, representando uma construção jurídica de linhas ainda imprecisas"[89]. Logo, vale passar por algumas outras definições, estrangeiras e nacionais, do que seria o negócio fiduciário.

Entende Cariota-Ferrara que o negócio fiduciário é aquele em que uma parte (o fiduciante) dá, para um fim restrito, um amplo poder jurídico para outra (o fiduciário), que, por sua vez, assume a obrigação (pessoal) de usar da posição jurídica real que lhe foi atribuída no limite da finalidade estabelecida.[90]

Por sua vez, Ascarelli afirma que tal negócio se funda na transmissão da propriedade, ou seja, de um direito real, parcialmente neutralizada por um

---

Os negócios fiduciários – considerações sobre a possibilidade de acolhimento do "trust" no direito brasileiro. **Revista dos Tribunais**, São Paulo, v. 657, ano 79, jul. 1990, p. 38).

[85] Da escola do direito voltada para a tradição romanística.
[86] ALVES, José Carlos Moreira, **Da alienação fiduciária em garantia**. 3. ed. Rio de Janeiro: Forense, 1987, p. 4. O autor cita o artigo de Regelsberger denominado *"Zwei Beiträge zur Lehre von der Cession"*, extraído de *Archiv für die civilistische "Praxis"*, v. LXIII, p. 157 e et. seq.
[87] REGELSBERGER, Ferdinand apud FABIAN, Christoph. **Fidúcia**: negócios fiduciários e relações externas. Porto Alegre: Sergio Antônio Fabris, 2007, nota 29, p. 26.
[88] LIMA, Otto de Souza, **Negócio Fiduciário**. São Paulo: Revista de Tribunais, 1962, p. 160-161.
[89] SANTOS, José Beleza dos. **A simulação em direito civil**. 2. ed. São Paulo: Lejus, 1999, p. 89.
[90] CARIOTA-FERRARA, Luigi. *Negozio Giuridico Nel Diritto Privato Italiano*. Napoli: Morano, 1949, p. 214.

acordo entre as partes de que o adquirente aproveitará o bem apenas para o fim estipulado, devolvendo a propriedade após atingida a finalidade. Ao passo que o direito real iria além da vontade dos contratantes, a convenção obrigacional reequilibra o que excede essa vontade.[91]

Junqueira fala em uma "atribuição patrimonial" com finalidade mais restrita do que a totalidade dos poderes transferidos, confiando aquele que transfere que o que recebe exercerá a posição jurídica conforme a finalidade acordada.[92] De modo semelhante, Lima define o negócio fiduciário como "aquele em que se transmite uma coisa ou direito a outrem, para determinado fim, assumindo o adquirente a obrigação de usar deles segundo aquele fim e, satisfeito este, de devolvê-los ao transmitente"[93].

Não se poderia deixar de mencionar a concepção de Miranda, para quem há negócio fiduciário sempre que "a transmissão tem um fim que não é a transmissão mesma", servindo a negócio jurídico que não é o de alienação, sendo que, em razão da confiança, aquele que recebeu o bem está obrigado a exercer seu direito de acordo com o fim que lhe foi confiado, inclusive de eventualmente restituí-lo.[94]

Dessas definições, extrai-se que o negócio fiduciário envolve a atribuição de um direito real a uma pessoa que deve usá-lo de forma compatível com os limites impostos em um acordo com efeitos pessoais. São os dois momentos do negócio fiduciário, que, conjugados, são pressupostos para sua ocorrência.[95]

Como explica Betti, de um lado, que coloca como real ou externo, entrega-se o domínio de direito patrimonial para o fiduciário, de outro, que seria o obrigatório ou interno, limita-se o direito conferido conforme a finalidade querida pelo fiduciante. O primeiro momento importa um

---

[91] ASCARELLI, Tullio. **Problemas das Sociedades Anônimas e direito comparado**. 2. ed. São Paulo: Saraiva, 1969, p. 106.

[92] AZEVEDO, Antonio Junqueira de. Negócio Fiduciário. Frustração da fidúcia pela alienação indevida do bem transmitido. Oponibilidade ao terceiro adquirente dos efeitos da fidúcia germânica e de procuração em causa própria outorgada ao fiduciário. In: **Novos estudos e pareceres de direito privado**. São Paulo: Saraiva, 2009, p. 111.

[93] LIMA, Otto de Souza. **Negócio Fiduciário**. São Paulo: Revista de Tribunais, 1962, p. 170.

[94] MIRANDA, Francisco Cavalcanti Pontes de. **Tratado de Direito Privado**. t. 3, 3. ed. Rio de Janeiro: Borsoi, 1970, p. 115-116.

[95] LIMA, Otto de Souza, **Negócio Fiduciário**. São Paulo: Revista de Tribunais, 1962, p. 185.

risco, enquanto o segundo uma tutela contra esse risco.[96] Da mesma forma, Martins-Costa ressalta essa combinação de "acordos" presente no negócio fiduciário, o "acordo de base" de atribuição patrimonial dotado de eficácia real e o acordo efetivado no campo obrigacional para que o fiduciário utilize o direito adquirido na forma da finalidade querida pelo fiduciante (o *pactum fiduciae*).[97]

Mesmo diante do consenso sobre a existência desses momentos, há um embate doutrinário em que se discute se eles seriam negócios jurídicos distintos unidos no negócio fiduciário (tese dualista), ou se formariam um único negócio jurídico, socialmente estabelecido pela *causa fiduciae*, que tem o objetivo de atribuir um direito real para um fim mais restrito, com limitações obrigacionais (tese monista).[98]

Aqueles que defendem a corrente monista, portanto, entendem que não haveria porque desmembrar o negócio fiduciário em dois atos distintos, embora reconheçam a existência dos dois momentos, uma vez que a vontade das partes seria a de realizar negócio único, permeado pela

---

[96] BETTI, Emilio. **Teoria geral do negócio jurídico**, tradução Servanda Editora. Campinas: Servanda Editora, 2008, p. 454-455. Assim como ele, Cariota-Ferrara (CARIOTA-FERRARA, Luigi. ***Negozio Giuridico Nel Diritto Privato Italiano***. Napoli: Morano, 1949, p. 214-215) e Messina (MESSINA, Giuseppe. ***Scritti Giuridici***, v. 1. Milão: *Giuffrè*, 1948, p. 18) também destacam a distinção entre os efeitos reais e obrigacionais no negócio fiduciário.

[97] Vale conferir a conceituação na íntegra: "Inobstante a relativa variedade da conceituação doutrinária é possível detectar, para além da cor ou vestimenta que se pretenda dar à fidúcia um inalterado núcleo morfológico, apresentando-se a fattispecie como um negócio bilateral fiduciário baseado na autonomia da vontade e resultante da confluência de dois acordos que, compostos ou combinados, tendem à criação de uma situação sui generis: uma parte, o fiduciante, por intermédio de um "acordo de base" ou "primário" dotado de eficácia real, atribui um direito próprio, patrimonial, à outra parte, o fiduciário, o qual por essa via adquire, erga omnes a titularidade plena, exclusiva e absoluta da coisa. Mas ao mesmo tempo, por via de um acordo — o pactum fiduciae — assume o fiduciário, no campo obrigacional, nas suas relações com o fiduciante, o dever de usar do direito realmente adquirido para uma finalidade querida pelo próprio fiduciante, e com este acordada mediante o citado pactum" (MARTINS-COSTA, Judith. Os negócios fiduciários – considerações sobre a possibilidade de acolhimento do "trust" no direito brasileiro. **Revista dos Tribunais**, São Paulo, v. 657, ano 79, jul. 1990, p. 40).

[98] MARTINS-COSTA, Judith. Os negócios fiduciários – considerações sobre a possibilidade de acolhimento do "trust" no direito brasileiro. **Revista dos Tribunais**, São Paulo, v. 657, ano 79, jul. 1990, p. 41. Para uma análise mais aprofundada dessas correntes ver: ALVES, José Carlos Moreira. **Da alienação fiduciária em garantia**. 3. ed. Rio de Janeiro: Forense, 1987, p. 27-30.

referida *causa fiduciae*, tipificada socialmente, ainda que legislativamente seja negócio inominado.[99]

Já Ferrara, defensor da tese dualista, aponta que o negócio fiduciário é estrutura complexa, resultante da união de dois outros negócios de índole e efeitos diferentes, que seguem de forma paralela e independente.[100] Mesma visão é a de Miranda, para quem a unificação das relações jurídicas só poderia ocorrer pela vontade do legislador, de modo que, para ressaltar a dualidade existente nos negócios fiduciários, o ideal seria chamá-los de "negócios jurídicos com fidúcia"[101].

Na concepção de Gomes, a existência da *causa fiduciae* até poderia ser invocada para atestar a unidade do negócio fiduciário, mas desde que o negócio real e o obrigacional não produzissem efeitos próprios e independentes, o que, segundo o autor, não é o caso. Esses negócios, em verdade, conservam sua individualidade, sendo negócios conexos, ou em outras palavras, negócios jurídicos unidos para a consecução de um mesmo resultado econômico-social ou prático jurídico.[102]

---

[99] Nesse sentido: CHALHUB, Melhim Namem. **Alienação fiduciária**: Negócio fiduciário. 5. ed. rev., atual. e ampl. Rio de Janeiro: Forense, 2017, p. 39; SANTOS, Joaquim Antonio de Vizeu Penalva. O negócio fiduciário no direito brasileiro. In: SANTOS, Theophilo de Azevedo (coord.). **Novos estudos de direito comercial em homenagem a Celso Barbi Filho**. Rio de Janeiro: Forense, 2003, p. 127-128; VASCONCELOS, Pedro Pais de. **Contratos Atípicos**. Tese (Doutorado em Direito) da Universidade de Coimbra. Coimbra: Almedina, 1995, p. 259; GRASSETTI, Cesare apud ALVES, José Carlos Moreira. **Da alienação fiduciária em garantia**. 3. ed. Rio de Janeiro: Forense, 1987, p. 29-30.

[100] FERRARA, Francesco. **A simulação dos negócios jurídicos**. São Paulo: Saraiva, 1939, p. 77-78. Em semelhante sentido: MARINO, Francisco Paulo de Crescenzo. Notas sobre o negócio jurídico fiduciário. **Revista Trimestral de Direito Civil**, Rio de Janeiro, Padma, v. 20, 2004, p. 52.

[101] MIRANDA, Francisco Cavalcanti Pontes de. **Tratado de Direito Privado**. t. 3, 3. ed. Rio de Janeiro: Borsoi, 1970, p. 117 e 120. Para mais explicações sobre a impossibilidade de fundição dos dois momentos, ver: MIRANDA, Francisco Cavalcanti Pontes de. **Tratado de Direito Privado**. t. 3, 3. ed. Rio de Janeiro: Borsoi, 1970, p. 122-123.

[102] GOMES, Orlando. **Introdução ao Direito Civil**. 14. ed. Rio de Janeiro: Forense, 1999, p. 351. O autor resume bem a questão: "O negócio fiduciário não é ato complexo, segundo adeptos da concepção romanista, mas, sim, um *complexo de negócios*. O fato de se designá-lo como se fosse negócio de tipo unitário dá a falsa impressão de que se fundem as diversas declarações de que se compõe, descaracterizando-se para formar um só negócio. É verdade que a existência da *causa fiduciae* poderia ser invocada para atestar a unidade do negócio fiduciário, mas desde que os dois negócios, o *translativo* e o *obrigacional*, produzem efeitos próprios e independentes, conservariam sua individualidade. Consequentemente, seriam negócios conexos.

De qualquer modo, seja o negócio fiduciário uma conjugação de dois negócios, seja um único negócio com duas partes distintas, fato é que possui dois momentos que entre si implicam uma desproporção entre o meio e o fim utilizados. Daí a explicação de Regelsberger apresentada no início deste capítulo.

Atribui-se a propriedade a alguém que não poderá usá-la em sua plenitude, mas tão somente nos limites de um pacto obrigacional. Transmite-se a propriedade sem a intenção de aumentar o patrimônio do fiduciário[103]. O fim econômico prático é heterogêneo e incongruente com as consequências jurídicas do negócio jurídico utilizado (transmissão da propriedade).[104]

Essa desproporção entre o que se desejava atribuir (fim) e o que efetivamente transmitiu (meio) e, consequentemente, entre a transmissão de direito real e a limitação de direito pessoal, ainda que por meio de outros vocábulos, é recorrentemente utilizada na noção de negócio fiduciário.

Para Ferrara, o meio e o fim empregados no negócio fiduciário são contraditórios, sendo sua finalidade econômica e suas consequências jurídicas

---

No *negócio fiduciário* ocorreria o fenômeno da *conexão de negócios*. Dois negócios estariam unidos em uma relação de *contemporaneidade* para a consecução do mesmo resultado econômico-social ou prático jurídico. Tratar-se-ia de *concurso de negócios*. Como visto, os negócios concorrentes podem ser *homogêneos* ou *heterogêneos*. O *negócio fiduciário* pertenceria à categoria dos negócios *concorrentes heterogêneos*. O concurso se daria entre negócios jurídicos diferentes, o *translativo* e o *obrigacional*, cada qual produzindo, verdadeiramente, seus efeitos peculiares. Pelo *negócio translativo*, a propriedade do bem transfere-se do fiduciante para o fiduciário, qualquer que seja o título da transmissão uma vez haja tradição ou transcrição. Pelo *negócio obrigacional*, o fiduciário contrai a obrigação de usar da coisa adquirida conforme a destinação que lhe foi dada, comprometendo-se, outrossim, a restituí-la logo seja preenchida a finalidade da transmissão. Portanto, dois negócios de índole e efeitos diferentes, colocados em oposição recíproca, mas coordenados ao mesmo fim. O nexo é objetivo, mas as causas dos dois negócios não se descaracterizariam para a formação de um só negócio com causa típica. A *causa* do negócio *obrigacional*, isto é, o *pacto de fidúcia*, não é a mesma do *negócio translativo*. No entanto, apresenta-se encoberta como *causa da atribuição patrimonial* oriunda desse negócio. Causa do contrato e causa da atribuição patrimonial não se confundem, e é por não distingui-las que alguns sustentam somente ser possível o negócio fiduciário naqueles sistemas jurídicos que admitem como *abstrato o negócio de transmissão*".

[103] COVIELLO, Nicola. **Manuale di Diritto Civile Italiano**, v. 1. 4. ed. Milão: *Società Editrice Libraria*, 1929, p. 371.

[104] Cf.: FERRARA, Francesco. **A simulação dos negócios jurídicos**. São Paulo: Saraiva, 1939, p. 79; MARINO, Francisco Paulo de Crescenzo. Notas sobre o negócio jurídico fiduciário. **Revista Trimestral de Direito Civil**, Rio de Janeiro, v. 20, 2004, p. 39.

não homogêneas. Utiliza-se de um meio mais forte para a obtenção de um resultado mais fraco. Por isso, a essência do negócio fiduciário estaria em ser "um negócio que *vai mais além* da finalidade das partes, que supera a intenção prática, que tem mais consequências jurídicas do que as que seriam necessárias para se alcançar o fim em vista"[105]. Em consonância, Miranda fala em "dar-se mais, com ela, do que se precisaria dar"[106]. Nessa mesma linha, Coviello ressalta a produção de uma eficácia maior do que a necessária[107], enquanto Cariota-Ferrara a "ascendência"[108], Santos o "excesso"[109] e Gomes a "transcendência"[110] do meio sobre o fim.

A noção de desproporção no negócio fiduciário, apesar de majoritária, não é unânime. Houve oposição na doutrina italiana no sentido de que não haveria como falar em desproporção como um caracterizador do negócio fiduciário, considerando que, para os fins desejados pelas partes, o negócio fiduciário seria o único meio disponível, como relata Cariota-Ferrara.[111]

Oliva endossa tal entendimento ressaltando que, para a incongruência fazer sentido como caracterização, ela dependeria (i) da confrontação entre instrumentos jurídicos e suas aptidões para alcançar finalidades e (ii) da existência de modelo jurídico que se encaixasse perfeitamente no fim desejado, fazendo com que o negócio fiduciário fosse amplo para

---

[105] FERRARA, Francesco, **A simulação dos negócios jurídicos**. São Paulo: Saraiva, 1939, p. 78.

[106] MIRANDA, Francisco Cavalcanti Pontes de. **Tratado de Direito Privado**, t. 21. Atualização de Nelson Nery Jr. e Luciano de Camargo Penteado. São Paulo: Revista dos Tribunais, 2012, p. 449.

[107] COVIELLO, Nicola, *Manuale di Diritto Civile Italiano*, v. 1. 4. ed. Milão: Società Editrice Libraria, 1929, p. 371.

[108] CARIOTA-FERRARA, Luigi. *Negozio Giuridico Nel Diritto Privato Italiano*. Napoli: *Morano*, 1949, p. 215

[109] SANTOS, José Beleza dos. **A simulação em direito civil**. 2. ed. São Paulo: Lejus, 1999, p. 90.

[110] GOMES, Orlando. **Introdução ao Direito Civil**. 14. ed. Rio de Janeiro: Forense, 1999, p. 348.

[111] CARIOTA-FERRARA, Luigi. *Negozio Giuridico Nel Diritto Privato Italiano*. Napoli: *Morano*, 1949, p. 215. Lima expõe mais detalhadamente os exemplos dos quais defensores de tal teoria se utilizaram para embasá-la, os quais, em suma, atestariam que nem sempre os negócios fiduciários demonstram a utilização de um meio que transcende o fim, sendo em alguns casos a única forma de obtenção da finalidade desejada pelas partes (LIMA, Otto de Souza. **Negócio Fiduciário**. São Paulo: Revista de Tribunais, 1962, p. 177-179).

uma finalidade restrita.[112] Como essas situações não estariam presentes, a autora conclui que a atribuição da propriedade no negócio fiduciário não é excessiva, mas sim necessária e apropriada, pois as finalidades não seriam alcançadas com outros instrumentos.[113]

Cariota-Ferrara, por sua vez, concorda que o objetivo do fiduciante e do fiduciário, na maioria dos casos, só poderia ser alcançado por meio do negócio fiduciário. No entanto, destaca que isso não é suficiente para infirmar a existência do excesso do meio sobre o fim: independentemente de ser ou não a única forma de atingir o objetivo, fato é que estaria a se transferir a titularidade de um direito para se servir de um bem com amplos poderes ao mesmo tempo em que a utilização deveria obedecer uma finalidade restrita.[114]

É claro que esse entendimento está diretamente ligado à ideia de que, no negócio fiduciário, a transmissão da propriedade é plena, sem nenhuma restrição de caráter real, como é o caso. Ferrara explica que a propriedade do negócio fiduciário é "normal, não limitada, não condicionada, não relativa, pois que o fiduciário é proprietário perante todos, incluindo o transferente, e não está ligado por um vínculo real, mas sim por uma mera obrigação pessoal relativamente ao emprego do direito adquirido"[115]. Já Miranda é categórico ao afirmar que não se trata de propriedade formal ou cindida.[116]

---

[112] OLIVA, Milena Donato. **Do negócio fiduciário à fidúcia**, São Paulo: Atlas, 2014, p. 13-14.

[113] OLIVA, Milena Donato. **Do negócio fiduciário à fidúcia**, São Paulo: Atlas, 2014, p. 14.

[114] Veja-se no original: *"Noi osserviamo: indubbiamente lo scopo che nel negozio fiduciario oggi si vuol conseguire non può di regola raggiungersi nella sua interezza se non attraverso il negozio fiduciario. [...] Ma volerne fare un argomento per negare l'eccedenza del mezzo sullo scopo nel negozio fiduciario ci sembra impossibile. Infatti, la situazione che viene a crearsi col trasferimento del diritto nel fiduciario è di natura tale ed è munita di tali effeti che non può assolutamente combaciare col fine avuto di mira: il fiduciario acquista il diritto di proprietà (o di credito) e con ciò stesso il potere di servirsene della cosa del fiduciante per tutti gli scopi, mentre egli deve servirsene solo per uno scopo determinato"* (CARIOTA-FERRARA, Luigi, **Negozio Giuridico Nel Diritto Privato Italiano**. Napoli: Morano, 1949, nota 3, p. 215).

[115] FERRARA, Francesco. **A simulação dos negócios jurídicos**. São Paulo: Saraiva, 1939, p. 82. Nesse sentido, Cariota-Ferrara afirma que o fiduciário é proprietário perante qualquer sujeito, sem exceção, porque sua propriedade não é especial, defendendo a incorreção da utilização da nomenclatura propriedade fiduciária (CARIOTA-FERRARA, Luigi, **I negozi fiduciari**. Pádua: Cedam, 1933, p. 30-31). Mesmo quem defende tal nomenclatura, aliás, o faz por entender serem as circunstâncias merecedoras de nomenclatura especial, mas ciente de que a titularidade transmitida é "verdadeira propriedade" (MARTORELL, Mariano Navarro. **La propriedad fiduciária**. Barcelona: Bosch, 1950, p. 174-175 e 178-179).

[116] MIRANDA, Francisco Cavalcanti Pontes de. **Tratado de Direito Privado**, t. 3, 3. ed. Rio de Janeiro: Borsoi, 1970, p. 119.

Tanto é que o fiduciário poderia, em desrespeito ao pacto obrigatório com o fiduciante e sem que este tivesse ação reivindicatória (mas apenas direito a perdas e danos[117]), vender o bem, o qual, inclusive, pode ser objeto de execução de eventuais credores do fiduciário (em regime individual ou concursal).[118]

Se um credor tem a possibilidade de vender um bem que recebeu em garantia mesmo antes do inadimplemento do seu devedor, não há dúvidas de que lhe foi dado mais poderes do que os necessários para a finalidade de garantia. Há uma desproporção. Realmente, há uma transmissão de mais poderes ao fiduciário do que seriam necessários para a finalidade do negócio, por isso é feito um pacto obrigacional para restringir a utilização desses poderes.

Contudo, o pacto obrigacional, frente ao direito real do fiduciário, pode ser violado. O fiduciário pode não agir nos estreitos limites da finalidade acordada entre as partes. É o que ressalta Santos:

> Esta convenção fiduciária não destrói a primeira, não anula diretamente os seus efeitos jurídicos, não impede que o direito real ou de crédito se transmita, não desloca o adquirente fiduciário da sua situação de titular desse direito criado por força da convenção positiva; o seu efeito é apenas completá-la.[119]

Esse poder de abuso que possui o fiduciário[120] acaba por colocar o fiduciante em uma situação de perigo em relação ao negócio que pactuou, chamada por Vasconcelos de "risco fiduciário"[121] e considerada indispensável

---

[117] Cf.: FERRARA, Francesco, **A simulação dos negócios jurídicos**. São Paulo: Saraiva, 1939, p. 89; SANTOS, José Beleza dos. **A simulação em direito civil**. 2. ed. São Paulo: Lejus, 1999, p. 90; MESSINA, Giuseppe. *Scritti Giuridici*, v. 1. Milão: *Giuffre*, 1948, p. 18; DIAZ-CAÑABATE, Joaquín Garriguez. *Negocios fiduciários em derecho mercantil*. Madri: *Civitas*, 1976, p. 20.

[118] Cf.: ALVES, José Carlos Moreira. **Da alienação fiduciária em garantia**. 3. ed. Rio de Janeiro: Forense, 1987, p. 155; CHALHUB, Melhim Namem. **Alienação fiduciária**: Negócio fiduciário. 5. ed. rev., atual. e ampl. Rio de Janeiro: Forense, 2017; MIRANDA, Francisco Cavalcanti Pontes de, **Tratado de Direito Privado**, t. 3, 3. ed. Rio de Janeiro: Borsoi, 1970, p. 119.

[119] SANTOS, José Beleza dos. **A simulação em direito civil**. 2. ed. São Paulo: Lejus, 1999, p. 90.

[120] Cf. FERRARA, Francesco. **A simulação dos negócios jurídicos**. São Paulo: Saraiva, 1939, p. 89; LIMA, Otto de Souza. **Negócio Fiduciário**. São Paulo: Revista de Tribunais, 1962, p. 159; MESSINA, Giuseppe. *Scritti Giuridici*, v. 1. Milão: Giuffre, 1948, p. 18-19; REGELSBERGER, Ferdinand apud ALVES, José Carlos Moreira. **Da alienação fiduciária em garantia**. 3. ed. Rio de Janeiro: Forense, 1987, p. 26.

[121] VASCONCELOS, L. Miguel Pestana de. **A Cessão de Créditos em Garantia e a Insolvência** – Em Particular da Posição do Cessionário na Insolvência do Cedente. Coimbra: Coimbra Editora, 2007, p. 67.

ao negócio fiduciário por Alves[122]. Nesse ponto é importante apresentar a muito pertinente opinião de Oliva, para quem esse poder de abuso não poderia caracterizar o negócio fiduciário, uma vez que ele está presente em quaisquer contratos, pois sujeitos ao inadimplemento e nem sempre com uma tutela específica, sem que isso os torne um negócio fiduciário.[123]

Contudo, a diferença desse para outros casos de inadimplemento reside no fato de o fiduciante dispor de um bem seu na esperança de um dia novamente reavê-lo com base na confiança de que o fiduciário agirá com ética. Como se deu mais do que era necessário, o negócio fiduciário também gera uma perda maior do que a necessária de um inadimplemento comum. Nesses negócios, a confiança existe em níveis elevados, tornando ainda mais relevante a possibilidade de abuso do fiduciário.

Essa confiança na lealdade e na honestidade do fiduciário é a alma do negócio fiduciário.[124] Daí o nome do instituto, que como ressaltou Miranda, equivale a "negócio jurídico + fidúcia"[125]. Justamente por isso, ao explicar o negócio fiduciário, optou-se por tratar do negócio fiduciário do tipo romano e não do negócio fiduciário do tipo germânico.

Pouco após a construção de negócio fiduciário de Regelsberger, baseado na fidúcia romana, foi criada também a concepção baseada na fidúcia germânica supracitada.[126] Assim, com o entendimento de que a fidúcia germânica previa uma condição resolutiva, limitando os poderes

---

[122] ALVES, José Carlos Moreira, **Da alienação fiduciária em garantia**. 3. ed. Rio de Janeiro: Forense, 1987, p. 30.

[123] OLIVA, Milena Donato. **Do negócio fiduciário à fidúcia**. São Paulo: Atlas, 2014, p. 16-17.

[124] Cf. Cariota-Ferrara: "[...] il fiduciante intanto la pone volontariamente in essere in quanto fa affidamento sulla fedeltà e sull'onestà del fiduciario; nell'affidamento su tali qualità è l'anima dei negozi fiduciari, che ne traggono appunto, il nome" (CARIOTA-FERRARA, Luigi. **Negozio Giuridico Nel Diritto Privato Italiano**. Napoli: *Morano*, 1949, p. 214-215). No mesmo sentido: LIMA, Otto de Souza, **Negócio Fiduciário**. São Paulo: Revista de Tribunais, 1962, p. 144.

[125] MIRANDA, Francisco Cavalcanti Pontes de. **Tratado de Direito Privado**, t. 3, 3. ed. Rio de Janeiro: Borsoi, 1970, p. 117. Ainda nas palavras de Miranda: "A confiança, que é ato de *con-fidare* (latim popular, em vez de *fidere*) é entre declarantes ou manifestantes de vontade, um dos quais confia (espera) que o outro se conduza como êle deseja, e pois tem fé (fidúcia); à diferença da fiança, que é prestação de fé" (MIRANDA, Francisco Cavalcanti Pontes de. **Tratado de Direito Privado**, t. 3, 3. ed. Rio de Janeiro: Borsoi, 1970, p. 118).

[126] Para mais sobre a construção germânica e sua diferenciação com a construção romanística de negócio fiduciário, cf. CARIOTA-FERRARA, Luigi, ***I negozi fiduciari***. Pádua: *Cedam*, 1933, p. 10-17.

do fiduciário, também o negócio fiduciário do tipo germânico preveria essa segurança ao fiduciante.[127]

Fato é que, existindo tal limitação, com eficácia *erga omnes*, deixa de existir a relação de confiança inerente aos negócios fiduciários, de modo que o negócio fiduciário do tipo germânico não poderia ser considerado um negócio fiduciário propriamente dito.[128]

Por fim, vale apontar que o negócio fiduciário é frequentemente colocado como um complemento à rigidez jurídica, apto a dar certa fluidez a sistemas jurídicos engessados. É o que diz Ferrara:

> O negócio fiduciário serve para tornar possível a realização de fins que a ordem jurídica não satisfaz, para atenuar certas durezas que não se compadecem com as exigências dos tempos, para facilitar e acelerar o movimento de actividade comercial. Aparece, pois, como um meio de completar o direito deficiente, de corrigir o direito inadequado, de produzir a evolução de novas formas jurídicas.[129]

Essa utilidade foi aproveitada, dentre outras e já fazendo o paralelo com a fidúcia romana, tanto para fins de garantia, como ocorria na fidúcia *cum creditore*, quanto administração, que era o caso da fidúcia *cum amico*. Daí alguns exemplos de negócios fiduciários, criados ante a inexistência de institutos jurídicos que provessem a mesma finalidade: venda com escopo de garantia, cessão de crédito com escopo de garantia, venda com escopo de administração, venda para recomposição de patrimônio[130] ou endosso-fiduciário[131].

---

[127] MARINO, Francisco Paulo de Crescenzo. Notas sobre o negócio jurídico fiduciário. **Revista Trimestral de Direito Civil**, Rio de Janeiro, v. 20, 2004, p. 43.

[128] ALVES, José Carlos Moreira. **Da alienação fiduciária em garantia**. 3. ed. Rio de Janeiro: Forense, 1987, p. 31-32. No mesmo sentido: MARINO, Francisco Paulo de Crescenzo, Notas sobre o negócio jurídico fiduciário. **Revista Trimestral de Direito Civil**, Rio de Janeiro, v. 20, 2004, p. 49.

[129] FERRARA, Francesco. **A simulação dos negócios jurídicos**. São Paulo: Saraiva, 1939, p. 77.

[130] Para mais sobre essas figuras ver: LIMA, Otto de Souza. **Negócio Fiduciário**. São Paulo: Revista de Tribunais, 1962, p. 223-232.

[131] Para mais sobre o endosso-fiduciário ver: ADAMEK, Marcelo Vieira von. Do endosso-mandato. **Revista de direito mercantil, industrial, econômico e financeiro**, São Paulo, v. 142, ano 45, abr./jun. 2006, p. 131.

Conforme explica Ascarelli, sempre no sentido de que o direito não muda repentinamente, mas sim paulatinamente, com a coexistência das velhas formas e novas funções, até que essas últimas se plasmem em novas formas do sistema jurídico, esses negócios fiduciários acabam por dar lugar, aos poucos, a novos tipos de negócio, constituídos pelas finalidades fiduciárias da qual derivam, mas assumindo uma forma mais adequada para o escopo perseguido.[132]

Assim, entende-se que, a partir do momento em que o negócio fiduciário é vinculado a instituto que prevê exatamente o escopo perseguido, como ocorre no negócio fiduciário do tipo germânico e em negócios positivados em lei, ele acaba por perder essa qualidade, uma vez que deixariam de existir a desproporção, o poder de abuso e a *fides* essenciais a tais negócios. Como o elemento fidúcia deixa de existir, deixa de existir também o qualitativo fiduciário.[133]

É nessa linha que Miranda ressalta que "a fidúcia regulada em lei apaga-se de certo modo a si-mesma", sendo que "se a lei transforma êsse material de confiança, criado no terreno deixado à autonomia das vontades, e o faz conteúdo de regras jurídicas cogentes, a fidúcia passa a ser elemento puramente histórico do instituto, salvo no ato mesmo de se escolher a categoria"[134].

---

[132] ASCARELLI, Tullio. **Problemas das Sociedades Anônimas e direito comparado**. 2. ed. São Paulo: Saraiva, 1969, p. 103 e 106.

[133] Cf.: MARTORELL, Mariano Navarro. ***La propriedad fiduciária***. Barcelona: Bosch, 1950, p. 174-175; ALVES, José Carlos Moreira. **Da alienação fiduciária em garantia**. 3. ed. Rio de Janeiro: Forense, 1987, p. 30-31; REGELSBERGER apud ALVES, José Carlos Moreira, **Da alienação fiduciária em garantia**. 3. ed. Rio de Janeiro: Forense, 1987, p. 26. Em sentido oposto, Oliva considera que o direito de abuso não caracteriza o negócio fiduciário, entendendo que o caráter fiduciário do negócio não seria retirado com o regramento imposto pelo legislador: "O caráter fiduciário advém não de suposto risco de abuso que justifique a confiança depositada pelo fiduciante no fiduciário, mas da circunstância de o fiduciário titularizar um direito para a promoção de determinada finalidade estipulada pelo fiduciante. O que caracteriza o negócio fiduciário é a titularidade à conta de outrem ou para a promoção de certa finalidade" (OLIVA, Milena Donato. **Do negócio fiduciário à fidúcia**, São Paulo: Atlas, 2014, p. 17).

[134] MIRANDA, Francisco Cavalcanti Pontes de. **Tratado de Direito Privado**, t. 3, 3. ed. Rio de Janeiro: Borsoi, 1970, p. 118. Como bem ressaltado por Lima, "o negócio fiduciário não tem, por isso, nada de ilegal, embora extralegal seja o fim visado" (LIMA, Otto de Souza. **Negócio Fiduciário**. São Paulo: Revista de Tribunais, 1962, p. 174).

1.3.2. Figuras afins e a validade do negócio fiduciário

A estrutura peculiar do negócio fiduciário leva os operadores do direito a assemelhá-lo com outras figuras que também envolvem estruturas jurídicas utilizadas para finalidades diferentes das usuais, algumas delas nem sempre consideradas válidas pelo ordenamento jurídico.

A primeira dessas figuras afins é o negócio indireto, igualmente colocado por Ascarelli como modo de evolução do direito pela adaptação de velhos institutos em novas funções,[135] sendo chamado inclusive de "ponte de passagem histórica" pelo autor[136].

Pelo negócio indireto "as partes recorrem, no caso concreto, a um negócio determinado, para alcançar, consciente e consensualmente, por seu intermédio, finalidades diversas das que, em princípio, lhe são típicas"[137].

Ao utilizar esse negócio típico, as partes se sujeitam a sua forma e a sua disciplina[138], sendo que eventuais cláusulas específicas que visem a direcionar o negócio jurídico para o escopo final não alteram a substância do negócio. No negócio indireto o fim típico é desejado, mas como um pressuposto para se chegar ao fim ulterior.[139]

Por sua vez, a opção pelos negócios típicos já consolidados é feita para garantir uma maior segurança jurídica. As partes, conscientemente, preferem se afastar o menos possível do terreno conhecido dos negócios típicos.[140]

Alves explica, na mesma linha, que o negócio jurídico é considerado indireto quando as partes se utilizam de um negócio jurídico típico e, portanto, submetem-se integralmente à sua disciplina (formal e substancial), para,

---

[135] ASCARELLI, Tullio. **Problemas das Sociedades Anônimas e direito comparado**. 2. ed. São Paulo: Saraiva, 1969, p. 101-103.

[136] ASCARELLI, Tullio. **Problemas das Sociedades Anônimas e direito comparado**. 2. ed. São Paulo: Saraiva, 1969, p. 128. Em sentido semelhante, Oliva o relaciona com o poder criativo da autonomia privada (OLIVA, **Do negócio fiduciário à fidúcia**, São Paulo: Atlas, 2014, p. 3).

[137] ASCARELLI, Tullio, **Problemas das Sociedades Anônimas e direito comparado**. 2. ed. São Paulo: Saraiva, 1969, p. 156.

[138] ASCARELLI, Tullio. **Problemas das Sociedades Anônimas e direito comparado**. 2. ed. São Paulo: Saraiva, 1969, p. 103-104.

[139] ASCARELLI, Tullio. **Problemas das Sociedades Anônimas e direito comparado**. 2. ed. São Paulo: Saraiva, 1969, p. 115.

[140] ASCARELLI, Tullio. **Problemas das Sociedades Anônimas e direito comparado**. 2. ed. São Paulo: Saraiva, 1969, p. 114.

na prática, encontrar um fim ulterior, que na habitualidade não é o atingido pelo negócio celebrado.[141] Exemplificativamente, o autor cita a compra e venda com fins de garantia[142], um clássico exemplo de negócio fiduciário.

Como o negócio indireto envolve a utilização de um negócio típico para a obtenção ulterior de fins diversos dos normalmente esperados, há o paralelo direto com o negócio fiduciário, pelo qual se transmite a propriedade com uma finalidade diferente da pura transmissão do direito real com todas as suas atribuições.[143] Por isso, muitos doutrinadores colocam o negócio fiduciário como modalidade do negócio indireto, como é o caso de Ascarelli[144], Betti[145], Ferrara[146], Cordeiro[147], Miranda[148] e Oliva[149].

[141] ALVES, José Carlos Moreira. **Da alienação fiduciária em garantia**. 3. ed. Rio de Janeiro: Forense, 1987, p. 6.

[142] "Assim, a compra e venda tem como causa a troca da coisa pelo comprador como proprietário; já a compra e venda com fim de garantia (negócio jurídico indireto) é uma compra e venda (negócio jurídico típico) em que a causa é a desta (troca de coisa por dinheiro), mas em que o escopo último (motivo) não é aquele a que normalmente se visa quando se celebra uma compra e venda (qualquer utilização da coisa pelo comprador como proprietário), mas o de a coisa adquirida servir ao seu proprietário como garantia do pagamento de crédito" (ALVES, José Carlos Moreira. **Da alienação fiduciária em garantia**. 3. ed. Rio de Janeiro: Forense, 1987, p. 6).

[143] Gomes ressalta que "entre *negócio fiduciário* e *negócio indireto* tais e tantas são as afinidades que a doutrina se tortura em confrontá-los, no afã de verificar se um absorve o outro ou se, ao contrário, se contrapõem irredutivelmente" (GOMES, Orlando. **Alienação Fiduciária**. 4. ed. São Paulo: Revista dos Tribunais, 1975, p. 26).

[144] ASCARELLI, Tullio. **Problemas das Sociedades Anônimas e direito comparado**. 2. ed. São Paulo: Saraiva, 1969, p. 105.

[145] BETTI, Emilio. **Teoria geral do negócio jurídico**. Campinas: Servanda Editora, 2008, p. 460-461.

[146] FERRARA, Francesco. **A simulação dos negócios jurídicos**. São Paulo: Saraiva, 1939, p. 116.

[147] CORDEIRO, António Menezes. **Tratado de Direito Civil Português**, v. 1: parte geral, t. 2. Coimbra: Almedina, 2000, p. 556.

[148] MIRANDA, Custódio da Piedade Ubaldino. Negócio jurídico indireto e negócios fiduciários. **Revista de Direito Civil, Imobiliário, Agrário e Empresarial**, São Paulo, v. 29, ano 8, jul./set. 1984, p. 93.

[149] OLIVA, Milena Donato. **Do negócio fiduciário à fidúcia**, São Paulo: Atlas, 2014, p. 3 e 9. A autora ressalta, porém que não serão em todos os casos que o negócio fiduciário será indireto. Segundo a autora, o negócio fiduciário também poderia ser confeccionado como um contrato atípico, com regras próprias e sem recorrer a um tipo já conhecido, ocasião em que não se estará a falar em negócio indireto (OLIVA, Milena Donato. **Do negócio fiduciário à fidúcia**, São Paulo: Atlas, 2014, p. 10).

1. FONTES DE INSPIRAÇÃO DAS GARANTIAS FIDUCIÁRIAS

Por outro lado, para Junqueira, em hipótese alguma o negócio fiduciário também será negócio indireto, pois esse último não comporta a noção de pacto paralelo obrigacional, restritivo ou modificativo.[150] No mesmo sentido, o entendimento de Marino ainda agrega como distinção o fato de o negócio indireto não comportar o elemento da fidúcia.[151] Essa confiança que existe na *causa fiduciae* do negócio fiduciário, segundo Gomes, é o que realmente distingue esse negócio do negócio indireto.[152]

Além dos negócios indiretos, o negócio fiduciário, por suas características, também é muitas vezes equiparado a negócios jurídicos simulados e fraudulentos. Isso porque a estrutura dos negócios fiduciários, em um primeiro momento, pode passar a impressão de uma tentativa de burlar a lei.

A parte não possui um mecanismo legal para fazer o que deseja e se utiliza de outro para chegar a um fim socialmente não esperado? A parte recebe a propriedade, não para tê-la como sua, mas para utilizá-la de garantia? Esses pontos já causaram estranheza e desconforto, mas há certo consenso doutrinário e jurisprudencial de que esses negócios, pelo simples fato de serem fiduciários, não representam simulação ou fraude à lei.

Martins-Costa explica que a simulação apresenta três elementos, quais sejam "a intencionalidade da divergência entre a vontade e a declaração, o acordo simulatório e o intuito de enganar terceiros", podendo dividir-se em relativa, quando se utiliza do negócio simulado não querido para ocultar um outro negócio, o dissimulado, e absoluta, em que não se quis ato jurídico algum.[153]

---

[150] AZEVEDO, Antonio Junqueira de. Negócio Fiduciário. Frustração da fidúcia pela alienação indevida do bem transmitido. Oponibilidade ao terceiro adquirente dos efeitos da fidúcia germânica e de procuração em causa própria outorgada ao fiduciante. In: **Novos estudos e pareceres de direito privado**. São Paulo: Saraiva, 2009, p. 112.

[151] MARINO, Francisco Paulo de Crescenzo. Notas sobre o negócio jurídico fiduciário. **Revista Trimestral de Direito Civil**, Rio de Janeiro, v. 20, 2004, p. 62.

[152] GOMES, Orlando. **Introdução ao Direito Civil**. 14. ed. Rio de Janeiro: Forense, 1999, p. 352-353.

[153] MARTINS-COSTA, Judith. Os negócios fiduciários – considerações sobre a possibilidade de acolhimento do "trust" no direito brasileiro. **Revista dos Tribunais**, São Paulo, v. 657, ano 79, jul. 1990, p. 42.

Segundo ensinamentos de Ferrara, no ato de simular (qualquer que seja) há entre a forma exterior e a essência interior flagrante contraste, pois, apesar de aparentemente sério e eficaz, na verdade, o negócio simulado é fictício e mentiroso, uma máscara para esconder um negócio jurídico diferente. Toda a intenção do negócio é iludir terceiros, levados a confiar na sua existência, quando o negócio não foi sequer realizado ou foi realizado de forma diferente do expresso negocialmente.[154]

Então, é muito comum que a diferenciação entre o negócio fiduciário e o negócio simulado seja colocada justamente no que foi ou não querido pelas partes. Enquanto o negócio simulado é fictício, irreal e vazio, o negócio fiduciário é sério e as partes realmente querem obter o fim prático pactuado, com todos os seus efeitos. No negócio fiduciário, tanto o negócio real quanto o obrigatório produzem efeitos – sérios e queridos –, ainda que um sirva a neutralizar o outro.[155] O negócio fiduciário é "um jogo com as cartas a descoberto"[156].

Não há no negócio fiduciário, como há no negócio simulado, o intuito de enganar terceiros. No negócio fiduciário os direitos de terceiros ficam sobrepostos ao *pactum fiduciae*[157], que regula apenas a relação interna do negócio fiduciário, sendo o fiduciário efetivamente proprietário perante todos.[158] No entanto, Betti, apesar de concordar com a distinção dos negócios fiduciários com os simulados, os diferencia por outro ângulo. Isso porque, ao considerar que diferem em razão de um negócio ser efetivamente querido e o outro não, estar-se-ia a aceitar o dogma da vontade na concepção do negócio jurídico, de modo que, o que impede de considerar

---

[154] FERRARA, Francesco. **A simulação dos negócios jurídicos**. São Paulo: Saraiva, 1939, p. 51.

[155] É nesse sentido o entendimento de inúmeros autores: FERRARA, Francesco. **A simulação dos negócios jurídicos**. São Paulo: Saraiva, 1939, p. 76 e 90; AZEVEDO, Álvaro Villaça. **Contratos inominados ou atípicos e negócio fiduciário**. 3. ed. Belém: Cejup, 1988, p. 136--137; MIRANDA, Francisco Cavalcanti Pontes de. **Tratado de Direito Privado**, t. 3, 3. ed. Rio de Janeiro: Borsoi, 1970, p. 123.

[156] REGELSBERGER, Ferdinand apud FERRARA, Francesco, **A simulação dos negócios jurídicos**. São Paulo: Saraiva, 1939, p. 80.

[157] SANTOS, José Beleza dos. **A simulação em direito civil**, 2. ed. São Paulo: Lejus, 1999, p. 111-112.

[158] MIRANDA, Francisco Cavalcanti Pontes de, **Tratado de Direito Privado**, t. 3, 3. ed. Rio de Janeiro: Borsoi, 1970, p. 120.

os negócios indiretos e fiduciários como simulados é a simples incongruência entre a função típica e o fim ulterior nos primeiros, enquanto no segundo haveria uma verdadeira incompatibilidade.[159]

Igualmente evitando a distinção com base no negócio ter sido efetivamente querido ou não, Marino os diferencia ao considerar que no negócio fiduciário "os dois negócios jurídicos são coligados, compatíveis e de eficácia desejada e necessária para alcançar o fim prático", enquanto nos negócios simulados "não são coligados nem compatíveis e as partes desejam apenas a eficácia de um deles (o negócio jurídico dissimulado)"[160].

Além disso, o negócio fiduciário também não pode ser confundido com negócios fraudulentos (não automaticamente, pelo menos). É bem verdade que nesse caso, ambos se utilizam da combinação de formas jurídicas, são reais, seriamente queridos e com uma finalidade ulterior de alcançar resultado não previsto diretamente pela ordem jurídica. A diferenciação entre negócio fiduciário e negócio fraudulento, então, residirá justamente na circunstância desse resultado não previsto ser em função do não oferecimento de forma para consegui-lo ou em função de proibição expressa do ordenamento. Ou seja, um negócio fiduciário deixará de ser fiduciário para ser fraudulento a partir do momento que o fim buscado deixar de ser lícito para ser ilícito.[161]

---

[159] BETTI, Emilio. **Teoria geral do negócio jurídico**. Campinas: Servanda Editora, 2008, p. 461. No mesmo sentido: AZEVEDO, Antonio Junqueira de. Negócio Fiduciário. Frustração da fidúcia pela alienação indevida do bem transmitido. Oponibilidade ao terceiro adquirente dos efeitos da fidúcia germânica e de procuração em causa própria outorgada ao fiduciante. In: **Novos estudos e pareceres de direito privado**. São Paulo: Saraiva, 2009, p. 112.

[160] MARINO, Francisco Paulo de Crescenzo. Notas sobre o negócio jurídico fiduciário, **Revista Trimestral de Direito Civil**, v. 20, ano. 5, out./dez. 2004, p. 62.

[161] FERRARA, Francesco. **A simulação dos negócios jurídicos**. São Paulo: Saraiva, 1939, p. 111-113. Conclui o autor que "os negócios fiduciários e fraudulentos são uma *só e única forma de negócio jurídico* que toma aspectos diversos, segundo o fim que se quis alcançar. Se se trata dum fim lícito, dum resultado permitido, teremos um negócio fiduciário; se se trata dum fim ilícito, dum resultado proibido, teremos um negócio fraudulento. Ambos querem alcançar um resultado económico inatingível normalmente, porque não pode ou não deve conseguir-se, e para tanto servem-se de caminhos laterais ou transversais, combinações de várias formas jurídicas. Se o efeito não ofende nenhum princípio jurídico, encontramo-nos no âmbito dos negócios fiduciários; se o ofende, estamos no âmbito dos negócios fraudulentos" (FERRARA, Francesco. **A simulação dos negócios jurídicos**. São Paulo: Saraiva, 1939, p. 114-115).

Assim, considerando que, em regra, os negócios fiduciários apenas não possuem enquadramento no sistema legal, tal qual negócios atípicos, o que, por si só, não é vedado por lei (artigos 104 e 425 do Código Civil)[162], para serem considerados fraudulentos[163], como em qualquer negócio, deve-se apurar se as partes, mediante o trato celebrado, objetivaram escapar da incidência da lei (fraudá-la).[164]

Por essas razões, conclui-se que o negócio fiduciário em si é plenamente admitido no ordenamento brasileiro, conforme entendimentos doutrinário[165] e jurisprudencial[166].

---

[162] Veja-se: "Art. 104. A validade do negócio jurídico requer: [...] III – forma prescrita ou não defesa em lei"; "Art. 425. É lícito às partes estipular contratos atípicos, observadas as normas gerais fixadas neste Código"

[163] LIMA, Otto de Sousa. **Negócio fiduciário**. São Paulo: Revista dos Tribunais, 1962, p. 194.

[164] OLIVA, Milena Donato. **Do negócio fiduciário à fidúcia**, São Paulo: Atlas, 2014, p. 28. No mesmo sentido: ASCARELLI, Tullio. **Problemas das Sociedades Anônimas e direito comparado**. 2. ed. São Paulo: Saraiva, 1969, p. 121-125.

[165] MIRANDA, Francisco Cavalcanti Pontes de. **Tratado de Direito Privado**, t. 3, 3. Ed. Rio de Janeiro: Borsoi, 1970, p. 123; AZEVEDO, Álvaro Villaça. **Contratos inominados ou atípicos e negócio fiduciário**. 3. ed. Belém: Cejup, 1988, p. 122; LIMA, Otto de Sousa. **Negócio fiduciário**. São Paulo: Revista dos Tribunais, 1962, p. 220; PEREIRA, Caio Mário da Silva. **Instituições de direito civil**, v. 4. 21. ed. Rio de Janeiro: Forense, 2013, p. 362. Exceção feita para Santos, que apesar de estar comentando a admissibilidade do negócio fiduciário no ordenamento português, afirma que haveria uma efetiva incompatibilidade entre o efeito positivo da transmissão da propriedade e o *pactum fiduciae*, que levaria este último a ser cláusula impossível (SANTOS, José Beleza dos. **A simulação em direito civil**. 2. ed. São Paulo: Lejus, 1999, p. 95-96).

[166] Na linha de que o negócio fiduciário não constitui simulação: "AÇÃO RESCISÓRIA. JULGADO QUE RECONHECE A EXISTÊNCIA DE NEGÓCIO FIDUCIÁRIO E LHE NEGA EFEITO 'SOB O FUNDAMENTO DE FRAUDE A LEI'. DISTINÇÃO ENTRE NEGÓCIO FIDUCIÁRIO E SIMULAÇÃO. LEGITIMIDADE DO NEGÓCIO FIDUCIÁRIO. OFENSA ARTS. 81, 82 E 765 DO CÓDIGO CIVIL COM EQUIPARÁ-LO A SIMULAÇÃO FRAUDULENTA. RECURSO EXTRAORDINÁRIO NÃO CONHECIDO" (BRASIL, Supremo Tribunal Federal, RE 71.616, Relator Ministro Rodrigues Alckmin, 1ª Turma, j. em 11.12.197 3). Em sentido semelhante: BRASIL, Supremo Tribunal Federal, RE 99.640, Relator Ministro Rafael Mayer, 1ª Turma, j. em 28.8.1984; BRASIL, Supremo Tribunal Federal, RE 68966, Relator Ministro Thompson Flores, 2ª Turma, j. em 25.09.1970; BRASIL, Superior Tribunal de Justiça, REsp 57.991/SP, Relator Ministro Salvio De Figueiredo Teixeira, 4ª Turma, j. em 19.08.1997. Os tribunais vedam a utilização do negócio fiduciário quando se percebe que seu fim é ilícito, como, por exemplo, a tentativa de escapar da Lei da Usura, mascarando a taxa de juros em negócio fiduciário, possibilidade aventada e assentida (em tese, não

1.4. Figuras da *Common Law*

A fidúcia clássica e o negócio fiduciário, como será ressaltado adiante, em muito inspiraram as garantias fiduciárias. Não se pode deixar de mencionar, contudo, algumas figuras comuns nos países de *Common Law* que têm sua parcela de influência sobre a garantia fiduciária brasileira. São elas o *trust*, o *mortgage* e o *trust receipt*.

1.4.1. *Trust*

O *trust* é um instituto de ampla aplicação casuística e está se expandindo cada vez mais no cenário mundial, com muitos países fazendo o possível para criar modelos jurídicos que possibilitem a obtenção de efeitos ao menos semelhantes aos deste instituto.

1.4.1.1. Caracterização

Apesar da ideia geral que representa o *trust* ser bem conhecida, não é fácil encontrar uma definição precisa do instituto.[167] Segundo Pettit, o *trust* é uma obrigação pela qual uma pessoa (chamada *trustee*) é obrigada a administrar uma propriedade da qual tem o controle para o benefício de pessoas (chamadas de *cestui que trust*), sendo que quaisquer delas podem compeli-lo a cumprir sua obrigação.[168]

---

no caso concreto) pelo Supremo Tribunal Federal: "NEGÓCIO FIDUCIARIO. EM FACE DA DIVERSIDADE DE ESTRUTURA JURÍDICA E DE CARACTERISTICAS ECONÔMICAS ENTRE O NEGÓCIO FIDUCIÁRIO E OS DIREITOS REAIS DE GARANTIA, NÃO SE LHE APLICA A PROIBIÇÃO DO ARTIGO 765 DO CÓDIGO CIVIL. COM ISSO, NÃO FICA O DEVEDOR, NO SISTEMA JURÍDICO BRASILEIRO, INTERMEDIANTE DO CREDOR, SE A DIFERENÇA ENTRE O VALOR DO DIREITO TRANSFERIDO EM GARANTIA E O VALOR DO EMPRÉSTIMO GARANTIDO FOR REPRESENTADA POR JUROS USUÁRIOS, CASO EM QUE A NULIDADE SERÁ DECRETADA EM VIRTUDE DE FRAUDE A LEI DE USURA. NO CASO, FICOU DEMONSTRADA A INEXISTÊNCIA DE JUROS USURÁRIOS. RECURSO EXTRAORDINÁRIO CONHECIDO E PROVIDO" (BRASIL, Supremo Tribunal Federal, RE 82.447, Relator Ministro Cordeiro Guerra, 2ª Turma, j. em 08.06.1976).

[167] PETTIT, Philip H. *Equity and the law of trusts*. 10. ed. Oxford: University Press, 2006, p. 27.

[168] PETTIT, Philip H. *Equity and the law of trusts*. 10. ed. Oxford: University Press, 2006, p. 27. Cf. o texto original: "*a trust can be said to exist whenever equity imposes on a person (the trustee) a duty to deal with property under his control, either for the benefit of persons (the beneficiaries or cestuis*

É nesse sentido a lição de Martins-Costa, para quem o "*trustee* se obriga, pela *equity*, a exercer os direitos que recebe em *trust* em proveito de outras pessoas (os *cestui que trust*) ou para permitir que se alcance fim certo". A autora ainda ressalta as três personagens do *trust*: (i) *settlor of trust*, responsável pela instituição do *trust* e proprietário dos bens transmitidos ao *trustee*; (ii) *trustee*, responsável pela administração dos bens constituídos em *trust*; e (iii) *cestui que trust*, que é o beneficiário do *trust*.[169]

Franceschelli, em definição colocada como longa pelo próprio autor, na tentativa de englobar todas as características do *trust*, afirma que:

> [...] o *trust* é uma relação fiduciária, decorrente da vontade privada ou da lei, pela qual aquele (fiduciário, *trustee*) que tem sobre bens ou direitos a propriedade formal (*trust-ownership, legal estate*) ou a titularidade deles, por efeito de propriedade substancial (*beneficiary-ownership, equitable estate*) que não é sua, para mantê-los e (ou) administrá-los, usando-os em benefício de um ou mais beneficiários, dentre os quais também pode estar compreendido, ou de uma determinada finalidade.[170]

Por sua vez, Potter ressalta que o *trust* consiste na titularidade nominal da propriedade investida em uma ou mais pessoas que devem exercer seus direitos de forma a beneficiar terceiros, sendo a particularidade do instituto a aparente dualidade da propriedade, já que tanto o *trustee* quanto os *cestui que trust* podem ser considerados titulares da propriedade.[171]

---

que trust), any one of whom may enforce the obligation, or for a charitable purpose, which may be enforced at the instance of the Attorney General, or for some other purpose permitted by law though unenforceable".

[169] MARTINS-COSTA, Judith. Os negócios fiduciários – considerações sobre a possibilidade de acolhimento do "trust" no direito brasileiro. **Revista dos Tribunais**, São Paulo, v. 657, ano 79, jul. 1990, p. 39.

[170] Tradução livre de: "*il trust è un rapporto fiduciario, derivante dalla volontà privata o dalla legge, in virtú del quale colui (fiduciario, trustee) che ha su determinati beni o diritti la proprietà formale (trust-ownership, legal estate) o la titolarietà è tenuto, per effetto della proprietà sostanziale (beneficiary-ownership, equitable estate) che non è in lui, a custodirli e (o) ad amministrarli, o comunque a servirsene a vantaggio di uno o più beneficiari, tra i quali può anche essere compreso, o di uno scopo*" (FRANCESCHELLI, Remo. *Il "Trust" nel diritto inglese*. Pádua: Cedam, 1935, p. 138).

[171] POTTER, Harold. ***Potter's historical introduction to English law and its instittutions***. Atualização de Albert Kenneth Roland Kiralfy. 4. ed. Londres: *Sweet & Maxwell*, 1958, p. 604.

Nota-se nessas definições mais longas a menção à ocorrência de evento curioso e estranho para o sistema de *Civil Law*: o desdobramento do direito de propriedade originário em dois novos direitos de propriedade distintos, dando a sujeitos diferentes a propriedade concomitante de um mesmo objeto (sem que exista um condomínio).[172]

Nesse sentido, enquanto o *trustee* teria a propriedade formal, exterior, caberia ao *cestui que trust* a propriedade substancial, econômica, da coisa.[173] Se os direitos de propriedade voltam a se juntar num único titular, o *trust* deixa de existir, de modo que essa cisão é característica fundamental do instituto.[174]

Essa dissociação, ao contrário da tradição histórica no direito inglês[175], é difícil de conceber em países calcados no sistema de *Civil Law*, onde as características do domínio como absoluto, ilimitado e exclusivo, são tidas como intocáveis, rejeitando-se situações estranhas a elas.[176] Então, ainda que a *Civil Law* admita que a propriedade seja exercida por diversos titulares (como no condomínio), a propriedade, nesse caso, continua sendo una.[177]

---

[172] FRANCESCHELLI, Remo. *Il "Trust" nel diritto inglese*. Pádua: Cedam, 1935, p. 23.

[173] FRANCESCHELLI, Remo. *Il "Trust" nel diritto inglese*. Pádua: Cedam, 1935, p. 33.

[174] FRANCESCHELLI, Remo. *Il "Trust" nel diritto inglese*. Pádua: Cedam, 1935, p. 34-35. Igualmente no sentido de que a dupla propriedade é fundamental à noção de *trust*: MARTINS-COSTA, Judith. Os negócios fiduciários – considerações sobre a possibilidade de acolhimento do "*trust*" no direito brasileiro. **Revista dos Tribunais**, São Paulo, v. 657, ano 79, jul. 1990, p. 39; GOMES, Orlando. Contrato de Fidúcia ("trust"). **Revista Forense**, Rio de Janeiro, v. 211, ano 62, jul./set. 1965, p. 12. WALD, Arnoldo. Algumas considerações a respeito da utilização do "*trust*'" no direito brasileiro. **Revista de Direito Mercantil, Industrial, Econômico e Financeiro**, São Paulo, n. 99, ano 34, jul./set. 1995, p. 110; CHALHUB, Melhim Namem. **Alienação fiduciária**: Negócio fiduciário. 5. ed. rev., atual. e ampl. Rio de Janeiro: Forense, 2017, p. 20.

[175] Essa divisão foi introduzida em tal direito como consequência da conjuntura da política inglesa no início do século XI. Nessa época, o rei tomou para si as terras da nobreza e passou a distribuí-las em consonância com o feudalismo até então existente, ou seja, passou a conceder suas terras a seus vassalos para que estes pudessem obter seu sustento e prestar serviços ao seu senhor, o que se chamou de *tenures*. (FRANCESCHELLI, Remo, *Il "Trust" nel diritto inglese*. Pádua: Cedam, 1935, p. 24-27).

[176] FRANCESCHELLI, Remo. *Il "Trust" nel diritto inglese*. Pádua: Cedam, 1935, p. 23-24.

[177] WALD, Arnoldo, Algumas considerações a respeito da utilização do "*trust*'" no direito brasileiro. **Revista de Direito Mercantil, Industrial, Econômico e Financeiro**, São Paulo, n. 99, ano 34, jul./set. 1995, p. 110.

De qualquer forma, percebe-se que o *trustee* é mais do que simples administrador, é o proprietário real dos bens, apenas com limitações de ordem moral, deles podendo dispor, já que o faz em favor de terceiros. Daí que também no *trust* há uma relação fundada na confiança.[178] Confiança que, originariamente, não emanava da lei ou do direito, mas da probidade do *trustee*, de modo que a restituição do bem advinha de um dever de consciência.

Como lembra Silva, a palavra *trust* pode ser traduzida para o português como "confiança". Por isso, fala-se também em *cestui que trust*, já que o termo "*cestui*", proveniente do francês antigo, leva à tradução de "aquele que confia"[179]. O entendimento da confiança no *trust*, contudo, variou com a evolução do instituto.

O *trust* tem como antecedente histórico o *use* do direito inglês.[180] Inicialmente, pelo *use*, a obrigação do *trustee* (à época *feoffe to use*) de obedecer aos fins da transmissão era secreto, de modo que os tribunais da *Common Law* entendiam inexistir na transmissão quaisquer outras obrigações, tornando-se o cumprimento destas pelo *trustee* decorrência unicamente da *fides*.[181]

Isso porque o direito inglês era iminentemente procedimental, cabendo ao Rei, pelo seu assessor (*Chancellor*), dar os remédios necessários para determinadas situações. O conjunto das regras costumeiras e de precedentes aplicadas pelo *Chancellor* veio a se chamar *Common Law*. Com o tempo, os poderes do *Chancellor* para alterar as leis foram restringidos

---

[178] MARTINS-COSTA, Judith. Os negócios fiduciários – considerações sobre a possibilidade de acolhimento do "*trust*" no direito brasileiro. **Revista dos Tribunais**, São Paulo, v. 657, ano 79, jul. 1990, p. 39.

[179] SILVA, Fábio Rocha Pinto e. **Garantias das obrigações**: uma análise sistemática do direito das garantias e uma proposta abrangente para sua reforma. São Paulo: Editora IASP, 2017, p. 472-473.

[180] MARTINS-COSTA, Judith, Os negócios fiduciários – considerações sobre a possibilidade de acolhimento do "*trust*" no direito brasileiro. **Revista dos Tribunais**, São Paulo, ano 79, jul. 1990, p. 38. Como ressalta Lima, com o passar do tempo, "os *uses* passaram a ser chamados *trusts* e, ainda hoje, estes não são em substância, senão os antigos *uses*" (LIMA, Otto de Sousa. **Negócio fiduciário**. São Paulo: Revista dos Tribunais, 1962, p. 108-109). Para um estudo mais detalhado sobre o *use* e sua evolução até o *trust*, ver: POTTER, Harold. ***Potter's historical introduction to English law and its instittutions***. Atualização de Albert Kenneth Roland Kiralfy. 4. ed. Londres: Sweet & Maxwell, 1958.

[181] LIMA, Otto de Sousa, **Negócio fiduciário**. São Paulo: Revista dos Tribunais, 1962, p. 112.

e muitas situações passaram a não ser protegidas pela *Common Law*.[182] É exatamente a situação em que se encontrava o *use/trust* inicialmente, já que a entrega de bens para administração por determinado tempo não criava a obrigação jurídica de restituição pelo direito comum, calcando-se exclusivamente na confiança.[183]

Desamparados pela *Common Law*, inúmeros indivíduos passaram a suplicar por um julgamento de equidade, o que levou o Rei à criação da Corte de Chancelaria (*Court of Chancery*) para o julgamento de tais casos. Na medida em que esse tribunal também foi criando sua própria jurisprudência, passaram a existir dois corpos de regras paralelos, de modo que um sujeito poderia ter tanto um *legal interest* (baseado na *Common Law*), quanto um *equitable interest* (baseado na *Equity*).[184]

A partir de então, pela *Equity*, o dever de consciência dos *trustee* (*feoffe to use*) passou a comportar cumprimento coercitivo pelas Cortes de Chancelaria.[185] Assim, em que pese a visão completamente distinta da situação na *Common Law* e na *Equity* (na primeira o *trustee* era visto como proprietário, enquanto na segunda como mero intermediário), considerando o prevalecimento da segunda em casos de conflito, o direito do *cestui que trust* passou a prevalecer mediante recursos à Corte de Chancelaria.[186] Daí o desdobramento da propriedade explicado anteriormente.[187]

---

[182] NOGUEIRA, André Carvalho. Propriedade fiduciária em garantia: o sistema dicotômico da propriedade no Brasil. **Revista de Direito Bancário e do Mercado de Capitais**, São Paulo, n. 39, ano 11, jan./mar. 2008, p. 59.

[183] GOMES, Orlando. Contrato de Fidúcia ("trust"). **Revista Forense**, Rio de Janeiro, v. 211, ano 62, jul./set. 1965, p. 12.

[184] NOGUEIRA, André Carvalho. Propriedade fiduciária em garantia: o sistema dicotômico da propriedade no Brasil. **Revista de Direito Bancário e do Mercado de Capitais**, São Paulo, n. 39, ano 11, jan./mar. 2008, p. 59. No mesmo sentido: WALD, Arnoldo. Algumas considerações a respeito da utilização do "trust'" no direito brasileiro. **Revista de Direito Mercantil, Industrial, Econômico e Financeiro**, São Paulo, n. 99, ano 34, jul./set. 1995, p. 108.

[185] POTTER, Harold. ***Potter's historical introduction to English law and its instittutions***. Atualização de Albert Kenneth Roland Kiralfy. 4. ed. Londres: Sweet & Maxwell, 1958, p. 608-609.

[186] GOMES, Orlando. Contrato de Fidúcia ("trust"). **Revista Forense**, Rio de Janeiro, v. 211, ano 62, jul./set. 1965, p. 12; CHALHUB, Melhim Namem. **Alienação fiduciária**: Negócio fiduciário. 5. ed. rev., atual. e ampl. Rio de Janeiro: Forense, 2017, p. 18.

[187] POTTER, Harold, ***Potter's historical introduction to English law and its instittutions***. Atualização de Albert Kenneth Roland Kiralfy. 4. ed. Londres: Sweet & Maxwell, 1958,

Já não possuía mais o beneficiário apenas a *fides*. Sua proteção passou a ser munida de sanção. Tal proteção, por sua vez, num primeiro momento mais pessoal (prisão do *trustee*), foi se tornando ainda mais enérgica, com a outorga de remédios ao beneficiário inclusive perante terceiros (como sucessores e credores do beneficiário, donatários e adquirentes dos bens constituídos em *trust*).[188] O aspecto da confiança, portanto, com o passar do tempo foi perdendo sua força na aplicação do instituto.[189]

Por fim, vale destacar que os bens constituídos em *trust*, ao mesmo tempo que deixam de integrar o patrimônio do *settlor* para serem de titularidade do *trustee*, ficam destacados do patrimônio geral deste, tudo a proteger o *cestui que trust* de investidas de terceiros sobre o patrimônio do *trustee*.[190]

Logo, por meio dessa estrutura em que bens do patrimônio do *settlor* são transmitidos ao *trustee*, que, apesar de recebê-los, está impedido de desfrutar de suas utilidades econômicas e obrigado a transmitir os benefícios econômicos ao *cestui que trust*, permite-se a utilização do *trust* nos mais variados negócios.[191]

---

p. 604; GOMES, Orlando, Contrato de Fidúcia (*"trust"*). **Revista Forense**, Rio de Janeiro, v. 211, ano 62, jul./set. 1965, p. 12.

[188] LIMA, Otto de Sousa. **Negócio fiduciário**. São Paulo: Revista dos Tribunais, 1962, p. 113.

[189] Para Chalhub, considerando que a proteção do beneficiário em relação ao cumprimento dos deveres pelo *trustee* decorrem de modelos de consciência e fidelidade que os tribunais impõem a ele, sendo isso mais importante que o direito real dado ao beneficiário em si, residiria aí a reminiscência da confiança no instituto (CHALHUB, Melhim Namem, **Alienação fiduciária: Negócio fiduciário**. 5. ed. rev., atual. e ampl. Rio de Janeiro: Forense, 2017, p. 21).

[190] CHALHUB, Melhim Namem. **Alienação fiduciária**: Negócio fiduciário. 5. ed. rev., atual. e ampl. Rio de Janeiro: Forense, 2017, p. 23.

[191] FRANCESCHELLI, Remo. *Il "Trust" nel diritto inglese*. Pádua: Cedam, 1935, p. 138. Nas palavras do autor: "*un trust può sorgere in qualunque circostanza della vita económica-giuridica inglese*". Como lembra Martins-Costa, o *trust* ganha relevância em matéria de debêntures, além de poder ser "constituído para permitir a satisfação de dívidas e encargos com rendimentos ou lucros, para a aplicação de renda em favor de um beneficiário, para o pagamento de credores com fundos especialmente depositados, para a preservação de bens futuros, em matéria sucessória (onde se aproxima do fideicomisso versado nos arts. 1.733-1.740 do CC) etc., reunindo em um mesmo molde as funções que, entre nós, desempenham vários institutos, entre eles os contratos de mandato, gestão de negócios, alienação fiduciária em garantia, a comissão mercantil, o pacto de retrovenda, além da instituição do fideicomisso e, alguns tipos

São tão grandes as possibilidades de utilização do *trust* que são raras as regras postas para dificultar ou restringir sua constituição.[192] Não à toa, converteu-se "na coluna vertebral dos negócios, mercê de sua extraordinária flexibilidade e adaptabilidade, tanto em situações simples, como nas complexas"[193].

É em razão da sua grande utilidade para a vida econômica que são frequentes os estudos que apresentam formas de incorporar as principais características do *trust* pelas legislações de *Civil Law*.

1.4.1.2. *Trust* e *Civil Law*

Ao passar pelas características do *trust*, é difícil não notar a semelhança com o negócio fiduciário tratado anteriormente. Não só fidúcia e *trust* etimologicamente remetem para *confiança*, como ambos exprimem a ideia de transmissão da propriedade para outra pessoa que deverá dela se utilizar conforme uma finalidade[194], além de terem "natureza poliédrica", com verdadeira "maleabilidade funcional"[195]. Até por isso, há quem trate o *trust* como um negócio fiduciário[196] e quem coloque este

---

de fundações" (MARTINS-COSTA, Judith. Os negócios fiduciários – considerações sobre a possibilidade de acolhimento do "trust" no direito brasileiro. **Revista dos Tribunais**, São Paulo, v. 657, ano 79, jul. 1990, p. 43-44).

[192] CHALHUB, Melhim Namem, **Alienação fiduciária: Negócio fiduciário**. 5. ed. rev., atual. e ampl. Rio de Janeiro: Forense, 2017, p. 23.

[193] FERREIRA, Waldemar. O "trust" anglo-americano e o "fideicomisso" latino-americano. **Revista da Faculdade de Direito**, São Paulo, v. 51, 1956, p. 197.

[194] Veja-se, nesse sentido, a definição do *use/trust* apresentada por Lima, pela qual não fossem os termos técnicos próprios do instituto, poderia muito bem estar a tratar de negócio fiduciário: "Verifica-se, através, desta noção, que, pelo *trust*, o fiduciante – *feoffor*, mais tarde *settlor* – transmite os bens ao fiduciário – *feoffe to use*, mais tarde *trustee* – para que ele os tenha e administre em benefício – *ad opus to the use* – do beneficiário – *cestuy que use*, mais tarde *cestuy que trust*. Assim, eram os bens transmitidos pelo fiduciante ao fiduciário, mas para determinados fins. Estes fins eram indicados pelo *pactum fiduciae* que era, geralmente, secreto" (LIMA, Otto de Sousa. **Negócio fiduciário**. São Paulo: Revista dos Tribunais, 1962, p. 112).

[195] MARTINS-COSTA, Judith. Os negócios fiduciários – considerações sobre a possibilidade de acolhimento do "trust" no direito brasileiro. **Revista dos Tribunais**, São Paulo, v. 657, ano 79, jul. 1990, p. 42.

[196] BUZAID, Alfredo. Ensaio sobre a Alienação Fiduciária em Garantia. **Revista dos Tribunais**, São Paulo, v. 401, ano 58, mar. 1969, p. 18.

como uma forma de materialização dos efeitos daquele nos países de *Civil Law*[197].

Contudo, a equiparação não é tão simples assim. Em primeiro lugar, conforme o *trust* foi evoluindo e se positivando, a confiança deixou de ser aspecto relevante, a ponto de atualmente ser delicado defender sua relevância no *trust*, ao passo que o negócio fiduciário, segundo a maior parte dos doutrinadores, exige essa ideia de confiança e poder de abuso.[198] Em segundo lugar, não há na concepção do negócio fiduciário a cisão da propriedade. Ela é transmitida plena e exclusivamente para o fiduciário, de forma diversa do que ocorre com o *trustee*.

Nesse sentido, por mais útil que seja a adaptação dos efeitos do *trust* para os países de *Civil Law*, isso não é tarefa simples. A concepção do *trust* advém de uma tradição histórica e de uma mentalidade distinta da de países da *Civil Law*.[199]

Primeiramente, seria necessário encontrar uma solução para a rigidez do registro como única forma de dar eficácia real à vontade das partes, pois no *trust* há a possibilidade de transmutação da eficácia obrigacional para a real, conforme a exigência das circunstâncias. Além disso, seria necessário, invariavelmente, encontrar uma forma de superar a questão da cisão da propriedade, desfigurando o instituto.[200]

É justamente por isso que na Convenção de Haia sobre Direito Internacional Privado, realizada em 1985, que tratou especificamente da "lei aplicável ao *trust* e a seu reconhecimento", não se colocou a cisão da propriedade como característica fundamental para a identificação do *trust*. Por se tratar de norma comum de Direito Internacional, considerar

---

[197] MARTINS-COSTA, Judith, Os negócios fiduciários – considerações sobre a possibilidade de acolhimento do "*trust*" no direito brasileiro. **Revista dos Tribunais**, São Paulo, v. 657, ano 79, jul. 1990, p. 49.
[198] DIAZ-CAÑABATE, Joaquín Garriguez. **Negocios fiduciários em derecho mercantil**. Madri: *Civitas*, 1976, p. 98. O autor ainda ressalta, nesse sentido, que apenas os *uses*, enquanto não foram positivados, poderiam ter sido em algum momento negócios fiduciários.
[199] FRANCESCHELLI, Remo. *Il "Trust" nel diritto inglese*. Pádua: Cedam, 1935, p. 29; DIAZ--CAÑABATE, Joaquín Garriguez, **Negocios fiduciários em derecho mercantil**. Madri: Civitas, 1976, p. 91.
[200] GOMES, Orlando. Contrato de Fidúcia ("trust"). **Revista Forense**, Rio de Janeiro, v. 211, ano 62, jul./set. 1965, p. 12. Na mesma linha: CHALHUB, Melhim Namem. **Alienação fiduciária**: Negócio fiduciário. 5. ed. rev., atual. e ampl. Rio de Janeiro: Forense, 2017, p. 26.

a cisão da propriedade um elemento indispensável significaria restringir a aplicação global do instituto.

De tal Convenção, nota-se, ainda, em seu artigo 2[201], além da transmissão de bens para uma finalidade específica e dos deveres que possui o *trustee*, o enfoque na existência de uma propriedade separada do patrimônio geral deste, cujos efeitos podem ser observados no artigo 11[202].

De fato, a constituição de um patrimônio separado do patrimônio geral do *trustee* vem sendo a solução adotada por jurisdições de *Civil Law* para a aclimatação do *trust* em seus ordenamentos, por meio de institutos assemelhados, mas diferentes do *trust* original. Com a separação patrimonial, diferentemente do que ocorria na ideia tradicional de fidúcia, elimina-se o risco de contaminação dos bens, uma vez que não sofrem os efeitos da insolvência ou inadimplência do fiduciário.[203]

---

[201] Artigo 2: "Para os propósitos desta Convenção, o termo *trust* se refere a relações jurídicas criadas – inter vivos ou após a morte – por alguém, o *settlor*, quando os bens forem colocados sob controle de um *trustee* para o benefício de um beneficiário ou para alguma finalidade específica. O *trust* possui as seguintes características: a) os bens constituem um patrimônio separado e não são parte do patrimônio do *trustee*; b) a titularidade dos bens do trust ficam em nome do *trustee* ou em nome de alguma outra pessoa em nome do *trustee*; c) o *trustee* tem poderes e deveres, em respeito aos quais ele deve gerenciar, empregar ou dispor de bens em consonância com os termos do *trust* e os deveres especiais impostos a ele pela lei" (tradução livre).

[202] Artigo 11: "O *trust* criado conforme a lei especificada pelo Capítulo precedente será reconhecido como tal. Este reconhecimento implicará, no mínimo, que os bens do trust sejam separados do patrimônio pessoal do *trustee*, [...]. Tanto se a lei aplicável ao *trust* requerer ou fornecer, tal reconhecimento implicará, em particular: a) que credores pessoais do *trustee* não tenham recursos contra os bens do *trust*; b) que os bens do *trust* não formem parte do patrimônio do *trustee* após sua insolvência ou falência; c) que os bens do *trust* não formem parte da propriedade matrimonial do *trustee* ou seu cônjuge, nem parte do patrimônio do *trustee* após sua morte; d) que os bens do *trust* possam ser recuperados quando o *trustee*, em caso de violação do *trust*, tenha confundido os bens do *trust* com sua própria propriedade ou os tenha alienado. De qualquer forma, os direitos e obrigações de terceiros permanecerão objeto da lei determinada pela escolha de regras da lei do foro" (tradução livre).

[203] CHALHUB, Melhim Namem. **Alienação fiduciária**: Negócio fiduciário. 5. ed. rev., atual. e ampl. Rio de Janeiro: Forense, 2017, p. 62. O autor ainda explica com um pouco mais de detalhes em que consistiria esse fideicomisso (nomenclatura abrangente para essa figura que vem sendo adotada por países de *Civil Law*): "Dessas legislações deflui a configuração

No Brasil, em que pesem algumas tentativas legislativas[204], um razoável esforço doutrinário[205] e até manifestações no sentido de

do fideicomisso como o negócio jurídico pelo qual uma pessoa (fiduciante) transfere a propriedade de certos bens a outra (fiduciário), obrigando-se esta a dar a eles determinada destinação, em proveito do próprio fiduciante ou de um terceiro (beneficiário); os bens objeto do fideicomisso constituem patrimônio de afetação e, assim, estão a salvo de qualquer ação ou execução por parte dos credores do fiduciante, do fiduciário ou do beneficiário, só estando sujeitos ao implemento de obrigações que derivem do negócio do fideicomisso e de sua realização. Em regra, podem ser objeto de fideicomisso quaisquer bens, sejam móveis ou imóveis, bem como direitos sobre bens ou sobre direitos, desde que suscetíveis de alienação. São, enfim, passíveis de fideicomisso quaisquer direitos patrimoniais disponíveis, não se admitindo a constituição de fideicomisso sobre direitos estritamente pessoais" (CHALHUB, Melhim Namem. **Alienação fiduciária: Negócio fiduciário**. 5. ed. rev., atual. e ampl. Rio de Janeiro: Forense, 2017, p. 114). No mesmo sentido, Gerd formulou uma definição própria, extraindo a essência dos institutos adotados por essas nações: "O negócio jurídico chamado modernamente de '*fidúcia*' ou '*fideicomisso*' em diversos ordenamentos de '*civil law*', e em especial na América Espanhola, constitui-se pela manifestação unilateral de vontade de um sujeito denominado fideicomitente, através da qual este destina certo conjunto de bens ou direitos a um escopo lícito e determinado, os quais passam a formar um patrimônio autônomo, sendo que sua natureza é tal que a execução dos atos tendentes ao alcance deste escopo serão ultimados por um sujeito designado por fiduciário, o qual, para tanto, obriga-se contratualmente perante o próprio fideicomitente ou perante beneficiários terceiros, chamados então fideicomissários" (FOERSTER, Gerd. **O *"trust"* do Direito Anglo-Americano e os negócios fiduciários no Brasil**: perspectiva de direito comparado (considerações sobre o acolhimento do *"trust"* pelo direito brasileiro. Porto Alegre: Sergio Antonio Fabris Ed., 2013, p. 638-639).

[204] Já foram elaborados ao menos 5 projetos de lei dos quais constou uma tentativa de criação de contrato com efeitos assemelhados ao do *trust* (com nomes diversos, como fideicomisso, fidúcia e contrato fiduciário), quais sejam: o PL nº 3.362/57, o PL nº 3.264/65, o PL nº 4.809/98, o PL nº 1.572/11 e o PL nº 487/13, sendo que apenas os dois últimos ainda tramitam perante o Legislativo (os três outros não prosperaram), o primeiro na Câmara dos Deputados e o segundo no Senado. Mas, por esses dois projetos, muito similares no que diz respeito ao que chamam de contrato fiduciário, serem mais voltados para o *trust* e seus efeitos, tais contratos apresentam mais relevância para a função de administração e não de garantia, de modo que serão eventualmente mencionados no presente trabalho apenas no que tiverem pertinência para o tema da teorização geral das garantias fiduciárias.

[205] Inúmeros estudiosos já escreveram sobre o tema defendendo a importação dos efeitos do *trust* para o sistema brasileiro. Podemos citar, a título de exemplo, Orlando Gomes, Judith Martins-Costa, Melhim Namem Chalhub e Milena Donato Oliva, que ainda explicam em seus textos a importância dessa importação. Foerster, inclusive, apresenta sugestão de texto de lei em seu trabalho sobre o assunto (FOERSTER, Gerd, **O *"trust"* do Direito Anglo-Americano e os negócios fiduciários no Brasil**: perspectiva de direito comparado (considerações sobre o

que o instituto já existiria[206], ainda não foi criado um instituto que se assemelhe ao *trust* em abrangência e efeitos (como veio a ocorrer, por exemplo, em países como Panamá[207], México[208], Colômbia[209], Venezuela[210],

---

acolhimento do *"trust"* pelo direito brasileiro. Porto Alegre: Sergio Antonio Fabris Ed., 2013, p. 786-796).

[206] Diaz-Cañabate, ao enumerar os países de *Civil Law* que teriam adotado o *trust* em suas legislações, cita o Brasil (DIAZ-CAÑABATE, Joaquín Garriguez. ***Negocios fiduciários em derecho mercantil***. Madri: Civitas, 1976, p. 90).

[207] Cf. o artigo 1º da Lei nº 1/1984 do Panamá, com redação dada pelo artigo 96 da Lei nº 21/2017: "Artículo 1. *El fideicomiso es un acto jurídico en virtud del cual una persona llamada fideicomitente trasfiere bienes a una persona llamada fiduciario, quien se obliga a administrarlos o a disponer de ellos para cumplir uma finalidad determinada por el fideicomitente. Esta finalidad podrá ser em favor de um beneficiario, que puede ser el proprio fideicomitente, o a favor del cumplimiento de un propósito determinado por el fideicomitente [...]*". Tradução livre: "O fideicomisso é um ato jurídico pelo qual uma pessoa chamada fideicomitente transfere bens a uma pessoa chamada fiduciário, o qual se obriga a administrá-los ou deles dispor para cumprir a finalidade determinada pelo fideicomitente. Esta finalidade poderá ser em favor de um beneficiário, que pode ser o próprio fideicomitente, ou a favor do cumprimento de um propósito determinado pelo fideicomitente [...]".

[208] Cf. o artigo 381 da Lei Geral de Títulos e Operações de Crédito mexicana (inserido na seção *"Del fideicomiso"*): "*Artículo 381.- En virtud del fideicomiso, el fideicomitente transmite a una institución fiduciaria la propiedad o la titularidad de uno o más bienes o derechos, según sea el caso, para ser destinados a fines lícitos y determinados, encomendando la realización de dichos fines a la propia institución fiduciaria*". Tradução livre: "Em virtude do fideicomisso, o fideicomitente transmite a uma instituição fiduciária a propriedade ou a titularidade de um ou mais bens ou direitos, conforme o caso, para serem destinados a fins lícitos e determinados, confiando a realização desses fins à própria instituição fiduciária".

[209] Cf. o artigo 1226 do Código de Comércio da Colômbia (inserido no Título *"De la fiducia"*): "*Art. 1226. Definición de la fiducia mercantil. La fiducia mercantil es un negocio jurídico en virtud del cual una persona, llamada fiduciante o fideicomitente, transfiere uno o mas bienes especificados a otra, llamada fiduciario, quien se obliga a administrarlos o enajenarlos para cumplir una finalidad determinada por el constituyente, en provecho de éste o de un tercero llamado beneficiario o fideicomisario*". Tradução livre: "A fidúcia mercantil é um negócio jurídico pelo qual uma pessoa, chamada fiduciante ou fideicomitente, transfere um ou mais bens especificados a outra, chamada fiduciário, o qual se obriga a administrá-los aliená-los para cumprir uma finalidade determinada pelo constituinte, em proveito dele ou de um terceiro chamado de beneficiário ou fideicomissário".

[210] Cf. o artigo 1º da Lei de Fideicomissos: "*Artículo 1º.- El Fideicomiso es una relación jurídica por la cual una persona llamada fideicomitente transfiere uno o más bienes a otra persona llamada fiduciario, quien se obliga a utilizarlo en favor de aquél o de un tercero llamado beneficiario*". Tradução livre: "O fideicomisso é uma relação jurídica pela qual uma pessoa chamada fideicomitente transfere

Argentina[211] e França[212]), sendo a adoção de regime assemelhado pontual.[213]

Perde-se, assim, o grande benefício do instituto de "otimizar o aproveitamento dos bens para as mais diversas atividades de gestão e garantia", decorrência direta da "flexibilidade e da segurança que proporciona" o *trust*.[214]

---

um ou mais bens a outra pessoa chamada fiduciário, o qual se obriga a utilizá-lo em favor daquele ou de terceiro chamado beneficiário".

[211] Cf. o artigo 1666 do Código Civil argentino (inserido no capítulo "*Contrato de fideicomiso*"): "*ARTICULO 1666.- Definición. Hay contrato de fideicomiso cuando una parte, llamada fiduciante, transmite o se compromete a transmitir la propiedad de bienes a otra persona denominada fiduciario, quien se obliga a ejercerla en beneficio de otra llamada beneficiario, que se designa en el contrato, y a transmitirla al cumplimiento de un plazo o condición al fideicomisario*". Tradução livre: "Há contrato de fideicomisso quando uma parte, chamada fiduciante, transmite ou se compromete a transmitir a propriedade de bens a outra pessoa denominada fiduciário, o qual se obriga a exercê-la em benefício de outra chamada de beneficiário, que se designa no contrato, e a transmiti-la ao cumprimento de um prazo ou condição ao fideicomissário".

[212] Cf. o artigo 2.011 do Código Civil francês (inserido no capítulo "*De la fiducie*"): "*La fiducie est l'opération par laquelle un ou plusieurs constituants transfèrent des biens, des droits ou des sûretés, ou un ensemble de biens, de droits ou de sûretés, présents ou futurs, à un ou plusieurs fiduciaires qui, les tenant séparés de leur patrimoine propre, agissent dans un but déterminé au profit d'un ou plusieurs bénéficiaires*". Tradução livre: "A fidúcia é a operação pela qual um ou mais constituintes transferem bens, direitos ou garantias, ou um conjunto de bens, direitos ou garantias, presentes ou futuros, a um ou mais fiduciários que, mantendo-os separados de seu patrimônio próprio, atuem com uma finalidade específica em benefício de um ou mais beneficiários".

[213] Essas manifestações legislativas pontuais, contudo, são muito mais voltadas para a função de administração do que de garantia, como a securitização, incorporação, fundos de investimento, fideicomisso, usufruto, comissão mercantil, fundação, sociedades de propósito específico etc. Para mais sobre essas figuras e suas similitudes pontuais com o *trust* ver: OLIVA, Milena Donato; RENTERÍA, Pablo. Fidúcia: a importância da incorporação dos efeitos do trust no direito brasileiro. **Revista Trimestral de Direito Civil**, Rio de Janeiro, v. 48, out./dez. 2011, p. 27-61; WALD, Arnoldo. Algumas considerações a respeito da utilização do "trust" no direito brasileiro. **Revista de Direito Mercantil, Industrial, Econômico e Financeiro**, São Paulo, n. 99, ano 34, jul./set. 1995, p. 105-120; FERREIRA, Waldemar. O "trust" anglo-americano e o "fideicomisso" latino-americano. **Revista da Faculdade de Direito**, São Paulo, v. 51, 1956, p. 182-202; CHALHUB, Melhim Namem. **Alienação fiduciária**: Negócio fiduciário. 5. ed. rev., atual. e ampl. Rio de Janeiro: Forense, 2017.

[214] OLIVA, Milena Donato. O contrato fiduciário previsto no Projeto de Lei do Senado 487/2013: titularidade fiduciária e separação patrimonial. In: COELHO, Fábio Ulhoa; LIMA, Tiago Astor Rocha; NUNES, Marcelo Guedes (coord.). **Novas reflexões sobre o projeto de código comercial**. São Paulo: Saraiva, 2015, p. 416.

1.4.2. *Mortgage* e *Trust Receipt*

A outras figuras da *Common Law* são atribuídas algumas das características das garantias fiduciárias. São elas o *mortgage* e o *trust receipt*, que têm aplicação exclusiva como forma de garantia de dívidas.

Como se pôde notar na análise do *trust*, ele se assemelha mais com o instituto da fidúcia *cum amico* do direito romano, uma vez que prepondera a transmissão da propriedade com a função de administração. A *Common Law*, contudo, conheceu outro instituto de estrutura semelhante, especificamente voltado para garantia de obrigações e, dessa forma, equiparado à fidúcia *cum creditore*: o *mortgage*.[215]

O *mortgage*, assim como o *trust*, passou por um processo de evolução diretamente ligado ao surgimento da *Equity* dos sistemas de *Common Law*.[216]

O *mortgage* trata da transmissão da propriedade de um imóvel para garantir o pagamento de uma dívida. Inicialmente, se o devedor (*mortgagor*) não pagasse a dívida na data do vencimento, a propriedade ficaria de forma absoluta com o credor (*mortgagee*). Contudo, em caso de pagamento tempestivo, a transmissão seria considerada nula e o devedor teria a propriedade do bem de volta.[217]

No entanto, após diversas súplicas dos devedores para poderem reaver a propriedade de suas terras mesmo após passado o prazo para pagamento, as Cortes de equidade passaram a entender que, como o direito de propriedade do credor se dava exclusivamente em razão da garantia, o

---

[215] MARINO, Francisco Paulo de Crescenzo. Notas sobre o negócio jurídico fiduciário. **Revista Trimestral de Direito Civil**, v. 20, ano 5. Rio de Janeiro: Padma, out-dez, 2004, p. 43. Para uma comparação completa entre a fidúcia *cum creditore* e o *mortgage*, vale conferir FRANCESCHELLI, Remo. *La garanzia reale dei crediti nel diritto romano clássico e nel diritto inglese (fiducia cum creditore e mortgage)*. In: **Studi in memoria di Aldo Albertoni**, v. III. Pádua: Cedam, 1935.

[216] Para a evolução detalhada da evolução do instituto, ver: STEPHEN, James Fitzjames. **Commentaries on the laws of England**, v. II: *law of property*. Atualização de Edward Jenks. 18. ed. Londres: Butterworth, 1925, p. 143-150; POTTER, Harold. **Potter's historical introduction to English law and its instittutions**. Atualização de Albert Kenneth Roland Kiralfy. 4. ed. Londres: Sweet & Maxwell, 1958, p. 618-624; FRANCESCHELLI, Remo, *La garanzia reale dei crediti nel diritto romano clássico e nel diritto inglese (fiducia cum creditore e mortgage)*. In: **Studi in memoria di Aldo Albertoni**, v. III. Pádua: Cedam, 1935, p. 45-47.

[217] POTTER, Harold, **English law and its instittutions**. Atualização de Albert Kenneth Roland Kiralfy. 4. ed. Londres: Sweet & Maxwell, 1958, p. 618-620.

devedor ainda teria a propriedade do imóvel, com direito real de reavê-la a qualquer tempo, mediante o pagamento do débito acrescido dos encargos devidos, o que se chamou de *Equity of redemption*.[218] Daí o entendimento de que "*once a mortgage always a mortgage*", já que nenhum obstáculo poderia ser imposto à possibilidade de recuperação do imóvel pelo devedor.[219]

Logo, também no *mortgage*, se via a dupla propriedade.[220] A propriedade legal pertencia ao credor, que teria pouca relação com o imóvel, enquanto a substancial ficava com o devedor, que poderia exercer os mais diversos poderes sobre o imóvel.[221]

Com tão amplo poder conferido ao *mortgagor*, ficava o *mortgagee* praticamente impossibilitado de realizar sua garantia sem o auxílio das Cortes, afinal, não seria tarefa fácil encontrar um comprador ou locatário para imóvel que sabidamente poderia ser retomado pelo *mortgagor* a qualquer tempo.[222]

Dessa forma, foi dado ao *mortgagee* uma forma de colocar fim à *action for redemption* do *mortgagor*.[223] Para isso, era necessário que o *mortgagee* ajuizasse uma *action of foreclosure*, pela qual se conferiria ao devedor um último prazo de 6 meses para que pagasse o débito. Findo esse prazo sem o pagamento, o credor finalmente poderia usar a propriedade como

---

[218] POTTER, Harold. ***Potter's historical introduction to English law and its instittutions***. Atualização de Albert Kenneth Roland Kiralfy. 4. ed. Londres: Sweet & Maxwell, 1958, p. 620-621.

[219] POTTER, Harold. ***Potter's historical introduction to English law and its instittutions***. Atualização de Albert Kenneth Roland Kiralfy. 4. ed. Londres: Sweet & Maxwell, 1958, p. 622.

[220] STEPHEN, James Fitzjames, ***Commentaries on the laws of England***, v. II: law of property. Atualização de Edward Jenks. 18. ed. Londres: Butterworth, 1925, p. 145; POTTER, Harold, ***Introduction to English law and its instittutions***. Atualização de Albert Kenneth Roland Kiralfy. 4. ed. Londres: Sweet & Maxwell, 1958, p. 619.

[221] POTTER, Harold, ***Potter's historical introduction to English law and its instittutions***. Atualização de Albert Kenneth Roland Kiralfy. 4. ed. Londres: Sweet & Maxwell, 1958, p. 623.

[222] STEPHEN, Sir James Fitzjames. ***Commentaries on the laws of England***, v. II: *law of property*. Atualização de Edward Jenks. 18. ed. Londres: *Butterworth*, 1925, p. 148.

[223] FRANCESCHELLI, Remo. *La garanzia reale dei crediti nel diritto romano clássico e nel diritto inglese (fiducia cum creditore e mortgage)*. In: **Studi in memoria di Aldo Albertoni**, v. III. Pádua: *Cedam*, 1935, p. 47.

1. FONTES DE INSPIRAÇÃO DAS GARANTIAS FIDUCIÁRIAS

efetivamente sua.[224] Passava o credor a reunir os dois direitos de propriedade (legal e por equidade).[225]

Da substância do *mortgage* ao longo de sua evolução, nota-se que o instituto sempre teve em sua essência a propriedade submetida a ser resolvida em favor do devedor mediante o pagamento (condição resolutiva).[226] Tal essência, assim como a divisão da propriedade em legal e substancial entre credor e devedor, respectivamente, não se altera em se tratando do também possível *mortgage* de bens móveis (*chattel mortgage*).[227] O *chattel mortgage*, por sua vez, até em razão do entendimento de que sempre que se transfere um bem para garantir uma dívida se está a tratar de um *mortgage*[228], já foi apontado como equivalente a um outro instituto de relevância para o presente estudo, o *trust receipt*.[229]

Tal instituto, provavelmente originário dos Estados Unidos da América, onde foi mais utilizado do que na Inglaterra,[230] serviu de inspiração às garantias fiduciárias brasileiras enquanto proteção da financiadora em

---

[224] STEPHEN, James Fitzjames, **Commentaries on the laws of England**, v. II: law of property. Atualização de Edward Jenks. 18. ed. Londres: Butterworth, 1925, p. 148-149.

[225] FRANCESCHELLI, Remo, *La garanzia reale dei crediti nel diritto romano clássico e nel diritto inglese (fiducia cum creditore e mortgage)*. In: **Studi in memoria di Aldo Albertoni**, v. III. Pádua: Cedam, 1935, p. 47.

[226] STEPHEN, James Fitzjames, **Commentaries on the laws of England**, v. II: *law of property*. Atualização de Edward Jenks. 18. ed. Londres: Butterworth, 1925, p. 143. No mesmo sentido: MARINO, Francisco Paulo de Crescenzo. Notas sobre o negócio jurídico fiduciário. **Revista Trimestral de Direito Civil**, Rio de Janeiro, v. 20, ano 5, out./dez. 2004, p. 44; LIMA, Otto de Sousa. **Negócio fiduciário**. São Paulo: Revista dos Tribunais, 1962, p. 107-108.

[227] Nesse sentido: ALVES, José Carlos Moreira. **Da alienação fiduciária em garantia**. 3. ed. Rio de Janeiro: Forense, 1987, p. 41-42; AMARAL NETO, Francisco dos Santos. A alienação fiduciária em garantia no direito brasileiro. **Revista de Direito civil, imobiliário, agrário e empresarial**, v. 22, ano 6, out./dez. 1982, nota 12, p. 48; FABIAN, Christoph. **Fidúcia**: negócios fiduciários e relações externas. Porto Alegre: Sergio Antonio Fabris Ed., 2007, p. 148.

[228] STEPHEN, James Fitzjames, **Commentaries on the laws of England**, v. II: *law of property*. Atualização de Edward Jenks. 18. ed. Londres: Butterworth, 1925, p. 144.

[229] ALVES, José Carlos Moreira, **Da alienação fiduciária em garantia**. 3. ed. Rio de Janeiro: Forense, 1987, p. 41.

[230] ALVES, José Carlos Moreira. **Da alienação fiduciária em garantia**. 3. ed. Rio de Janeiro: Forense, 1987, p. 36.

operações de revenda de bens de consumo duráveis[231], muito comum na atividade de importação de mercadorias[232].

São três as partes envolvidas na operação: financiado, financiador e vendedor. O financiado solicita empréstimo ao financiador para que possa adquirir bem do vendedor para revenda e, com base no produto da revenda, quita o financiamento.

Então, o financiador paga o custo dos bens ao vendedor e se torna proprietário deles. O revendedor, por sua vez, recebe os bens para tê--los em sua posse, na qualidade de depositário. O financiador se garante na operação por meio do registro do documento chamado *trust receipt* (tornando-se válido contra eventuais credores do revendedor), em que o revendedor declara possuir os bens em nome do credor e que os alienará para quitar o financiamento.[233]

O *trust receipt*, vale dizer, não se confunde com o *trust*. Durante a operação, o revendedor não recebe a propriedade do bem, nem a formal, nem a substancial.[234]

---

[231] GOMES, Orlando. **Alienação Fiduciária**. 4. Ed. São Paulo: Revista dos Tribunais, 1975, p. 18. Portanto, o *trust receipt* refere-se a bens móveis (ALVES, José Carlos Moreira, **Da alienação fiduciária em garantia**. 3. ed. Rio de Janeiro: Forense, 1987, p. 121; AMARAL NETO, Francisco dos Santos. A alienação fiduciária em garantia no direito brasileiro. **Revista de Direito Civil, imobiliário, agrário e empresarial**, v. 22, ano 6, out-dez, 1982, rodapé 12, p. 48).

[232] FABIAN, Christoph. **Fidúcia**: negócios fiduciários e relações externas. Porto Alegre: Sergio Antonio Fabris Ed., 2007, p. 149.

[233] Nesse sentido: GOMES, Orlando. **Alienação Fiduciária**. 4. Ed. São Paulo: Revista dos Tribunais, 1975, p. 18; ALVES, José Carlos Moreira. **Da alienação fiduciária em garantia**. 3. ed. Rio de Janeiro: Forense, 1987, p. 36 AMARAL NETO, Francisco dos Santos. A alienação fiduciária em garantia no direito brasileiro. **Revista de Direito Civil, imobiliário, agrário e empresarial**, v. 22, ano 6, out./dez. 1982, rodapé 12, p. 48; VENOSA, Sílvio de Salvo. **Código civil comentado**: direito das coisas, posse, direitos reais, propriedade, artigos 1.196 a 1.368, v. XII. In: AZEVEDO, Álvaro Villaça (coord.). São Paulo: Atlas, 2003, p. 511; FABIAN, Christoph, **Fidúcia: negócios fiduciários e relações externas**. Porto Alegre: Sergio Antonio Fabris Ed., 2007, p. 149. Para mais detalhes sobre o *trust receipt*, ver: ALVES, José Carlos Moreira, **Da alienação fiduciária em garantia**. 3. ed. Rio de Janeiro: Forense, 1987, p. 35-39.

[234] ALVES, José Carlos Moreira, **Da alienação fiduciária em garantia**. 3. ed. Rio de Janeiro: Forense, 1987, p. 36; FABIAN, Christoph, **Fidúcia: negócios fiduciários e relações externas**. Porto Alegre: Sergio Antonio Fabris Ed., 2007, p. 149.

2.
AS GARANTIAS FIDUCIÁRIAS NA LEGISLAÇÃO BRASILEIRA

2.1. Instituto próprio brasileiro

Após a passagem necessária por algumas figuras a que se assemelham as garantias fiduciárias, fica mais fácil compreendê-las, especialmente por se notar que as garantias fiduciárias não contemplam ideia inovadora, mas apenas agregam aspectos acessórios a estruturas antigas de transmissão da propriedade para garantir uma dívida.[235]

Não se pode dizer, no entanto, que as garantias fiduciárias foram espelho de quaisquer dessas figuras, pois não apresentam correspondência idêntica com nenhuma delas. As garantias fiduciárias apenas as tiveram como inspiração, algumas de forma mais remota, outras de forma mais próxima.

Fato é que, diante da ausência de perfeita correspondência, não há consenso quanto a quais dessas figuras foram mais determinantes para a construção das garantias fiduciárias, que, é importante dizer, tiveram sua primeira modalidade no contrato de alienação fiduciária de coisas móveis decorrente da Lei nº 4.728/65, a ser considerado como base para fins de análise dessa afinidade histórica.

A falta de consenso, inclusive, foi percebida desde o surgimento dessas garantias, pois divergentes os entendimentos dos próprios responsáveis

---

[235] SILVA, Fábio Rocha Pinto e. **Garantias imobiliárias em contratos empresariais**: hipoteca e alienação fiduciária. São Paulo: Almedina: 2014, p. 171.

pela inserção da alienação fiduciária na mencionada Lei. Enquanto George Siqueira remeteu a nova garantia para as fontes romanas[236] e o negócio fiduciário, Bulhões Pedreira a equiparou ao *trust receipt*[237] da *Common Law*.[238]

A semelhança da alienação fiduciária de móveis com o *trust receipt* ocorre em alguns pontos: há a garantia do débito pela transmissão da propriedade ao credor, sendo a posse direta do bem do devedor, qualificado como depositário. Ademais, o bem objeto de ambos é móvel e normalmente durável.

No entanto, como já se viu ao tratar do *trust receipt*[239], ele demanda muito mais confiança por parte do credor, uma vez que o devedor pode dispor do bem para só então pagar a dívida, o que não ocorre na alienação fiduciária, na qual o devedor não tem o poder de disposição e a dívida deverá ser paga pelo devedor por outros meios que não a venda do bem. Além disso, fala-se em propriedade resolúvel exclusivamente na alienação fiduciária, garantia inicialmente pensada para a aquisição de bens para consumo direto e não para a revenda, como ocorre com o *trust receipt*.

Por essas diferenças Alves[240] e Amaral Neto[241] assemelharam mais a nova garantia ao *chattel mortgage*. Isso porque, como visto[242], não só essa forma de garantia teria como objeto bens móveis, como sua estrutura é muito semelhante à da alienação fiduciária, com a transferência da

---

[236] No mesmo sentido, Noronha, citando discurso de José Carlos Moreira Alves na comissão de elaboração do Código Civil em 25.8.1999, relatou que com a alienação fiduciária "ressuscitou--se, 1.500 anos depois, um instituto que os romanos consideravam um fóssil" (NORONHA, Fernando. A alienação fiduciária em garantia e o leasing financeiro como supergarantias das obrigações. **Revista dos tribunais**, v. 845, mar, 2006, nota 2, p. 37-49).

[237] No mesmo sentido: AMENDOLARA, Cesar. Alienação Fiduciária Como Instrumento de Fomento à Concessão de Crédito. In: WAISBERG, Ivo; FONTES, Marcos Rolim Fernandes (coord.). **Contratos Bancários**. São Paulo: Quartier Latin, 2006, p. 157.

[238] ALVES, José Carlos Moreira. **Da alienação fiduciária em garantia**. 3. ed. Rio de Janeiro: Forense, 1987, p. 12-13.

[239] Cf. Capítulo 1.4.2.

[240] ALVES, José Carlos Moreira. **Da alienação fiduciária em garantia**. 3. ed. Rio de Janeiro: Forense, 1987, p. 39.

[241] AMARAL NETO, Francisco dos Santos. A alienação fiduciária em garantia no direito brasileiro. **Revista de Direito Civil, imobiliário, agrário e empresarial**, v. 22, ano 6, out./dez. 1982, p. 40.

[242] Cf. Capítulo 1.4.2.

propriedade de bem do devedor ao credor mediante condição resolutiva até o pagamento de uma dívida, conservando o primeiro a posse do bem. O problema é que a semelhança acaba em uma análise mais detida dessa transmissão da propriedade, uma vez que no *mortgage* há o desdobramento da propriedade entre credor e devedor, o que não é o previsto no direito brasileiro.

Outros autores destacam que a alienação fiduciária reflete a crescente discussão sobre a aplicação do *trust*.[243] De fato, pode-se vislumbrar na alienação fiduciária conceitos que visam a obter alguns efeitos do *trust*, mas não mais que isso, já que o conceito inicial de *trust* sequer se relaciona com garantia[244], como ocorre no *mortgage*, por exemplo.

Então, além da previsão de propriedade desdobrada não aceita nos sistemas de *Civil Law*[245], o *trust* na função de garantia ainda envolve um terceiro não previsto na alienação fiduciária, que é o *trustee*, responsável por gerir o bem dado em garantia.[246] Daí que, em termos de estrutura, o instituto é um dos mais distantes da alienação fiduciária.

Contudo, é possível dizer que alguns efeitos do *trust* foram devidamente contemplados na alienação fiduciária em razão das importantes discussões em torno dele, como é o caso da transmissão de uma propriedade limitada à função de garantia, com uma maior certeza por parte do

---

[243] FABIAN, Christoph. **Fidúcia**: negócios fiduciários e relações externas. Porto Alegre: Sergio Antonio Fabris Ed., 2007, p. 31. Destaca Foerster que a alienação fiduciária seria a "versão brasileira, perfeitamente legalizada e normatizada, da clássica '*fiducia cum creditore*', mesclada com marcante influência do '*trust*' anglo-americano" (FOERSTER, Gerd. **O "trust" do Direito Anglo-Americano e os negócios fiduciários no Brasil**: perspectiva de direito comparado (considerações sobre o acolhimento do "*trust*" pelo direito brasileiro. Porto Alegre: Sergio Antonio Fabris Ed., 2013, p. 26). Em sentido semelhante: SILVA, Fábio Rocha Pinto e. **Garantias imobiliárias em contratos empresariais**: hipoteca e alienação fiduciária. São Paulo: Almedina: 2014, p. 125.

[244] SILVA, Fábio Rocha Pinto e. **Garantias das obrigações**: uma análise sistemática do direito das garantias e uma proposta abrangente para sua reforma. São Paulo: Editora IASP, 2017, p. 473.

[245] Opção que o legislador brasileiro optou por não fazer, como ressalta Terra (TERRA, Marcelo. **Alienação fiduciária de imóveis em garantia** (lei nº 9.514/97, primeiras linhas). Porto Alegre: Sergio Antonio Fabris Editor, 1998, p. 37).

[246] SILVA, Fábio Rocha Pinto e. **Garantias das obrigações**: uma análise sistemática do direito das garantias e uma proposta abrangente para sua reforma. São Paulo: Editora IASP, 2017, p. 474.

devedor de que o bem será devolvido quando do pagamento da dívida e, para alguns, a instituição de um patrimônio de afetação[247], de modo a não ser o bem afetado por dívidas do fiduciário (ou *trustee* no caso do *trust*).[248]

Não obstante a relevância dessas figuras, o destaque fica mesmo para a fidúcia romana e a concepção de negócio fiduciário nela inspirado, sendo inúmeras as opiniões de que as garantias fiduciárias nada mais são do que espécies do gênero negócio fiduciário.[249] Não à toa tais institutos estão presentes inclusive no nome da garantia moderna.

Vale dizer, contudo, que uma coisa é ter o negócio fiduciário como fonte de inspiração, outra muito diferente é ser espécie dele. Como já foi demonstrado[250], a concepção mais comum de negócio fiduciário não comporta a positivação do instituto em lei, que funciona muito mais como ponte de passagem histórica, como disse Ascarelli.

Logo, a alienação fiduciária, ainda que negócio fiduciário com fins de garantia justamente na ideia de uma transmissão de mais do que seria necessário, deixaria de sê-lo ao ser positivada, uma vez que acabaria a possibilidade de abuso pelo fiduciário, que fica limitado pelas amarras

---

[247] Cf. Capítulo 3.3.3.3.

[248] SILVA, Fábio Rocha Pinto e, **Garantias das obrigações: uma análise sistemática do direito das garantias e uma proposta abrangente para sua reforma**. São Paulo: Editora IASP, 2017, p. 474.

[249] Cf.: BUZAID, Alfredo. Ensaio sobre a Alienação Fiduciária em Garantia. **Revista dos Tribunais**, São Paulo, v. 401, ano 58, São Paulo, mar. 1969, p. 9; AMARAL NETO, Francisco dos Santos. A alienação fiduciária em garantia no direito brasileiro. **Revista de Direito Civil, imobiliário, agrário e empresarial**, v. 22, ano 6, out./dez. 1982, p. 38; RESTIFFE NETO, Paulo. **Garantia fiduciária**: direito e ações: manual teórico e prático com jurisprudência. 3. ed. rev. atual. e ampl. São Paulo: Revista dos Tribunais, 2000, p. 49; SACRAMONE, Marcelo Barbosa; PIVA, Fernanda Neves. Cessão fiduciária de créditos na recuperação judicial: Requisitos e limites à luz da jurisprudência. **Revista de Direito Bancário e do Mercado de Capitais**, São Paulo, v. 72, p. 133-155, abr./jun. 2016; ALVES, Vilson Rodrigues. **Alienação fiduciária em garantia**: as ações de busca e apreensão e depósito – a impossibilidade de prisão civil do devedor. Campinas: Millennium Ed., 1998, p. 27; AMENDOLARA, Cesar. Alienação Fiduciária Como Instrumento de Fomento à Concessão de Crédito. In: WAISBER, Ivo; FONTES, Marcos Rolim Fernandes (coord.). **Contratos Bancários**. São Paulo: Quartier Latin, 2006, p. 159; e FERNANDES, Jean Carlos. **Cessão fiduciária de títulos de crédito**: a posição do credor fiduciário na recuperação judicial da empresa. 2. ed. Rio de Janeiro: Lumen Juris, 2010, p. 209.

[250] Cf. Capítulo 1.3.1.

legais de usar o bem conforme determinado e devolvê-lo quando quitada a dívida.[251]

Mas ainda que a fidúcia permaneça na alienação fiduciária como mero elemento histórico, nas palavras de Miranda[252], não há dúvidas de que essa análise histórica é essencial para a interpretação do instituto hoje positivado. Até porque, assim como na concepção de negócio fiduciário, a alienação fiduciária prevê a transmissão de uma propriedade para finalidade menor do que a propriedade comporta[253], o que justifica, como se verá mais adiante[254], a inexistência de desdobramento da propriedade ainda que ela seja uma propriedade muito limitada.

Justamente diante da importância do negócio fiduciário para a alienação fiduciária é que Chalhub sugere uma posição intermediária, que, ao reconhecer as diferenças entre o negócio fiduciário positivado e o não, cria uma subcategoria para alocar os primeiros.[255] Nessa linha, são chamados de negócios fiduciários impróprios aqueles que não contam com a *fides* peculiar desses negócios, mas apenas a comum de qualquer negócio jurídico, uma vez que o fiduciante passa a contar com uma tutela legal para exigir o cumprimento da finalidade desejada quando há a tipificação.

Afinal, Betti já havia adiantado, tratando dos negócios fiduciários, que o único modo de reforçar a tutela do fiduciante seria enfraquecendo a

---

[251] Nesse sentido: ALVES, José Carlos Moreira. **Da alienação fiduciária em garantia**. 3. ed. Rio de Janeiro: Forense, 1987, p. 93; MARINO, Francisco Paulo de Crescenzo. Notas sobre o negócio jurídico fiduciário. **Revista Trimestral de Direito Civil**, v. 20, ano 5, out./dez. 2004, p. 60; DIAZ-CAÑABATE, Joaquín Garriguez. *Negocios fiduciários en derecho mercantil*. Madri: Civitas, 1976, p. 98; NORONHA, Fernando. A alienação fiduciária em garantia e o leasing financeiro como supergarantias das obrigações. In: **Revista dos tribunais**, v. 845, mar, 2006, nota 2, p. 37-49.

[252] MIRANDA, Francisco Cavalcanti Pontes de. **Tratado de Direito Privado**, t. 3, 3. ed. Rio de Janeiro: Borsoi, 1970, p. 120.

[253] Nesse sentido: GOMES, Orlando. **Alienação Fiduciária**. 4. ed. São Paulo: Revista dos Tribunais, 1975, p. 42; CHALHUB, Melhim Namem. **Alienação fiduciária**: Negócio fiduciário. 5. ed. rev., atual. e ampl. Rio de Janeiro: Forense, 2017, p. 57.

[254] Cf. Capítulo 3.5.

[255] CHALHUB, Melhim Namem, **Alienação fiduciária: Negócio fiduciário**. 5. ed. rev., atual. e ampl. Rio de Janeiro: Forense, 2017, p. 58-59. Em semelhante sentido: DANTZGER, Afranio Carlos Camargo. Cessão fiduciária dos direitos do fiduciante – Financiamento bancário e consórcio. **Revista de Direito Bancário e do Mercado de Capitais**, São Paulo, v. 56, ano 15, abr./jun. 2012, p. 80-81.

posição do fiduciário, inclusive por meio de condição resolutiva[256], aproximando, dessa forma, as garantias fiduciárias da ideia da fidúcia germânica anteriormente explicada[257], ainda que isso implique uma "anestesia ao fator confiança"[258].

Por tudo isso, fica claro que a garantia fiduciária positivada no direito brasileiro não se enquadra perfeitamente em instituto antecessor algum, ainda que se identifique mais com uns do que com outros, sendo correto dizer que é "instituto próprio do direito brasileiro"[259].

2.2. Evolução legislativa das garantias fiduciárias

Entendido como se chegou nas garantias fiduciárias, importante verificar como essas garantias evoluíram na legislação brasileira ao longo dos mais

---

[256] Cf. trecho escrito pelo autor: "Esta necessidade propõe o problema de uma côngrua repartição, entre fiduciante e fiduciário, da legitimação quanto à coisa entregue ou ao direito conferido: o problema nasce, precisamente, da discrepância entre o poder e o dever do fiduciário (dever correspondente ao interesse do fiduciante), e visa a atenuá-la ou a removê-la, em obediência à necessidade de subordinar e adequar o poder ao dever, no exercício do direito. Abstratamente falando, são várias as soluções possíveis do problema, quanto ao momento externo que concerne ao poder do fiduciário para com os terceiros: direito pleno do fiduciário, sem limitações de caráter real, ou legitimação conjunta do fiduciante e do fiduciário (mediante aquisição constitutiva), ou ainda subordinação do poder deste a uma condição resolutiva, ou, finalmente, disponibilidade própria sobre o direito alheio, como consequência de uma simples atribuição de poderes (não seria, aliás, suficiente uma mera legitimação aparente, criada pela transferência da posse, pelo menos em regra: cfr. 1.558). Em geral, num sistema derivado da tradição romana e, por conseguinte, baseado na tipicidade dos direitos reais e dos respectivos atos de disposição, não se pode conseguir reforçar a tutela do fiduciante por outro caminho que não seja o de enfraquecer, com eficácia real para com os terceiros, a posição jurídica conferida ao fiduciário" (BETTI, Emilio. **Teoria geral do negócio jurídico**. Campinas: Servanda Editora, 2008, p. 454-455).

[257] Cf. Capítulo 1.2.

[258] SILVA, Luiz Augusto Beck da. **Alienação fiduciária em garantia**. 3. ed. rev. atual. e ampl. Rio de Janeiro: Forense, 1998, p. 35.

[259] ALVES, José Carlos Moreira. **Da alienação fiduciária em garantia**. 3. ed. Rio de Janeiro: Forense, 1987, p. 45. Ainda, Venosa coloca o instituto como "original, não se amoldando com exatidão a qualquer outro" (VENOSA, Sílvio de Salvo. **Código civil comentado**: direito das coisas, posse, direitos reais, propriedade, artigos 1.196 a 1.368, v. XII. In: AZEVEDO, Álvaro Villaça (coord.). São Paulo: Atlas, 2003, p. 511), e Amaral Neto como "específico e típico no direito brasileiro" (AMARAL NETO, Francisco dos Santos. A alienação fiduciária em garantia no direito brasileiro. **Revista de Direito Civil, imobiliário, agrário e empresarial**, v. 22, ano 6, out./dez. 1982, p. 47).

de 50 anos que estão presentes no direito pátrio. Nessa linha, passa-se a examinar as principais normas que trataram de aspectos das garantias fiduciárias promulgadas durante esse período, seja em sua estrutura, seja em sua abrangência.[260]

A primeira manifestação da garantia fiduciária no direito brasileiro ocorreu com o artigo 66 da Lei nº 4.728/65,[261] que instituiu a garantia fiduciária para contratos de financiamento direto ao consumidor na compra de bem móveis, abrindo a possibilidade de aquisição desses bens por um maior número de pessoas e, consequentemente, fomentando a produção industrial especialmente com relação aos automóveis e eletrodomésticos.[262]

Em seguida, procurando estimular a construção civil, foi promulgada a Lei nº 4.864/65, a qual criou, em seu artigo 22, a cessão fiduciária de direitos de crédito decorrentes de alienação de unidades habitacionais.[263] Tal garantia tinha abrangência limitada, sendo aplicável unicamente para credores que fossem entidades integrantes do sistema financeiro de habitação, já que o objetivo era apenas garantir financiamentos para produção de imóveis habitacionais.[264]

---

[260] Trata-se aqui apenas das principais normas, uma vez que muitas leis foram criadas ao longo desses 50 anos com menções à alienação fiduciária e à cessão fiduciária, sem, contudo, trazerem mudanças relevantes para o instituto, como é o caso do artigo 43 do Decreto-Lei nº 70/66. Além disso, nesse exame não serão abarcadas as leis ou disposições específicas de leis que tratam da propriedade fiduciária voltada para a função de administração, justamente porque não pertinentes para a teoria geral das garantias fiduciárias. Logo, não serão mencionados ou estudados o fideicomisso previsto no direito civil desde o Código Civil de 1916 (artigos 1733 a 1738; artigos 1955 a 1959 do Código Civil vigente), a Lei nº 8.668/93 (trata de fundos de investimento imobiliário), o artigo 41 da Lei nº 6.404/76 (custódia de ações) e os artigos 9 a 16 da Lei nº 9.514/97, que tratam do regime fiduciário na securitização de créditos imobiliários.

[261] Eis a redação original do *caput* do referido artigo: "Art. 66. Nas obrigações garantidas por alienação fiduciária de bem móvel, o credor tem o domínio da coisa alienada, até a liquidação da dívida garantida".

[262] ALVES, José Carlos Moreira. **Da alienação fiduciária em garantia**. 3. ed. Rio de Janeiro: Forense, 1987, p. 13.

[263] Cf.: "Art. 22. Os créditos abertos nos têrmos do artigo anterior pelas Caixas Econômicas, bem como pelas sociedades de crédito imobiliário, poderão ser garantidos pela caução, a cessão parcial ou a cessão fiduciária dos direitos decorrentes dos contratos de alienação das unidades habitacionais integrantes do projeto financiado".

[264] CHALHUB, Melhim Namem. **Alienação fiduciária**: Negócio fiduciário. 5. ed. rev., atual. e ampl. Rio de Janeiro: Forense, 2017, p. 375.

Poucos anos depois, no início de 1969, o Decreto-Lei nº 413/69, além de criar título de crédito passível de ser garantido por alienação fiduciária (a cédula de crédito industrial), acabou por destacar que essa garantia também poderia ter como objeto aeronaves e embarcações[265], afastando eventuais entendimentos no sentido de que tais bens estariam excluídos do âmbito de aplicação da garantia fiduciária, uma vez que eram equiparados a bens imóveis para fins de garantia, pois objeto de hipoteca.

Nenhuma dessas normas, contudo, se ocupou de detalhar as novas garantias criadas. De repente, um novo instituto foi inserido no ordenamento e muito pouco se sabia sobre sua aplicação. Como bem colocou Wald, em 1969, o legislador foi "excessivamente lacônico e conciso, não regulamentando exaustivamente o novo instituto e deixando, assim, os nossos tribunais perplexos quanto às conclusões que deviam extrair do nôvo texto legal"[266].

A maior dificuldade dos tribunais foi justamente quanto à forma de execução da nova garantia. Diversas eram as opções aparentemente cabíveis e não se chegava a nenhuma conclusão quanto a qual seria a correta. A lei tratava credor e devedor como possuidores, sendo o devedor depositário e o fiduciário proprietário, de modo que se podia pensar no ajuizamento de ações de reintegração de posse, de imissão na posse, reivindicatória, de depósito e até a antiga ação ordinária.

Essa discussão preliminar quanto ao rito cabível nos processos de execução era suficiente para atrasar a efetivação da garantia e logo de início colocar em xeque a garantia fiduciária.[267] E a Lei nº 4.728/65 sequer deixou claro se o credor poderia vender o bem extrajudicialmente, situação que também criou dificuldades na excussão da garantia fiduciária.[268]

Foi nesse contexto de risco de marginalização da nova garantia, ante sua ineficácia para a proteção do crédito, que foi promulgado o Decreto-Lei

---

[265] Cf.: "Art. 48. Quando, do penhor ou da alienação fiduciária, fizerem parte veículos automotores, embarcações ou aeronaves, o gravame será anotado nos assentamentos próprios da repartição competente para expedição de licença ou registro dos veículos".

[266] WALD, Arnoldo. Da alienação fiduciária. **Revista dos Tribunais**, São Paulo, v. 400, ano 58, fev. 1969, p. 27.

[267] WALD, Arnoldo. Da alienação fiduciária. **Revista dos Tribunais**, São Paulo, v. 400, ano 58, fev. 1969, p. 27-28.

[268] GOMES, Orlando. **Alienação Fiduciária**. 4. ed. São Paulo: Revista dos Tribunais, 1975, p. 113.

nº 911/69, que disciplinou o aspecto processual da alienação fiduciária[269], ressaltando inclusive a possibilidade de venda extrajudicial do bem dado em garantia.

Além disso, o legislador aproveitou para suprir algumas deficiências da lei anterior quanto à estrutura da alienação fiduciária, modificando o artigo 66 para constar, dentre outras disposições, que com a garantia fiduciária de bem móvel, a posse indireta seria transferida para o credor, ao passo que a posse direta permaneceria com o devedor, bem como que a propriedade do credor seria resolúvel.[270]

Na década seguinte, após o esboço de entendimentos no sentido de que participação acionária não poderia ser objeto de alienação fiduciária, como foi o caso de Alves[271], promulgou-se, em 1976, a Lei das Sociedades por Ações (Lei nº 6.404/76), na qual se especificaram alguns aspectos da garantia fiduciária que envolvesse a transmissão de ações, principalmente quanto ao registro e ao eventual direito de voto. Na mesma linha, no ano de 1986, foi a vez de se ratificar mais uma vez a possibilidade de utilização da garantia fiduciária com aeronaves (Lei nº 7.565/86).

Em 1994, o legislador indicou entendimento em relação a outra questão controvertida sobre a alienação fiduciária: ter como objeto bens fungíveis. Ao possibilitar que o produtor rural celebrasse a alienação fiduciária como garantia de Cédula de Produto Rural (Lei nº 8.929/94), fez menção à possibilidade de tal garantia incidir sobre bens "do mesmo gênero, qualidade e quantidade, de propriedade do garante" (artigo 8º).

Na sequência, mais de 30 anos após criada a alienação fiduciária de bens móveis, em 1997, com a Lei nº 9.514/97, foi a vez de os bens imóveis passarem a ser admitidos como objeto de garantia fiduciária[272], passível de

---

[269] ALVES, José Carlos Moreira. **Da alienação fiduciária em garantia**. 3. ed. Rio de Janeiro: Forense, 1987, p. 19.

[270] Nos termos da já revogada redação conferida ao artigo 66 pelo Decreto-Lei nº 911/69, "A alienação fiduciária em garantia transfere ao credor o domínio resolúvel e a posse indireta da coisa móvel alienada, independentemente da tradição efetiva do bem, tornando-se o alienante ou devedor em possuidor direto e depositário com tôdas as responsabilidades e encargos que lhe incumbem de acordo com a lei civil e penal".

[271] ALVES, José Carlos Moreira, **Da alienação fiduciária em garantia**. 3. ed. Rio de Janeiro: Forense, 1987, p. 129-131.

[272] Cf. artigo 17, IV, da Lei nº 9.514/97.

ser contratada por qualquer pessoa física ou jurídica, independentemente de integrar o Sistema Financeiro Imobiliário.[273]

A ampliação do objeto do instituto foi consequência da necessidade de fomento do mercado imobiliário, que se encontrava em profunda crise[274] e tinha como uma das possíveis soluções a replicação para o mercado imobiliário da garantia que vinha fazendo sucesso no mercado financeiro, o que só não havia ocorrido em 1965 porque os sistemas do mercado de capitais e do Plano Nacional de Habitação, com autoridades, órgãos e área de incidência específicos, eram regulados separadamente.[275]

Além disso, considerando que a referida lei foi resultado de uma reforma no mercado imobiliário que buscou a criação de um mercado secundário de créditos imobiliários, apto a constituir fonte de recursos para o setor, também se possibilitou a cessão fiduciária de direitos creditórios decorrentes de contratos de alienação de imóveis[276], a fim de que o incorporador pudesse se utilizar disso para garantir financiamentos para a construção imobiliária.[277] Melhor delineada do que na Lei nº 4.864/65, a Lei nº 9.514/97 passou a regular inteiramente a matéria da cessão fiduciária de créditos imobiliários.[278]

---

[273] Cf. redação original do parágrafo único do artigo 22: "A alienação fiduciária poderá ser contratada por pessoa física ou jurídica, podendo ter como objeto imóvel concluído ou em construção, não sendo privativa das entidades que operam no SFI".

[274] CHALHUB, Melhim Namem. **Alienação fiduciária**: Negócio fiduciário. 5. ed. rev., atual. e ampl. Rio de Janeiro: Forense, 2017, p. 3. Relata o autor que "dentre as causas dessa crise encontram-se (a) inadequado direcionamento dos recursos, na medida em que se destinavam a habitações populares recursos populares captados no mercado financeiro, cujo custo não pode ser suportado pela população de renda mais baixa, (b) a inadequação do sistema de garantias, que contribui para a interrupção do fluxo de retorno dos empréstimos, daí porque torna desinteressante o investimento no setor e, obviamente, afasta investidores potenciais, e (c) a excessiva interferência do Estado nas relações contratuais" (CHALHUB, Melhim Namem. **Alienação fiduciária**: Negócio fiduciário. 5. ed. rev., atual. e ampl. Rio de Janeiro: Forense, 2017, p. 4).

[275] WALD, Arnoldo. Novos instrumentos para o direito imobiliário: fundos, alienação fiduciária e "leasing". **Revista dos Tribunais**, São Paulo, v. 432, ano 60, out. 1971, p. 249.

[276] Cf. artigo 17, II, da Lei nº 9.514/97.

[277] CHALHUB, Melhim Namem. **Alienação fiduciária**: Negócio fiduciário. 5. ed. rev., atual. e ampl. Rio de Janeiro: Forense, 2017, p. 5.

[278] CHALHUB, Melhim Namem. **Alienação fiduciária**: Negócio fiduciário. 5. ed. rev., atual. e ampl. Rio de Janeiro: Forense, 2017, p. 375-376.

Na metade do ano de 2001, foi editada Medida Provisória que passou a incluir na Lei nº 4.728/65 (Medida Provisória nº 2.160/01) o artigo 66-A, prevendo especificamente a possibilidade de alienação fiduciária de coisa fungível e de direitos, com aplicação do regramento do já existente artigo 66 da mencionada lei, mas pontuando uma diferenciação na questão da posse direta, que seria transferida ao credor na alienação fiduciária desses bens.[279]

Foi então a vez do Código Civil tratar da matéria. No entanto, diferentemente do que se esperava da norma geral de Direito Civil, tal lei não regulou aspectos gerais das garantias fiduciárias, mas apenas a alienação fiduciária de bem móvel infungível.

Essa pequena abrangência tem explicação: em que pese sua promulgação em janeiro de 2002, o Código Civil teve sua tramitação iniciada no Legislativo em 1975 (ou seja, tramitou por mais de 25 anos), muito antes de se cogitar da alienação fiduciária de imóveis da Lei nº 9.514/97. Tratar no Código Civil de alienação fiduciária com esse objeto, que imporia ao sistema imobiliário profundas alterações, com reflexos nos registros públicos, sem que o setor habitacional a tivesse pleiteado, não foi algo encorajador para os idealizadores do novo diploma civil.[280] Dessa forma, perdeu-se grande oportunidade de sistematizar definitivamente a matéria.

Ademais, o Código Civil acabou por não explicitar os efeitos de suas disposições, especialmente com relação a quem estaria a elas sujeito. Seguiram-se ao Código Civil dúvidas sobre se poderia ser utilizado pela generalidade das pessoas e sobre os efeitos dele sobre a Lei nº 4.728/65 e o Decreto-Lei nº 911/69, que para alguns teriam sido revogados em suas normas de direito material.[281] Mas esse tipo de falha os responsáveis pelo

---

[279] Cf. a redação já revogada do artigo 66-A: "Art. 66-A. Aplica-se à alienação fiduciária em garantia de coisa fungível ou de direito o disposto no art. 66, e o seguinte: I – salvo disposição em contrário, a alienação fiduciária em garantia de coisa fungível ou de direito transferirá ao credor fiduciário a posse direta e indireta do bem alienado em garantia [...]".

[280] RESTIFFE NETO, Paulo; RESTIFFE, Paulo Sérgio. **Garantia fiduciária**: direito e ações: manual teórico e prático com jurisprudência. 3. ed. rev., atual. e ampl. São Paulo: Revista dos Tribunais, 2000, p. 81.

[281] Por exemplo: TEPEDINO, Gustavo; BARBOZA, Heloisa Helena; MORAES, Maria Celina Bodin de. **Código Civil interpretado conforme a Constituição da República**, v. III. Rio de Janeiro: Renovar, 2011, p. 727 e 747.

projeto creditaram à magnitude da obra e à falta de colaboração de juristas durante sua tramitação.[282]

Diante desse cenário, considerando que o Código Civil, ao invés de auxiliar na resolução de dúvidas e questionamentos existentes, os agravou, em 02 de agosto de 2004 foi promulgada a Lei nº 10.931/04 para reorganizar, ao menos parcialmente, a confusão criada pelo referido diploma.

Ao mesmo tempo que reformulou dispositivos da Lei nº 4.728/65 (os artigos 66 e 66-A foram substituídos pelo artigo 66-B), excluindo parte da caracterização da garantia fiduciária ali prevista[283] e ressaltando que essa lei se aplicaria apenas ao Mercado Financeiro e ao Mercado de Capitais (ficando as normas do Decreto-Lei nº 911/69 também restritas a esse setor), incluiu no Código Civil o artigo 1.368-A, do qual constou que "as demais espécies de propriedade fiduciária ou de titularidade fiduciária submetem-se à disciplina específica das respectivas leis especiais, somente se aplicando as disposições deste Código naquilo que não for incompatível com a legislação especial".[284]

Ou seja, passaram a conviver no ordenamento brasileiro as disposições da Lei nº 4.728/65, do Decreto-Lei nº 911/69, da Lei nº 9.514/97 e do Código Civil, aplicando este último de forma subsidiária aos demais.

---

[282] Nesse sentido, veja trecho da introdução elaborada por Ricardo Fiuza, relator do Código Civil na Câmara dos Deputados, em livro de comentários ao Código Civil que coordenou: "Finalizando, não posso deixar de reconhecer que um trabalho dessa magnitude, com mais de 2.000 artigos, não se pode esperar perfeito. É claro que haverá imperfeições, falhas, omissões. Mas essas imperfeições são justamente o apanágio de toda a obra humana e daquele princípio que é um dos mais verdadeiros da sabedoria popular: 'É melhor ter o bom do que esperar o ótimo', porque raramente se chega ao ótimo. Pena que algumas dessas críticas, que são verdadeiras, corretas, não tenham sido feitas antes, tendo em vista aquele nosso vício de, quando chamados a colaborar, não colaboramos, e, depois, quando vemos sair o trabalho elaborado, todos nós nos tornamos críticos" (FIUZA, Ricardo (coord.). **Novo código civil comentado**. 4. ed. São Paulo: Saraiva, 2005, p. xxvii).

[283] Apesar da exclusão, passou a constar do referido artigo a confirmação de que a alienação fiduciária poderia ter como objeto bens móveis fungíveis e direitos.

[284] É como pontuou Silva: "De forma a compatibilizá-la com o Código, a L. 10.931/2004 substituiu os dispositivos originais da Lei do Mercado de Capitais que tratavam da propriedade fiduciária de móveis por uma nova seção destinada a regulamentar, exclusivamente, a utilização dessa garantia no âmbito do mercado financeiro e de capitais, em caráter complementar às normas dispostas no Código Civil" (SILVA, Fábio Rocha Pinto e. **Garantias das obrigações**: uma análise sistemática do direito das garantias e uma proposta abrangente para sua reforma. São Paulo: Editora IASP, 2017, p. 582-583).

A Lei nº 10.931/04 ainda alterou algumas disposições da Lei nº 9.514/97, relativas a regras de excussão da alienação fiduciária de bens imóveis.

Poucos meses depois, a cessão fiduciária de direitos creditórios do agronegócio foi possibilitada àqueles que adquirissem Certificados de Direitos Creditórios do Agronegócio, Letras de Crédito do Agronegócio e Certificados de Recebíveis do Agronegócio. Foi uma das formas encontradas para fomentar, dessa vez, o agronegócio (Lei nº 11.076/04).

Novamente como forma de expansão das garantias fiduciárias, em 2005, a Lei nº 11.196/05 permitiu a cessão fiduciária de quotas de fundos de investimento como garantia para locadores de imóveis[285] e, em 2008, a Lei nº 11.795/08 reforçou a possibilidade de alienação fiduciária em consórcios[286], que já era jurisprudencialmente admitida há décadas.[287]

Algumas novas modificações foram promovidas no Código Civil com a Lei nº 13.043/14, que alterou e incluiu dispositivos de caráter geral no

---

[285] "Art. 88. As instituições autorizadas pela Comissão de Valores Mobiliários – CVM para o exercício da administração de carteira de títulos e valores mobiliários ficam autorizadas a constituir fundos de investimento que permitam a cessão de suas quotas em garantia de locação imobiliária".

[286] "Art. 14. No contrato de participação em grupo de consórcio, por adesão, devem estar previstas, de forma clara, as garantias que serão exigidas do consorciado para utilizar o crédito. [...] § 6. Para os fins do disposto neste artigo, o oferecedor de garantia por meio de alienação fiduciária de imóvel ficará responsável pelo pagamento integral das obrigações pecuniárias estabelecidas no contrato de participação em grupo de consórcio, por adesão, inclusive da parte que remanescer após a execução dessa garantia".

[287] Cf. julgado do Supremo Tribunal Federal de 1979: "ALIENAÇÃO FIDUCIÁRIA EM GARANTIA. – A GARANTIA REAL (PROPRIEDADE FIDUCIÁRIA) DECORRENTE DA ALIENAÇÃO FIDUCIÁRIA EM GARANTIA PODE SER UTILIZADA NAS OPERAÇÕES DE CONSÓRCIO, QUE SE SITUAM NO TERRENO DO SISTEMA FINANCEIRO NACIONAL, E QUE SE REALIZAM SOB FISCALIZAÇÃO DO PODER PÚBLICO, DA MESMA FORMA COMO OCORRE COM AS OPERAÇÕES CELEBRADAS PELAS FINANCEIRAS EM SENTIDO ESTRITO. – PRECEDENTES DO STF (RREE 90209, 90036 E 90652). RECURSO EXTRAORDINÁRIO CONHECIDO E PROVIDO" (BRASIL, Supremo Tribunal Federal, RE nº 91149, Rel. Min. Moreira Alves, Segunda Turma, j. em 14.08.1979). No mesmo sentido, julgado do Superior Tribunal de Justiça de 1990: BRASIL, Superior Tribunal de Justiça, REsp nº 1.646/RJ, Rel. Min. Eduardo Ribeiro, Terceira Turma, j. em 27.03.1990.

diploma. Alterou o artigo 1.367[288] e incluiu o artigo 1.368-B[289], ambos trazendo disposições expressamente aplicáveis para a propriedade fiduciária de bens móveis (não somente infungíveis) e imóveis.

Referida norma também previu a dispensa de realização dos leilões extrajudiciais a que se refere a Lei nº 9.514/97 especificamente para os casos em que a alienação fiduciária ocorre no âmbito do "Programa Minha Casa, Minha Vida", uma vez que a sistemática de fomento à moradia de tal programa não se coaduna com a realização desses leilões. O "Programa Minha Casa, Minha Vida", de fato, e por força da Lei nº 13.465/17, que fez alterações na Lei nº 11.977/09, possui algumas características próprias e excepcionais em relação à excussão da alienação fiduciária de imóvel inserido no programa.

Enfim, como antecipado no capítulo introdutório e se pode ver perfeitamente da evolução da legislação brasileira quanto às garantias fiduciárias, mesmo com as tentativas de alteração do Código Civil, não há uma sistematização jurídica clara entre as espécies dessas garantias.

Nunca houve o planejamento de uma nova garantia geral no direito privado brasileiro, mas apenas a utilização e adaptação da garantia fiduciária como forma de fomentar e expandir setores específicos conforme a necessidade. Consequência disso é que algumas leis caracterizam espécies de garantias fiduciárias de forma mais explícita, outras ampliam os sujeitos que podem se utilizar de uma espécie de garantia fiduciária e outras tratam mais detalhadamente de um bem que pode ser objeto de garantia.

2.3. O triplo regime e o papel do Código Civil

De qualquer forma, se é certo que são inúmeras as leis que tratam de garantias fiduciárias, com contribuições próprias, também é certo que algumas delas se destacam na busca de uma teoria geral das garantias fiduciárias, quais sejam, a Lei nº 4.728/65, a Lei nº 9.514/97 e o Código Civil.

---

[288] "Art. 1.367. A propriedade fiduciária em garantia de bens móveis ou imóveis sujeita-se às disposições do Capítulo I do Título X do Livro III da Parte Especial deste Código e, no que for específico, à legislação especial pertinente, não se equiparando, para quaisquer efeitos, à propriedade plena de que trata o art. 1.231".

[289] "Art. 1.368-B. A alienação fiduciária em garantia de bem móvel ou imóvel confere direito real de aquisição ao fiduciante, seu cessionário ou sucessor".

2. AS GARANTIAS FIDUCIÁRIAS NA LEGISLAÇÃO BRASILEIRA

São essas leis que, após os essenciais ajustes feitos pela Lei nº 10.931/04, formam hoje o que se pode chamar de "triplo regime jurídico da propriedade fiduciária", regulando a Lei nº 4.728/65 a garantia fiduciária de coisas móveis fungíveis e infungíveis quando o credor for instituição financeira, a Lei nº 9.514/97 a garantia fiduciária de imóveis e créditos imobiliários para qualquer credor e o Código Civil a garantia fiduciária de bens móveis infungíveis quando o credor não for instituição financeira.[290]

É desse triplo regime que se pretende, como objeto deste trabalho, extrair um único, comum aos três, para o que será fundamental o papel do Código Civil, enquanto fonte normativa geral e complementar[291], conforme bem explicitado por Benacchio:

> Deve ocorrer a compatibilidade e diálogo dentro do microssistema de propriedade fiduciária não pela exclusão das disposições legislativas e sim pela interpretação de eficácia máxima e compatibilização entre os diplomas legislativos. Havendo contraste entre as previsões legais, cabe aplicar o critério da especialidade da legislação específica com o regramento geral do Código Civil em diálogo com todo microssistema legislativo da propriedade fiduciária.[292]

Essa foi a lógica das alterações feitas pela Lei nº 10.931/04, que, ao mesmo tempo que incluiu o artigo 1.368-A no Código Civil para realçar a aplicabilidade subsidiária de suas disposições às "demais espécies de propriedade fiduciária ou titularidade fiduciária" previstas nas leis específicas, no que forem compatíveis, fez modificações na Lei nº 4.728/65, retirando

---

[290] LOUREIRO, Francisco Eduardo. **Código Civil comentado**: doutrina e jurisprudência, 8. ed. In: PELUSO, Cezar (coord.). Barueri: Manole, 2014, p. 1301.
[291] Ressaltam a complementaridade e o caráter geral do Código Civil: TEPEDINO, Gustavo; BARBOZA, Heloisa Helena; MORAES, Maria Celina Bodin de. **Código Civil interpretado conforme a Constituição da República**, v. III. Rio de Janeiro: Renovar, 2011, p. 727; BENACCHIO, Marcelo. **Comentários ao Código Civil**: direito privado contemporâneo. In: NANNI, Giovanni Ettore (coord.). São Paulo: Saraiva Educação, 2018, p. 1742; CHALHUB, Melhim Namem; ASSUMPÇÃO, Márcio Calil de. Cessão fiduciária de direitos creditórios: aspectos da sua natureza jurídica e seu tratamento no concurso de credores. **RTDC: Revista Trimestral de Direito Civil**. Rio de Janeiro, v.10, n.38, abr./jun. 2009, p. 99.
[292] BENACCHIO, Marcelo, **Comentários ao Código Civil**: direito privado contemporâneo. In: NANNI, Giovanni Ettore (coord.). São Paulo: Saraiva Educação, 2018, p. 1746.

disposições que repetiam o Código Civil, como a propriedade resolúvel, o desdobramento da posse nos bens infungíveis, a necessidade de registro, a possibilidade de alienação fiduciária de bem futuro, a vedação ao pacto comissório etc.

O importante é notar que a exclusão dessas disposições de modo algum significa que elas não mais se aplicam à alienação fiduciária do regime da Lei nº 4.728/65. Na verdade, essa exclusão foi uma clara tentativa de dar coesão ao sistema pela ampliação da incidência do Código Civil. Logo, apesar de inexistir uma sistematização que estruture as garantias fiduciárias como existe, por exemplo, com as garantias reais da hipoteca, penhor e anticrese[293], o Código Civil será um importante norteador para a teoria geral das garantias fiduciárias.

Assim, caso as leis listadas no capítulo anterior não determinem de forma diversa ou incompatível, aplicar-se-ão às garantias fiduciárias nelas disciplinadas os seguintes preceitos estabelecidos no Código Civil: (i) a propriedade resolúvel e o escopo de garantia são o cerne da propriedade fiduciária[294]; (ii) o fiduciante possui direito real de aquisição;[295] (iii) a propriedade fiduciária acarreta o desdobramento da posse[296]; (iv) o devedor, enquanto possuidor, deverá empregar os cuidados de depositário na guarda do bem[297]; (v) o credor só terá responsabilidade pelos ônus do bem quando da realização da garantia, após receber a posse direta dele[298]; (vi) a propriedade fiduciária não se equipara à propriedade plena[299]; (vii) a propriedade fiduciária constitui-se com o registro do contrato[300]; (viii) referido contrato possui disposições obrigatórias relacionadas à dívida garantida e ao objeto da garantia[301]; (ix) no caso de inadimplemento, o credor é obrigado a vender o bem e a aplicar o produto da venda na satisfação do crédito, devolvendo o excedente ao devedor[302]; (x) é vedado

---

[293] Cf. artigos 1.419 a 1.430 do Código Civil.
[294] Artigo 1.361 do Código Civil.
[295] Artigo 1.368-B do Código Civil.
[296] Artigo 1.361, §2º, do Código Civil.
[297] Artigo 1.363 do Código Civil.
[298] Artigo 1.368-B, parágrafo único, do Código Civil.
[299] Artigo 1.367 do Código Civil.
[300] Artigo 1.361, §1º, do Código Civil.
[301] Artigo 1.362 do Código Civil.
[302] Artigo 1.364 do Código Civil.

o pacto comissório[303]; (xi) no caso de inadimplemento e de insuficiência do produto da venda do bem para saldar a dívida, o devedor fica obrigado com o valor remanescente[304]; e (xii) aplicam-se, no que couberem, as disposições gerais das garantias reais.[305]

Esses preceitos, assim como outros eventualmente não expressos nas disposições do Código Civil, serão retomados no capítulo seguinte, no qual se verificará precisamente quais são aqueles de aplicação geral às garantias fiduciárias. O próximo capítulo, portanto, constitui o objeto principal deste trabalho.

---

[303] Artigo 1.365 do Código Civil.
[304] Artigo 1.366 do Código Civil.
[305] Artigo 1.367 do Código Civil.

3.
TEORIA GERAL DAS GARANTIAS FIDUCIÁRIAS

Inicialmente, é pertinente fazer um esclarecimento com relação ao objeto da teoria geral aqui buscada, distinguindo a alienação fiduciária e a cessão fiduciária da propriedade fiduciária e da titularidade fiduciária. Os dois primeiros são os contratos que servem para a constituição, com função de garantia, das duas últimas, elas sim direitos reais,[306] que podem inclusive ser utilizadas, se com base em outros negócios jurídicos, para outras funções que não a de garantia.

É a teoria geral da propriedade fiduciária e da titularidade fiduciária com função de garantia que se buscará no presente trabalho. São as garantias fiduciárias mencionadas desde o início.

Assim, o presente capítulo abordará aspectos gerais da constituição dessas garantias fiduciárias, passando pelo funcionamento de tais garantias, bem como pelas consequências do inadimplemento da dívida principal e pelas críticas sofridas pela estrutura identificada. É uma tentativa de

---

[306] Cf.: LOUREIRO, Francisco Eduardo. **Código Civil comentado**: doutrina e jurisprudência, 8. ed. In: PELUSO, Cezar (coord.). Barueri: Manole, 2014, p. 1301; AMARAL NETO, Francisco dos Santos. A alienação fiduciária em garantia no direito brasileiro. **Revista de Direito Civil, imobiliário, agrário e empresarial**, v. 22, ano 6, out./dez. 1982, p. 43; e ALVES, José Carlos Moreira. Da fidúcia romana à alienação fiduciária em garantia no direito brasileiro. In: CAHALI, Yussef Said. **Contratos nominados**: doutrina e jurisprudência. São Paulo: Saraiva, 1995, p. 28.

olhar para todas as espécies de garantias fiduciárias, despi-las de suas particularidades e verificar o que as une.

3.1. Considerações preliminares

Antes de entrar na teoria geral das garantias fiduciárias propriamente dita, para uma melhor exposição do assunto é pertinente trazer algumas concepções e características dos direitos reais e do direito de propriedade, institutos que aparecerão com frequência no decorrer deste estudo.

3.1.1. Direitos Reais

É possível dizer que a disciplina dos direitos reais, ou direito das coisas, regula a relação do homem com um bem apropriável e o modo como isso repercute na esfera de terceiros.[307]

Nessa linha, a delimitação do que configuraria esse direito real sobre um bem sempre foi objeto de grandes embates, não se pretendendo resolver a questão nesses breves comentários. Como expõe Pereira[308], de um lado entende-se que "o direito real significa o poder da pessoa sobre a coisa, numa relação que se estabelece diretamente e sem intermediário"[309],

---

[307] Vejam-se duas definições nesse sentido: (i) "O *Direito das Coisas* é, assim, para sumarizar, uma parte ou um ramo do Direito que disciplina (isto é, que confere uma normativa, uma estruturação deontológica) um particular dado fenomênico: o contato da pessoa humana com as coisas, principalmente com aquelas de caráter material. Sabe-se, entretanto que este contato interessa ao direito na medida em que desencadeia e projeta consequências para além do mero contato sujeito/objeto em sua singularidade. Há relevância jurídica do *processo apropriatório* de alguém em relação a alguma coisa na medida em que há ou pode haver repercussões dessa prática na posição ou situação jurídica de outros indivíduos que sejam estritamente derivadas deste processo" (PENTEADO, Luciano de Camargo. **Direito das coisas**. São Paulo: Revista dos Tribunais, 2008, p. 40); e (ii) "O direito das coisas abrange *o conjunto das normas que regulam as relações jurídicas referentes às coisas suscetíveis de apropriação, estabelecendo um vínculo imediato e direto entre o sujeito* ativo ou titular do direito *e a coisa* sobre a qual o direito recai e criando um dever jurídico para todos os membros da sociedade" (WALD, Arnoldo. **Direito das coisas**. Atualização de Álvaro Villaça Azevedo e Véra Fradera. 11. ed. rev. São Paulo: Saraiva, 2002, p. 1).
[308] PEREIRA, Caio Mário da Silva. **Instituições de direito civil**, v. 4. 21. ed. Rio de Janeiro: Forense, 2013, p. 2-3.
[309] Chamada de teoria realista, defendida por Gomes (GOMES, Orlando. **Direito reais**. Atualização de Humberto Theodoro Júnior. 18. ed. Rio de Janeiro: Forense: 2002, p. 5).

enquanto de outro que "no direito real, ao sujeito ativo conhecido opõe-se o que se denomina *sujeito passivo universal*", pois as relações jurídicas devem sempre se dar entre indivíduos[310]. Ou seja, o direito real pode ser visto como o poder de atuar diretamente sobre um bem ou como o de proteger essa atuação perante terceiros. De uma forma ou de outra, fica expressa a ideia de poder sobre um bem.[311]

Disso decorrem duas características essenciais dos direitos reais: (i) o direito real adere ao bem e o segue com quem quer que ele esteja (ambulatoriedade e sequela)[312]; e (ii) terceiros têm a obrigação negativa de respeitar seu exercício, pois é um direito absoluto, *erga omnes*[313].

Com base na classificação de Penteado, os direitos reais sobre um bem podem ser: (i) de gozo, por se destinarem à satisfação de necessidades, com a utilidade que o bem proporciona ao titular, podendo incidir sobre coisa própria (propriedade) ou sobre coisa alheia (como o uso ou usufruto); (ii) com função de garantia, por possibilitarem a vinculação de uma coisa à satisfação de um crédito, se dividindo em direitos reais de garantia, que incidem sobre bens alheios (penhor, hipoteca e anticrese), e direitos reais em garantia, que seriam direitos reais típicos empregados com função diversa, a de garantia (propriedade e titularidade fiduciária); e (iii) de aquisição, por possibilitarem, no futuro, "o ingresso da titularidade dominial na esfera jurídica daquele que o detém".[314]

---

[310] Essa segunda corrente, chamada de personalista, é defendida por Pereira (PEREIRA, Caio Mário da Silva, **Instituições de direito civil**, v. 4. 21. ed. Rio de Janeiro: Forense, 2013, p. 6).

[311] VENOSA, Sílvio de Salvo. **Direito civil**: reais. 18. ed. São Paulo: Atlas, 2018, p. 3-4.

[312] Nesse sentido: PEREIRA, Lafayette Rodrigues. **Direito das coisas** adaptação ao Código Civil por José Bonifácio de Andrada e Silva. 6. ed. Rio de Janeiro: Freitas Bastos, 1956, p. 19; WALD, Arnoldo, **Direito das coisas**. Atualização de Álvaro Villaça Azevedo e Véra Fradera. 11. ed. rev. São Paulo: Saraiva, 2002, p. 17; MONTEIRO, Washington de Barros. **Curso de direito civil**, v. 3: Direito das coisas. 35. ed. rev. e atual. São Paulo: Saraiva, 1999, p. 13; FRAGA, Affonso. **Direitos reaes de garantia**: penhor, *antichrese* e *hypotheca*. São Paulo: Saraiva & Comp., 1933, p. 59.

[313] Nesse sentido: PEREIRA, Lafayette Rodrigues, **Direito das coisas** adaptação ao Código Civil por José Bonifácio de Andrada e Silva. 6. ed. Rio de Janeiro: Freitas Bastos, 1956, p. 20; WALD, Arnoldo. **Direito das coisas**. Atualização de Álvaro Villaça Azevedo e Véra Fradera. 11. ed. rev. São Paulo: Saraiva, 2002, p. 17; FULGÊNCIO, Tito. **Direito real de hipoteca**, v. I. Atualização de José de Aguiar Dias. Rio de Janeiro: Forense, 1960, p. 7; VENOSA, Sílvio de Salvo, **Direito civil**: reais. 18. ed. São Paulo: Atlas, 2018, p. 4.

[314] PENTEADO, Luciano de Camargo. **Direito das coisas**. São Paulo: Revista dos Tribunais, 2008, p. 125-128.

Vale pontuar que a propriedade é o "direito real por excelência", colocando o bem em sujeição ao titular desse direito real em todos os seus aspectos. Os demais direitos de gozo sobre a coisa alheia abrangem alguns dos poderes do direito de propriedade, que passam a ser exercidos pelos titulares desses direitos e não pelo proprietário. São direitos sobre bens de um proprietário (alheios) sobre os quais o titular desses direitos pode praticar certos atos.[315]

Ademais, classicamente, considerando essencial a necessidade de contato físico com a coisa para exercício do poder sobre ela, os direitos reais eram considerados aplicáveis exclusivamente a bens corpóreos.[316] No entanto, aos poucos, com a admissão de direitos reais sobre direitos de crédito, como é o caso do usufruto e do penhor, passaram a ser reconhecidos também os direitos reais sobre bens incorpóreos.[317]

Isso decorre não só do fato de o Código Civil ter apontado o crédito como bem móvel[318], mas de serem os créditos bens patrimoniais úteis e raros, com valor de mercado, que merecem proteção.[319] Ou seja, como o titular do crédito tem poder sobre o conteúdo econômico dele sem

---

[315] WALD, Arnoldo. **Direito das coisas**. 11. ed. rev., aum. e atual. com a colaboração dos professores Álvaro Villaça Azevedo e Véra Fradera. São Paulo: Saraiva, 2002, p. 22.

[316] Cf.: PEREIRA, Lafayette Rodrigues. **Direito das coisas**, adaptação ao Código Civil por José Bonifácio de Andrada e Silva. 6. ed. Rio de Janeiro: Freitas Bastos, 1956, p. 19; RODRIGUES, Silvio. **Direito civil**: Direito das coisas, v. 5, 28. ed. rev. e atual. de acordo com o novo Código Civil. São Paulo: Saraiva, 2003, p. 3; MONTEIRO, Washington de Barros. **Curso de direito civil**, v. 3: Direito das coisas. 35. ed. rev. e atual. São Paulo: Saraiva, 1999, p. 227-228.

[317] Nesse sentido: LOPES, Miguel Maria de Serpa. **Curso de direito civil**, v. 6: Direito das coisas. Atualização de José Serpa Santa Maria. 4. ed. Rio de Janeiro: Freitas Bastos, 1996, p. 56; GOMES, Orlando. **Direito reais**. 18. ed. atual. por Humberto Theodoro Júnior. Rio de Janeiro: Forense: 2002, p. 9; VENOSA, Sílvio de Salvo. **Direito civil**: reais. 18. ed. São Paulo: Atlas, 2018, p. 4; WALD, Arnoldo, **Direito das coisas**. 11. ed. rev., aum. e atual. com a colaboração dos professores Álvaro Villaça Azevedo e Véra Fradera. São Paulo: Saraiva, 2002, p. 283; RODRIGUES, Silvio. **Direito civil**: Direito das coisas, v. 5, 28. ed. rev. e atual. de acordo com o novo Código Civil. São Paulo: Saraiva, 2003, p. 377.

[318] Cf. artigo 83, III, do Código Civil: "Art. 83. Consideram-se móveis para os efeitos legais: [...] III – os direitos pessoais de caráter patrimonial e respectivas ações".

[319] RODRIGUES, Silvio. **Direito civil**: Direito das coisas, v. 5. 28. ed. rev. e atual. de acordo com o novo Código Civil. São Paulo: Saraiva, 2003, p. 377.

intermediários[320], esse bem pode atualmente ser objeto de direitos reais. O crédito passou a ser tratado como *res*[321].

É possível notar, então, um alargamento no campo dos direitos reais, que se expande para área outrora reservada ao direito das obrigações.[322] É o que explica Lopes:

> [...] vê-se que a tendência dos direitos reais se manifesta no sentido de serem ampliados a outras categorias jurídicas, onde se sinta a existência de um *poder sobre um valor econômico*. Por conseguinte, a orientação do direito moderno não se norteia por uma concepção *restritiva* dos direitos reais, circunscrita aos elementos tangíveis e corpóreos, senão para abranger os elementos incorpóreos.[323]

Atualmente, sequer é possível dizer que os direitos reais sobre bens incorpóreos são uma excepcionalidade, "constituindo verdadeira tendência do direito positivo, brasileiro e estrangeiro, a *desmaterialização* das garantias reais"[324].

É nesse contexto que se inserem as garantias fiduciárias, por meio das quais se criou direito real que pode incidir tanto sobre bens corpóreos (propriedade fiduciária criada pelo contrato de alienação fiduciária), quanto sobre bens incorpóreos (titularidade fiduciária, criada pelo contrato de cessão fiduciária).

Esse novo direito real, independentemente dos bens sobre os quais incide, tem o fim de assegurar o cumprimento de uma obrigação por meio da imposição *erga omnes* da mudança de titularidade desses bens. Por isso,

---

[320] GOMES, Orlando. **Direito reais**. 18. ed. atual. por Humberto Theodoro Júnior. Rio de Janeiro: Forense: 2002, p. 9.
[321] COVELLO, Sergio Carlos. **Contratos bancários**. 4. ed. rev. e atual. São Paulo: Leud, 2001, p. 277.
[322] WALD, Arnoldo. **Direito das coisas**. 11. ed. rev., aum. e atual. com a colaboração dos professores Álvaro Villaça Azevedo e Véra Fradera. São Paulo: Saraiva, 2002, p. 5.
[323] LOPES, Miguel Maria de Serpa. **Curso de direito civil**, v. 6: Direito das coisas. Atualização de José Serpa Santa Maria. 4. ed. rev. e atual. por. Rio de Janeiro: Freitas Bastos, 1996, p. 56.
[324] SILVA, Fábio Rocha Pinto e. **Garantias das obrigações**: uma análise sistemática do direito das garantias e uma proposta abrangente para sua reforma. São Paulo: Editora IASP, 2017, p. 165.

ele foi inserido no Código Civil nas disposições sobre propriedade.[325] A mudança de titularidade, obtida com a mudança da propriedade, é essencial.

Deve-se tomar cuidado, no entanto, para não entender a propriedade fiduciária como a própria propriedade plena com limitações a ela impostas, como dá a entender Penteado ao afirmar que os direitos reais em garantia seriam os direitos reais típicos com outras funções e nisso incluiu a propriedade fiduciária, na linha do que entendia Miranda, que tratou dos direitos reais utilizados com essa função ("em segurança") em época que ainda não eram positivadas a propriedade fiduciária e a titularidade fiduciária[326].

A propriedade fiduciária é modalidade nova do direito real de propriedade, ainda que derivada e dependente deste (no sentido de que não pode existir um proprietário pleno e um proprietário fiduciário ao mesmo tempo), mas com ele não se confunde. A propriedade, quando vinculada à função de garantia, com a positivação dada no direito brasileiro, passa a ter estrutura e características próprias. Sendo direito real autônomo e derivado com função de garantia, faz parte do gênero garantias reais, sem pertencer, contudo, à categoria dos direitos reais de garantia, uma vez que estes incidem em bem alheio, enquanto a propriedade fiduciária faz bem próprio cumprir a função de garantia.[327]

Vale a leitura da exposição de Alves sobre a questão:

> Neste caso, há uma propriedade que difere da propriedade plena ou da propriedade limitada pela aposição de condição resolutiva. É ela direito real típico – nova modalidade [...] de propriedade limitada – que a lei criou para atender, especificamente, a determinada necessidade de ordem econômica,

---

[325] A propriedade fiduciária está no Capítulo IX, que faz parte do Título III, chamado "Da Propriedade". Nesse sentido, enquanto o artigo 1.361 explica no que consiste esse novo direito real, chamado de propriedade fiduciária, o artigo 1.368-A expressamente o equipara com a titularidade fiduciária, sendo inequívoco se tratar igualmente de direito real.

[326] Ver: MIRANDA, Francisco Cavalcanti Pontes de. **Tratado de Direito Privado**, t. 21. Atualização de Nelson Nery Jr. e Luciano de Camargo Penteado. São Paulo: Revista dos Tribunais, 2012, p. 480.

[327] SILVA, Fábio Rocha Pinto e. **Garantias imobiliárias em contratos empresariais**: hipoteca e alienação fiduciária. São Paulo: Almedina: 2014, p. 38-39. Apesar de essa obra de Silva estar de acordo com o entendimento apresentado no presente trabalho, é importante ressaltar que, em obra mais recente, referido autor mudou de opinião com relação à natureza jurídica da propriedade fiduciária, o que será abordado no Capítulo 3.5.

e não direito real que, mediante vínculo contratual ou a aposição de condição resolutiva, se subtrai à finalidade econômica para que foi criado, utilizando-se dele para outro fim prático (o de garantia) que não o previsto na lei para aquela figura típica. Também não se confunde a *propriedade fiduciária* resultante da alienação fiduciária com os direitos reais limitados de garantia (penhor, anticrese e hipoteca), pois, nestes, seu titular não é proprietário da coisa dada em garantia, ao contrário do que sucede com o titular da *propriedade fiduciária*, que tem, sobre a coisa que garante o pagamento do débito, direito de propriedade, embora limitado. Nos direitos reais limitados de garantia – o que não se verifica com a *propriedade fiduciária* – há, em regra, de um lado o proprietário da coisa dada em garantia (o que somente não ocorre se ela se tornar *res nullius*) e, de outro lado, o credor que é, apenas titular do penhor, da anticrese ou da hipoteca (conforme o caso) sobre coisa alheia. O que é certo é que a propriedade fiduciária decorrente da alienação fiduciária em garantia – a qual, de ora em diante, denominaremos simplesmente de *propriedade fiduciária* – não se enquadra, em rigor, em nenhuma das categorias dogmáticas existentes em nosso direito das coisas. Indubitavelmente, constitui ela garantia real, pois serve para garantir o cumprimento de obrigação.[328]

Por fim, não há que se falar em impossibilidade de a propriedade fiduciária e a titularidade fiduciária serem consideradas novos direitos reais por não estarem previstas no rol do artigo 1.225 do Código Civil, uma vez que a característica de *numerus clausus* dos direitos reais não implica a taxatividade do rol, mas sim que os direitos reais devem ser criados por lei[329], o que de fato ocorreu.

3.1.2. Propriedade
A propriedade já foi citada inúmeras vezes neste trabalho. Não tinha como ser diferente, afinal, a propriedade é relação fundamental do direito das

---

[328] ALVES, José Carlos Moreira. **Da alienação fiduciária em garantia**. 3. ed. Rio de Janeiro: Forense, 1987, p. 156-158.

[329] Nesse sentido: PEREIRA, Caio Mário da Silva. **Instituições de direito civil**, v. 4. 21. ed. Rio de Janeiro: Forense, 2013, p. 5; LOUREIRO, Francisco Eduardo. **Código Civil comentado**: doutrina e jurisprudência, 8. ed. In: PELUSO, Cezar (coord.). Barueri: Manole, 2014, p. 1108-109; SILVA, Fábio Rocha Pinto e. **Garantias das obrigações**: uma análise sistemática do direito das garantias e uma proposta abrangente para sua reforma. São Paulo: Editora IASP, 2017, p. 122.

coisas[330], em torno da qual gravitam os demais direitos reais. Não bastasse, a própria garantia que aqui se busca a teoria geral é uma derivação dela.

Segundo Lopes, para um direito real ser chamado de propriedade "é suficiente existir no seu titular a liberdade de agir sobre a coisa, como princípio, embora esse princípio comporte exceções e numerosas"[331].

Miranda relata, por sua vez, alguns sentidos comuns dados à propriedade. O sentido amplíssimo abrange qualquer direito de caráter patrimonial, o que iria além do direito das coisas.[332] O sentido amplo considera todo direito decorrente da incidência de regra de direito das coisas, que são as situações em que se verificam direitos reais. O sentido estrito é o que corresponde ao direito real de propriedade previsto no artigo 1.225, I, do Código Civil, muitas vezes chamado de domínio, sendo o mais amplo direito sobre um bem objeto do direito das coisas.[333]

Com relação à comum equiparação entre propriedade e domínio, relata-se a distinção dos termos feita por Penteado. Para o autor, enquanto o termo domínio evidencia com mais destaque a submissão da coisa ao indivíduo, propriedade remete à ideia de titularidade, à vinculação entre o bem e o indivíduo, sem necessariamente tratar da questão da subordinação. Assim, o domínio possui sentido mais estático e a propriedade mais dinâmico, de modo que "quando se quer tratar do exercício do direito e de sua funcionalidade, portanto, utiliza-se o termo *propriedade*, enquanto, quando se for tratar do conteúdo da titularidade que se tem, utiliza-se a expressão *domínio*"[334].

---

[330] LOPES, Miguel Maria de Serpa. **Curso de direito civil**, v. 6: Direito das coisas. Atualização de José Serpa Santa Maria. 4. ed. e rev. Rio de Janeiro: Freitas Bastos, 1996, p. 276.

[331] LOPES, Miguel Maria de Serpa. **Curso de direito civil**, v. 6: Direito das coisas. Atualização de José Serpa Santa Maria. 4. ed. e rev. Rio de Janeiro: Freitas Bastos, 1996, p. 279.

[332] Nesse sentido, o autor afirma que "propriedade é tudo o que se tem como próprio" (MIRANDA, Francisco Cavalcanti Pontes de. **Tratado de Direito Privado**, t. 11. Atualização de Luiz Edson Fachin. São Paulo: Editora Revista dos Tribunais, 2012, p. 95).

[333] MIRANDA, Francisco Cavalcanti Pontes de. **Tratado de Direito Privado**, t. 11. Atualização de Luiz Edson Fachin. São Paulo: Revista dos Tribunais, 2012, p. 66-67. Tratando apenas dos sentidos amplíssimo e restrito: PEREIRA, Lafayette Rodrigues. **Direito das coisas**, adaptação ao Código Civil por José Bonifácio de Andrada e Silva. 6. ed. Rio de Janeiro: Freitas Bastos, 1956, p. 77-78. Para mais sobre essas e outras concepções de propriedade, ver também: PENTEADO, Luciano de Camargo. **Direito das coisas**. São Paulo: Revista dos Tribunais, 2008, p. 135-148.

[334] PENTEADO, Luciano de Camargo. **Direito das coisas**. São Paulo: Revista dos Tribunais, 2008, p. 150.

O que se nota, então, é que não existe um conceito fechado de direito de propriedade. A propriedade está sempre evoluindo, se transformando, conforme se sobrepõem as necessidades econômicas, políticas, sociais e até religiosas[335], sendo que se tem observado atualmente, segundo Rodotà, a utilização de técnicas proprietárias em situações antes impensáveis ou até inadmissíveis.[336] Há uma tendência, em função do prestígio de que goza o direito de propriedade, de consolidar outros direitos por meio da equiparação a ele.[337]

Daí que, assim como ocorreu com os direitos reais, o direito de propriedade também teve seu campo de incidência objetiva ampliado. Se classicamente só se podia cogitar da propriedade, no sentido de domínio, sobre bens corpóreos[338], gradualmente foram aceitos também bens incorpóreos[339], desde que providos de conteúdo patrimonial.[340]

Como ressalta Miranda, não há conteúdo jusnaturalístico de propriedade ou domínio, tendo eles seu conteúdo normal no que as leis determinam. Assim, "o que é suscetível de propriedade, além das coisas

---

[335] PEREIRA, Caio Mário da Silva. **Instituições de direito civil**, v. 4. 21. ed. Rio de Janeiro: Forense, 2013, p. 67. Em sentido semelhante, Cordeiro anota que a propriedade "corporiza as representações políticas, históricas ou sociais que se prendem à apropriação privada da riqueza e, designadamente, da riqueza produtiva" (CORDEIRO, António Menezes. **Tratado de Direito Civil Português**, v. 1: parte geral, t. 1. Coimbra: Almedina, 1999, p. 222). Chalhub, por sua vez, ressalta que essa transformação na concepção de propriedade, acelerada a partir da Segunda Revolução Industrial, quando se desenvolveu o capitalismo financeiro e se separou a propriedade da direção das empresas, é cada vez mais necessária na sociedade moderna, especialmente no mercado de capitais e financeiro, onde é sempre necessária a simplificação e aceleração na circulação das riquezas (CHALHUB, Melhim Namem. **Alienação fiduciária**: Negócio fiduciário. 5. ed. rev., atual. e ampl. Rio de Janeiro: Forense, 2017, p. 1-2).
[336] RODOTÀ, Stefano. **Il terribile diritto**: *studi sulla proprietà privata*. 2. ed. Bolonha: *Società editrice il Mulino*, 1990, p. 37.
[337] WALD, Arnoldo. **Direito das coisas**. 11. ed. rev., aum. e atual. com a colaboração dos professores Álvaro Villaça Azevedo e Véra Fradera. São Paulo: Saraiva, 2002, p. 116.
[338] Cf.: PEREIRA, Lafayette Rodrigues. **Direito das coisas**, adaptação ao Código Civil por José Bonifácio de Andrada e Silva. 6. ed. Rio de Janeiro: Freitas Bastos, 1956, p. 77, 78 e 86; GOMES, Orlando. **Direitos reais**. Atualização de Humberto Theodoro Júnior. 18. ed. Rio de Janeiro: Forense: 2002, p. 99.
[339] LOPES, Miguel Maria de Serpa. **Curso de direito civil**, v. 6: Direito das coisas. Atualização de José Serpa Santa Maria. 4. ed. e rev. Rio de Janeiro: Freitas Bastos, 1996, p. 311; VENOSA, Sílvio de Salvo. **Direito civil**: reais. 18. ed. São Paulo: Atlas, 2018, p. 192.
[340] GOMES, Orlando. **Direitos reais**. 18. ed. Rio de Janeiro: Forense, 2002, p. 34.

corpóreas, consta de leis que frisam ser matéria do direito das coisas"[341]. Tanto é que, ciente da dificuldade de delimitar o direito de propriedade, o Código Civil se limita a estabelecer o conteúdo dela, ressaltando que "o proprietário tem a faculdade de usar, gozar e dispor da coisa"[342]. Usar significa colocar a coisa a serviço próprio, sem alterar sua substância. Há uma posição estática de ter a coisa em seu poder. Gozar, por sua vez, se relaciona com a obtenção de benefícios e vantagens da coisa. É a percepção dos frutos naturais e civis. Dispor, por fim, muitas vezes alçado ao posto de caracterizador da propriedade, "envolve o poder de consumir o bem, alterar-lhe sua substância, aliená-lo ou gravá-lo"[343]. A propriedade que reúna todos esses atributos é dita plena, enquanto a propriedade que momentaneamente não tenha o poder sobre todos eles é chamada de limitada.[344]

Nesse sentido, em se tratando da propriedade limitada, há quem entenda que esses atributos se destacam, se desmembram da propriedade e passam ao titular do direito real de gozo sobre coisa alheia.[345] Por outro lado, a visão que parece mais correta é a de que a propriedade é um direito único e complexo, que não se destrói ou se fraciona, mas apenas se limita quando constituído outro direito real sobre o bem. Essa limitação tem extensão e intensidade variadas, em consequência dos diversos direitos que podem sobre a propriedade ser constituídos[346],

---

[341] MIRANDA, Francisco Cavalcanti Pontes de. **Tratado de Direito Privado**, t. 11. Atualização de Luiz Edson Fachin. São Paulo: Revista dos Tribunais, 2012, p. 67 e 74.

[342] Cf. artigo 1.228 do Código Civil.

[343] VENOSA, Sílvio de Salvo, **Direito civil**: reais. 18. ed. São Paulo: Atlas, 2018, p. 190.

[344] WALD, Arnoldo. **Direito das coisas**. Atualização de Álvaro Villaça Azevedo e Véra Fradera. 11. ed. e rev. São Paulo: Saraiva, 2002, p. 107.

[345] PEREIRA, Lafayette Rodrigues, **Direito das coisas**, adaptação ao Código Civil por José Bonifácio de Andrada e Silva. 6. ed. Rio de Janeiro: Freitas Bastos, 1956, p. 90-91; RODRIGUES, Silvio, **Direito civil**: Direito das coisas, v. 5. 28. ed. rev. e atual. de acordo com o novo Código Civil. São Paulo: Saraiva, 2003, p. 82-83.

[346] GOMES, Orlando, **Direitos reais**. Atualização de Humberto Theodoro Júnior. 18. ed. Rio de Janeiro: Forense: 2002, p. 15. Há quem defenda uma diferenciação de nomenclatura para o caso de a limitação ser voluntária ou legal. No primeiro caso se estaria a tratar de restrições e no segundo de limitações (Cf.: PENTEADO, Luciano de Camargo. **Direito das coisas**. São Paulo: Revista dos Tribunais, 2008, p. 168-169). No entanto, para os fins do presente estudo, parece mais adequado seguir a linha de Gomes, para quem em ambos os casos se fala em limitação (Cf.: GOMES, Orlando. **Direitos reais**. Atualização de Humberto Theodoro Júnior. 18. ed. Rio de Janeiro: Forense: 2002, p. 119-132).

tendo como limite da compressão o direito à substância do bem pelo proprietário.[347]

Uma vez cessadas essas compressões sobre o direito do proprietário, a propriedade volta a ter todos os atributos a ela inerentes. É essa possibilidade de compressão e expansão da propriedade, sem que em momento algum ela perca sua natureza essencial[348], que originou a ideia de elasticidade do direito de propriedade.[349]

Com base nos elementos acima expostos, é possível verificar dois aspectos fundamentais desse direito, o interno ou econômico, que trata da relação entre o proprietário e o objeto, abrangendo as faculdades de usar, gozar e dispor do bem, e o aspecto externo ou jurídico, referente à relação do proprietário (sujeito ativo) com terceiros (sujeitos passivos), relação jurídica em que podem ocorrer eventuais conflitos de interesses, englobando, portanto, o "direito de excluir os terceiros de qualquer relação com a coisa e de reivindicá-la de quem a detiver".[350]

A título de encerramento desses esclarecimentos, uma última característica da propriedade no direito brasileiro a ser ressaltada é sua exclusividade. A propriedade, "como expressão da senhoria sobre a coisa, é excludente de outra senhoria sobre a mesma coisa"[351]. É dizer, não se admite mais de uma propriedade sobre o mesmo bem.[352]

---

[347] PEREIRA, Lafayette Rodrigues. **Direito das coisas**, adaptação ao Código Civil por José Bonifácio de Andrada e Silva. 6. ed. Rio de Janeiro: Freitas Bastos, 1956, p. 84-85.
[348] CHALHUB, Melhim Namem. **Alienação fiduciária**: Negócio fiduciário. 5. ed. rev., atual. e ampl. Rio de Janeiro: Forense, 2017, p. 101.
[349] VENOSA, Sílvio de Salvo. **Direito civil**: reais. 18. ed. São Paulo: Atlas, 2018, p. 192; WALD, Arnoldo. **Direito das coisas**. Atualização de Álvaro Villaça Azevedo e Véra Fradera. 11. ed. e rev. São Paulo: Saraiva, 2002, p. 108.
[350] WALD, Arnoldo, **Direito das coisas**. Atualização de Álvaro Villaça Azevedo e Véra Fradera. 11. ed. e rev. São Paulo: Saraiva, 2002, p. 21-22.
[351] PEREIRA, Caio Mário da Silva. **Instituições de direito civil**. 21. ed. Rio de Janeiro: Forense, 2013, p. 77.
[352] WALD, Arnoldo, **Direito das coisas**. Atualização de Álvaro Villaça Azevedo e Véra Fradera. 11. ed. e rev. São Paulo: Saraiva, 2002, p. 106. O autor ainda explica que isso não significa a inadmissibilidade de existência de um condomínio, situação em que não ocorre "a propriedade de diversas pessoas sobre o mesmo objeto, mas a de cada condômino sobre a fração ideal do objeto em condomínio".

3.2. Constituição

Como já se adiantou, pelas garantias fiduciárias transfere-se a propriedade, dita fiduciária, de um bem para o credor como forma de garantia. Ocorre que a constituição de direito real de propriedade no direito pátrio, como salienta Alves, não decorre do simples acordo de vontades. É necessário ato subsequente para que a propriedade seja transmitida. Assim, costuma-se distinguir o contrato obrigatório (como a compra e venda) do modo de aquisição (tradição ou transcrição, por exemplo[353]). É o acordo de vontades mais o modo de aquisição que constituirá a propriedade.[354]

Com relação às garantias fiduciárias, entende-se aqui que o contrato é o título de aquisição e o registro é o modo, os quais serão examinados a seguir.

3.2.1. Contrato (título)

O Código Civil prevê, em seu artigo 1.362, que o contrato "serve de título à propriedade fiduciária". Da mesma forma, o artigo 66-B da Lei nº 4.728/65 refere-se ao "contrato de alienação fiduciária", o artigo 113, parágrafo único, da Lei nº 6.404/76, ressalta existir um contrato para a alienação fiduciária de ações[355] e a Lei nº 9.514/97 menciona o "contrato de cessão fiduciária" (artigo 18), repetindo o Código Civil em relação à alienação fiduciária de imóvel (artigos 23 e 24[356]).

Então, é com o contrato, e apenas com ele, que a propriedade fiduciária poderá vir a ser constituída. O contrato é o título que justifica a transmissão da propriedade fiduciária.[357] Logo, não se pode

---

[353] Cf. artigos 1.245 e 1.267 do Código Civil.
[354] ALVES, José Carlos Moreira. **Da alienação fiduciária em garantia**. 3. ed. Rio de Janeiro: Forense, 1987, p. 54 e 59.
[355] "Art. 113. [...] Parágrafo único. O credor garantido por alienação fiduciária da ação não poderá exercer o direito de voto; o devedor somente poderá exercê-lo nos termos do contrato".
[356] "Art. 23. Constitui-se a propriedade fiduciária de coisa imóvel mediante registro, no competente Registro de Imóveis, do contrato que lhe serve de título. [...] Art. 24. O contrato que serve de título ao negócio fiduciário conterá: [...]"
[357] ALVES, José Carlos Moreira, **Da alienação fiduciária em garantia**. 3. ed. Rio de Janeiro: Forense, 1987, p. 46.

cogitar de garantias fiduciárias legais ou judiciais.[358] Esse contrato é nominado.[359] Pode ter ele as duas nomenclaturas já mencionadas e corriqueiramente utilizadas: alienação fiduciária e cessão fiduciária. A utilização de uma ou de outra dependerá diretamente do bem objeto da garantia, sendo a primeira aplicada nos casos de transferência fiduciária de bens imóveis e móveis corpóreos e a segunda nos de direitos e títulos de crédito.

Além disso, a alienação fiduciária e a cessão fiduciária são contratos bilaterais, onerosos, acessórios e formais.[360] A bilateralidade e a onerosidade não demandam maiores digressões. São contratos bilaterais pois ambas as partes têm direitos e obrigações. São contratos onerosos pois beneficiam fiduciante (devedor da obrigação principal e aquele que aliena o bem para garanti-la) e fiduciário (credor da obrigação principal e aquele que recebe o bem em garantia), proporcionando instrumento creditício ao primeiro, e, assecuratório ao segundo.[361]

O caráter acessório desses contratos decorre da subordinação da existência jurídica deles à existência da obrigação garantida.[362] É um dos casos clássicos de coligação natural entre contratos (que decorre da natureza acessória de um deles), com dependência unilateral do contrato

---

[358] ALVES, José Carlos Moreira. Da fidúcia romana à alienação fiduciária em garantia no direito brasileiro. In: CAHALI, Yussef Said. **Contratos nominados**: doutrina e jurisprudência. São Paulo: Saraiva, 1995, p. 28.

[359] ALVES, José Carlos Moreira. Da fidúcia romana à alienação fiduciária em garantia no direito brasileiro. In: CAHALI, Yussef Said. **Contratos nominados**: doutrina e jurisprudência. São Paulo: Saraiva, 1995, p. 28.

[360] Em harmonia com relação a essas características contratuais, cf.: PEREIRA, Caio Mário da Silva. **Instituições de direito civil**. 21. ed. Rio de Janeiro: Forense, 2013, p. 365; CHALHUB, Melhim Namem. **Alienação fiduciária**: Negócio fiduciário. 5. ed. rev., atual. e ampl. Rio de Janeiro: Forense, 2017, p. 180; AMENDOLARA, Cesar. Alienação Fiduciária Como Instrumento de Fomento à Concessão de Crédito. In: WAISBERG, Ivo; FONTES, Marcos Rolim Fernandes (coord.). **Contratos Bancários**. São Paulo: Quartier Latin, 2006, p. 160; ALVES, Vilson Rodrigues. **Alienação fiduciária em garantia**: as ações de busca e apreensão e depósito – a impossibilidade de prisão civil do devedor. Campinas: Millennium Ed., 1998, p. 31.

[361] PEREIRA, Caio Mário da Silva. **Instituições de direito civil**. 21. ed. Rio de Janeiro: Forense, 2013, p. 365.

[362] PEREIRA, Caio Mário da Silva. **Instituições de direito civil**. 21. ed. Rio de Janeiro: Forense, 2013, p. 365.

de garantia perante o contrato principal de constituição da dívida,[363] que independe da celebração simultânea deles.[364]

Como o direito acessório de garantia apenas reforça o direito principal, seu valor será sempre o mesmo da dívida garantida, extingue-se com a extinção da dívida, está sujeito às exceções oponíveis à dívida e acompanha, salvo disposição em contrário, a dívida em caso de cessão de crédito. Em suma, atende ao princípio de que "o *acessório segue o principal*, o que, aliás, sucede com todos os denominados *direitos acessórios auxiliares*, que são justamente os que reforçam o direito principal"[365].

Vale notar, contudo, que não há necessidade de que a alienação fiduciária ou a cessão fiduciária sejam firmadas em instrumento apartado do contrato que forma o direito de crédito a ser garantido. Bastaria a celebração da cláusula de garantia no contrato principal.[366] Ademais, as garantias fiduciárias são contratos formais, uma vez que, como qualquer garantia, necessitam da forma escrita.[367] A própria determinação legal

---

[363] MARINO, Francisco Paulo de Crescenzo. **Contratos coligados no direito brasileiro**. São Paulo: Saraiva, 2009, p. 99-100 e 106. Também no sentido de que a coligação entre contrato principal e contrato de garantia é de subordinação do segundo perante o primeiro: COMPARATO, Fábio Konder. Financiamento a consumidor com alienação fiduciária – Alienação fiduciária – Aval. **Revista dos Tribunais**, São Paulo, v. 514, ano 67, ago. 1978, p. 53. Importante ressaltar que essa coligação decorrente da acessoriedade do contrato de garantia com o contrato de constituição de dívida não é idêntica à coligação decorrente dos contratos de financiamento da compra de bens, em que o contrato de compra e venda, o contrato de financiamento e o contrato de garantia se interligam também em razão da unidade econômica da operação, havendo condicionamento recíproco de existência e validade entre os contratos de financiamento e compra e venda (CHALHUB, Melhim Namem. **Alienação fiduciária**: Negócio fiduciário. 5. ed. rev., atual. e ampl. Rio de Janeiro: Forense, 2017, p. 138).

[364] ALVES, José Carlos Moreira. **Da alienação fiduciária em garantia**. 3. ed. Rio de Janeiro: Forense, 1987, p. 139.

[365] ALVES, José Carlos Moreira. **Da alienação fiduciária em garantia**. 3. ed. Rio de Janeiro: Forense, 1987, p. 168-169. Nessa linha, ressalta Comparato que a alienação fiduciária "não pode subsistir sem o crédito garantido" e que "a nulidade do negócio garantido invalida o de garantia; mas nunca o inverso" (COMPARATO, Fábio Konder, Financiamento a consumidor com alienação fiduciária – Alienação fiduciária – Aval. **Revista dos Tribunais**, São Paulo, v. 514, ano 67, ago. 1978, p. 53).

[366] ALVES, José Carlos Moreira. **Da alienação fiduciária em garantia**. 3. ed. Rio de Janeiro: Forense, 1987, p. 139.

[367] SILVA, Fábio Rocha Pinto e. **Garantias das obrigações**: uma análise sistemática do direito das garantias e uma proposta abrangente para sua reforma. São Paulo: Editora IASP, 2017,

de que os contratos contenham disposições obrigatórias impõe a forma escrita.[368]

Além dessa forma escrita, requisito formal da alienação fiduciária e da cessão fiduciária,[369] da qual devem constar disposições obrigatórias, as garantias fiduciárias ainda estão sujeitas a requisitos de validade objetivos e subjetivos próprios.[370]

Abaixo serão analisados mais detidamente os requisitos objetivo e subjetivo das garantias fiduciárias, bem como as disposições obrigatórias que esses contratos devem conter.

3.2.1.1. Abrangência das garantias fiduciárias

Com relação aos requisitos objetivo e subjetivo das garantias fiduciárias, eles tratam, em último grau, da abrangência do instituto, uma vez que se buscará entender quais bens podem ser objeto das garantias fiduciárias e quais pessoas podem celebrar as garantias fiduciárias.

De imediato, pelo que se pôde notar da análise da evolução da legislação[371], é possível afirmar que as garantias fiduciárias podem ter qualquer bem como objeto e qualquer sujeito pode tomá-las como forma de garantia, a despeito de nem todos os regimes legais serem aplicáveis à generalidade das pessoas.

---

p. 187-188. Também no sentido de que a formalidade decorre da necessidade de contrato escrito: PEREIRA, Caio Mário da Silva. **Instituições de direito civil**, v. 4. 21. ed. Rio de Janeiro: Forense, 2013, p. 365; e ALVES, Vilson Rodrigues. **Alienação fiduciária em garantia**: as ações de busca e apreensão e depósito – a impossibilidade de prisão civil do devedor. Campinas: Millennium Ed., 1998, p. 31. Contudo, há quem entenda que a formalidade das garantias fiduciárias decorre da necessidade de registro desses contratos: CHALHUB, Melhim Namem. **Alienação fiduciária**: Negócio fiduciário. 5. ed. rev., atual. e ampl. Rio de Janeiro: Forense, 2017, p. 180; e AMENDOLARA, Cesar. Alienação Fiduciária Como Instrumento de Fomento à Concessão de Crédito. In: WAISBERG, Ivo; FONTES, Marcos Rolim Fernandes (coord.). **Contratos Bancários**. São Paulo: Quartier Latin, 2006, p. 160.

[368] Cf. Capítulo 3.2.1.2.
[369] É o que entende Alves (ALVES, José Carlos Moreira, **Da alienação fiduciária em garantia**. 3. ed. Rio de Janeiro: Forense, 1987, p. 138). Em sentido contrário: GOMES, Orlando. **Alienação Fiduciária**. 4. ed. São Paulo: Revista dos Tribunais, 1975, p. 61.
[370] ALVES, José Carlos Moreira, **Da alienação fiduciária em garantia**. 3. ed. Rio de Janeiro: Forense, 1987, p. 92.
[371] Cf. Capítulo 2.2.

3.2.1.1.1. Requisito objetivo

Primeiramente, com relação aos bens que podem ser objeto das garantias fiduciárias, a legislação, como visto anteriormente, prevê a possibilidade de utilização do bem imóvel, do bem móvel fungível, do bem móvel infungível e dos direitos patrimoniais, desde que sejam alienáveis[372]. Portanto, a gama de bens que podem ser objeto das garantias fiduciárias é muito ampla.

A Lei nº 4.728/65 permite a celebração de garantias fiduciárias de bens móveis fungíveis (esses bens também são permitidos pela Lei nº 8.929/94) e infungíveis, sendo os últimos o objeto principal das disposições do Código Civil.

Também é permitida pela Lei nº 4.728/65 a utilização como garantia fiduciária dos direitos sobre coisas móveis e dos títulos de crédito (outrora colocados como impassíveis de serem objeto de garantias fiduciárias[373]). Por sua vez, a Lei nº 9.514/97 regula as garantias fiduciárias de bens imóveis e direitos creditórios.

Com relação a alguns bens móveis específicos, já englobados nas categorias gerais acima, importante citar que a Lei nº 6.404/76 trata das ações, a Lei nº 11.196/05 de quotas de fundos de investimento e o Decreto-Lei nº 413/69 faz menção à possibilidade de alienação fiduciária de embarcações e aeronaves, essas últimas tendo também lei própria para regular alguns de seus aspectos (Lei nº 7.565/86).

Vale, contudo, fazer algumas considerações sobre a aceitação dos bens fungíveis, especialmente os consumíveis, como objeto das garantias fiduciárias, uma vez que uma das grandes controvérsias do instituto nesses 50 anos de existência. Apesar da atual previsão expressa das garantias fiduciárias sobre bens fungíveis na Lei nº 4.728/65, a situação não foi sempre essa.

Da promulgação da lei e até sua modificação definitiva em 2004, constava dela que "se a coisa alienada em garantia não se identifica por

---

[372] Considerando que com as garantias fiduciárias o bem dado em garantia é alienado ao credor, como se verá no Capítulo 3.3.1.1., é corolário lógico a necessidade de o objeto da garantia poder ser alienável. Essa necessidade está, inclusive, positivada no artigo 1.420 do Código Civil, aplicável às garantias fiduciárias em razão da remissão feita no artigo 1.367 do mesmo código.

[373] Era esse o entendimento de Alves antes da primeira modificação, em 2001, da Lei nº 4.728/65 (ALVES, José Carlos Moreira. **Da alienação fiduciária em garantia**. 3. ed. Rio de Janeiro: Forense, 1987, p. 134).

números, marcas e sinais indicados no instrumento de alienação fiduciária, cabe ao proprietário fiduciário o ônus da prova, contra terceiros, da identidade dos bens do seu domínio que se encontram em poder do devedor" (redação do revogado artigo 66, §3º). A interpretação desse dispositivo dava margem para o entendimento de que os bens dados em alienação fiduciária não precisariam ser infungíveis, já que caracteres distintivos não eram obrigatórios, conforme alguns entendimentos.[374]

No entanto, boa parte da doutrina não concordava com o dispositivo, ressaltando que a fungibilidade é incompatível com a alienação fiduciária, uma vez que o devedor não estaria obrigado a devolver ao credor o objeto dado em garantia, podendo dispor dele e dar ao credor outro equivalente. Isso significaria que a posse direta corresponderia à propriedade do bem,[375] o que seria uma verdadeira "aberração"[376]. Outro argumento dado é o de que, por estar a alienação fiduciária de bens móveis baseada também na figura do devedor como depositante, não seria possível a utilização de bens fungíveis como objeto, uma vez que não aplicáveis ao regime do depósito regular.[377] No mais, segundo Silva, o revogado dispositivo da Lei nº 4.728/65, ao tratar da desnecessidade dos caracteres identificativos, não estaria tratando de bens fungíveis, pois ressaltava a necessidade de prova da identidade do bem de seu domínio em posse do devedor, o que seria impossível de ocorrer com bens fungíveis.[378]

Apesar das divergências jurisprudenciais, em 1992, a 2ª seção do Superior Tribunal de Justiça acabou por uniformizar seu entendimento, deixando claro que não poderiam ser objeto de alienação fiduciária

---

[374] Por exemplo: ALVES, Vilson Rodrigues. **Alienação fiduciária em garantia**: as ações de busca e apreensão e depósito – a impossibilidade de prisão civil do devedor. Campinas: Millennium Ed., 1998, p. 80-81.

[375] ALVES, José Carlos Moreira. **Da alienação fiduciária em garantia**. 3. ed. Rio de Janeiro: Forense, 1987, p. 123. No mesmo sentido: CHALHUB, Melhim Namem. **Alienação fiduciária**: Negócio fiduciário. 5. ed. rev., atual. e ampl. Rio de Janeiro: Forense, 2017, p. 186.

[376] GOMES, Orlando. **Alienação Fiduciária**. 4. ed. São Paulo: Revista dos Tribunais, 1975, p. 58.

[377] RESTIFFE NETO, Paulo; RESTIFFE, Paulo Sérgio. **Garantia fiduciária**: direito e ações: manual teórico e prático com jurisprudência. 3. ed. rev., atual. e ampl. São Paulo: Revista dos Tribunais, 2000, p. 334-335. Cf. artigo 1.280 do Código Civil de 1916.

[378] SILVA, Luiz Augusto Beck da. **Alienação fiduciária em garantia**. 3. ed. rev. atual. e ampl. Rio de Janeiro: Forense, 1998, p. 62-63.

apenas os bens fungíveis consumíveis (disponíveis para comércio), que são aqueles que se destinam a serem utilizados na atividade específica do comerciante/industrial, pois seria incoerente supor que devam ser conservados.[379]

Com a promulgação do Código Civil, por um curto período entendeu-se que tal entendimento tinha de fato prevalecido, com base em opiniões de que o Código Civil teria revogado as disposições de direito material da Lei nº 4.728/65 e restringido expressamente a alienação fiduciária aos bens infungíveis.[380]

Entretanto, isso durou até a Lei nº 10.931/04, pela qual foram reformuladas as disposições da Lei nº 4.728/65 para constar, expressamente, a possibilidade de alienação fiduciária de bens fungíveis, sem qualquer exceção. Daí se entender que, hoje, os bens fungíveis podem sim ser objeto de alienação fiduciária[381], o que não significa que tal possibilidade deixou de ser criticada.[382]

---

[379] Cf. a ementa: "PROCESSO CIVIL. EMBARGOS DE DIVERGÊNCIA. ALIENAÇÃO FIDUCIÁRIA. BENS FUNGÍVEIS CONSUMÍVEIS. POSICIONAMENTO DO TRIBUTO. RECURSO CONHECIDO E PROVIDO. I – A 2A. SEÇÃO DA CORTE, COMPETENTE NO TEMA, POR MAIORIA UNIFORMIZA SEU ENTENDIMENTO PROCLAMANDO A INADMISSIBILIDADE DA ALIENAÇÃO FIDUCIÁRIA DE BENS FUNGÍVEIS E CONSUMÍVEIS (COMERCIÁVEIS). II – É MISSÃO CONSTITUCIONAL DO SUPERIOR TRIBUNAL DE JUSTIÇA APAZIGUAR A JURISPRUDÊNCIA REVOLTA, BUSCANDO A MELHOR EXEGESE DO DIREITO FEDERAL INFRACONSTITUCIONAL. PARA A REALIZAÇÃO DESSE OBJETIVO, EM PRIMEIRO LUGAR DEVE UNIFORMIZAR A SUA PRÓPRIA JURISPRUDÊNCIA" (BRASIL, Superior Tribunal de Justiça, EREsp nº 19.915/MG, Rel. Min. Sálvio De Figueiredo Teixeira, 2ª Seção, j. em 28.10.1992).

[380] Nessa linha: RESTIFFE NETO, Paulo; RESTIFFE, Paulo Sérgio. **Garantia fiduciária**: direito e ações: manual teórico e prático com jurisprudência. 3. ed. rev., atual. e ampl. São Paulo: Revista dos Tribunais, 2000, p. 102; VIANA, Marco Aurelio da Silva. **Comentários ao Novo Código Civil**, v. xvi: dos direitos reais. In: TEIXEIRA, Sálvio de Figueiredo (coord.). Rio de Janeiro: Forense, 2003, p. 523.

[381] Em que pese a clareza atual do dispositivo legal, não há uniformidade jurisprudencial quanto à possibilidade de alienação fiduciária de bens consumíveis, muito porque o Superior Tribunal de Justiça não mais se manifestou em julgamento colegiado sobre a questão desde a promulgação da Lei nº 10.931/04. Veja-se, a seguir, alguns exemplos de julgados a favor e contra a alienação fiduciária tendo como objeto bens fungíveis consumíveis. A favor: SÃO PAULO, Tribunal de Justiça de. 1ª C. Res. Dir. Emp., AI nº 2043689-07.2016.8.26.0000, Rel. Des. Hamid Bdine, j. em 31.08.2016; SÃO PAULO, Tribunal de Justiça de. 2ª C. Dir. Emp., AI nº 2077380-80.2014.8.26.0000, Rel. Des. Tasso Duarte de Melo, j. em 17.11.2014;

3. TEORIA GERAL DAS GARANTIAS FIDUCIÁRIAS

Por fim, no tocante ao requisito objetivo das garantias fiduciárias, importante destacar o disposto no artigo 1.361, §3º do Código Civil: "A propriedade superveniente, adquirida pelo devedor, torna eficaz, desde o arquivamento, a transferência da propriedade fiduciária".[383] Por tal artigo, que não encontra nenhuma contraposição nas demais leis especiais sobre garantias fiduciárias, foi reforçado o que já se permitia desde a promulgação do Decreto-Lei nº 911/69[384], a utilização de coisa futura como objeto de garantia fiduciária,[385] o que também está expressamente previsto na Lei nº 10.931/04, em seu artigo 31.[386]

PERNAMBUCO, Tribunal de Justiça de. 3ª CC., AI nº 458509-30013128-83.2016.8.17.0000, Rel. Des. Francisco Eduardo Goncalves, j. em 16.02.2017; RIO DE JANEIRO, Tribunal de Justiça do. 17ª CC., AI nº 0000491-85.2012.8.19.0000, Rel. Des. Elton M. C. Leme, j. em 10.04.2012; MINAS GERAIS, Tribunal de Justiça de. 13ª CC, AI nº 1038214014942-0/001, Rel. Des. Alberto Henrique, j. em 26.03.2015. Contra: SÃO PAULO, Tribunal de Justiça de. 12ª C. Dir. Priv., AI nº 0267510-66.2011.8.26.0000, Rel. Des. Castro Frogliola, j. em 01.08.2012; SÃO PAULO, Tribunal de Justiça de. 27ª C. Dir. Priv., AC nº 0171605-68.2010.8.26.0000, Rel. Des. Berenice Marcondes Cesar, j. em 08.04.2014; PERNAMBUCO, Tribunal de Justiça de. 6ª CC., AI nº 204508-10018548-16.2009.8.17.0000, Rel. Des. Antônio Fernando de Araújo Martins, j. em 27.04.2010; MINAS GERAIS, Tribunal de Justiça de. 7ª CC, AC nº 2.0000.00.454253-0/000, Rel. Des. Viçoso Rodrigues, j. em 03.03.2005.

[382] Chalhub ainda ressalta a incompatibilidade da natureza desses bens com a alienação fiduciária (CHALHUB, Melhim Namem. **Alienação fiduciária**: Negócio fiduciário. 5. ed. rev., atual. e ampl. Rio de Janeiro: Forense, 2017, p. 186).

[383] Tal regramento repete aquilo que já existia para os direitos reais de garantia, conforme artigo 1.420, §1º, do Código Civil.

[384] Cf. o revogado artigo 66, §2, da Lei nº 4.728/65, com a redação dada pelo referido Decreto-Lei.

[385] Cf., nesse sentido, entendimento do Tribunal de Justiça de São Paulo: SÃO PAULO, Tribunal de Justiça de. Agravo de Instrumento nº 9025267-06.2009.8.26.0000, Rel. Des. Romeu Ricupero, Câmara Especial de Falências e Recuperações Judiciais de Direito Privado, j. em 28.07.2009; e SÃO PAULO, Tribunal de Justiça de. Agravo de Instrumento nº 2021503-92.2013.8.26.0000, Rel. Des. Teixeira Leite, 1ª Câmara Reservada de Direito Empresarial, j. em 06.02.2014.

[386] Está expresso em tal lei que a cédula de crédito bancário poderá ser garantida por alienação fiduciária (artigo 35) e o artigo 31 vem em complemento: "Art. 31. A garantia da Cédula de Crédito Bancário poderá ser fidejussória ou real, neste último caso constituída por bem patrimonial de qualquer espécie, disponível e alienável, móvel ou imóvel, material ou imaterial, presente ou futuro, fungível ou infungível, consumível ou não, cuja titularidade pertença ao próprio emitente ou a terceiro garantidor da obrigação principal".

Esse ponto ganha relevância num contexto em que, para forçar a sujeição de credores fiduciários à recuperação judicial, surgem equivocados entendimentos de que não seria possível a cessão fiduciária de créditos ainda não performados (portanto futuros).[387] No entanto, irretocável o entendimento do Superior Tribunal de Justiça no sentido de que não há nada que impossibilite a utilização desses bens futuros como garantia fiduciária, até porque são passíveis de determinação (e não indeterminados), nos termos do artigo 104, II, do Código Civil.[388]

Nesse caso, a obtenção pelo fiduciante da coisa futura ou da que ainda não seja dono é que dará eficácia ao contrato de alienação fiduciária. Ou seja, como se extrai do artigo 1.361, §3º, do Código Civil, tanto o contrato quanto o seu registro serão válidos, mas ineficazes enquanto não adquirido o bem pelo fiduciante. Obtida a propriedade pelo fiduciante, constitui-se automaticamente a propriedade fiduciária para o fiduciário.[389]

---

[387] Cf. exposição de Sacramone e Piva sobre esse entendimento, com o qual referidos autores não concordam (SACRAMONE, Marcelo Barbosa; PIVA, Fernanda Neves. Cessão fiduciária de créditos na recuperação judicial: Requisitos e limites à luz da jurisprudência. **Revista de Direito Bancário e do Mercado de Capitais**, São Paulo, v. 72, abr./jun. 2016, p. 133-155), bem como julgado do Tribunal de Justiça de São Paulo nesse sentido (SÃO PAULO, Tribunal de Justiça de. Agravo de Instrumento nº 2029505-80.2015.8.26.0000, Rel. Des. Carlos Alberto Garbi, 2ª Câmara Reservada de Direito Empresarial, j. em 11.11.2015).

[388] Veja-se, nesse sentido, trecho relevante de recente julgado: "[...] A exigência de especificação do título representativo do crédito, como requisito formal à conformação do negócio fiduciário, além de não possuir previsão legal – o que, por si, obsta a adoção de uma interpretação judicial ampliativa – cede a uma questão de ordem prática incontornável. Por ocasião da realização da cessão fiduciária, afigura-se absolutamente possível que o título representativo do crédito cedido não tenha sido nem sequer emitido, a inviabilizar, desde logo, sua determinação no contrato. 5. Registre-se, inclusive, que a lei especial de regência (Lei n. 10.931/2004, que disciplina a cédula de crédito bancário) é expressa em admitir que a cessão fiduciária em garantia da cédula de crédito bancário recaia sobre um crédito futuro (a performar), o que, per si, inviabiliza a especificação do correlato título (já que ainda não emitido) [...] Veja-se, assim, que 'os recebíveis', objeto de cessão fiduciária, devidamente especificados no contrato, podem se referir a créditos já constituídos (performados) ou a créditos futuros (a performar), na medida em que o negócio jurídico, para a sua validade, deve ostentar objeto lícito, possível e determinado ou **passível de determinação**, nos termos do art. 104, II, do Código Civil. [...]" (BRASIL, Superior Tribunal de Justiça, REsp nº 1797196/SP, Rel. Min. Marco Aurélio Bellizze, Terceira Turma, j. em 09.04.2019).

[389] Nesse sentido: ALVES, José Carlos Moreira. **Da alienação fiduciária em garantia**. 3. ed. Rio de Janeiro: Forense, 1987, p. 102-105; CHALHUB, Melhim Namem. **Alienação fiduciária**:

O dispositivo legal também é importante em razão de a garantia fiduciária ter sido primeiramente prevista como forma de aquisição de bens de consumo, situação em que o bem dado em garantia do financiamento costuma ser justamente o bem a ser adquirido com o financiamento obtido, motivo pelo qual o único modo de operacionalizar a operação triangular entre comprador, vendedor e financiador seria permitir a alienação fiduciária de bem futuro.

Essa *ratio*, contudo, acabou por gerar argumentos de que nas ocasiões em que o bem dado em garantia já pertencesse ao devedor, não tendo a operação de crédito o objetivo de aquisição do bem, ou seja, operações exclusivamente de mútuo, se trataria de fraude à lei. Justamente por isso, para evitar maiores discussões, o Superior Tribunal de Justiça editou a Súmula 28, com a seguinte redação: "O contrato de alienação fiduciária em garantia pode ter por objeto bem que já integrava o patrimônio do devedor".[390]

3.2.1.1.2. Requisito subjetivo

Com relação ao requisito subjetivo, está-se a tratar da legitimação para celebrar os contratos das garantias fiduciárias. Isso porque a capacidade para contratar, nesse caso, se resolve com os princípios gerais dos negócios jurídicos.[391] É na legitimidade, e mais especificamente na legitimidade do fiduciário, já que ao fiduciante basta ter a capacidade para alienar o bem

---

Negócio fiduciário. 5. ed. rev., atual. e ampl. Rio de Janeiro: Forense, 2017, p. 152-154. Em sentido contrário, vale mencionar a lição de Gomes, anterior ao Código Civil, segundo a qual não se poderia dar em alienação fiduciária bem inexistente ou alheio, o que tornaria o contrato de garantia nulo. Para o autor, o §2º do art. 66 da Lei nº 4.728/65, com redação já revogada dada pelo Decreto-Lei nº 911/69, trataria apenas da "hipótese de possuir o devedor a coisa a título de proprietário sem realmente o ser, revalidando o domínio superveniente" (GOMES, Orlando. **Alienação Fiduciária**. 4. ed. São Paulo: Revista dos Tribunais, 1975, p. 59).

[390] Cf.: TEPEDINO, Gustavo; BARBOZA, Heloisa Helena; MORAES, Maria Celina Bodin de. **Código Civil interpretado conforme a Constituição da República**, v. III. Rio de Janeiro: Renovar, 2011, p. 728; ALVES, Vilson Rodrigues. **Alienação fiduciária em garantia**: as ações de busca e apreensão e depósito – a impossibilidade de prisão civil do devedor. Campinas: Millennium Ed., 1998, p. 83.

[391] ALVES, José Carlos Moreira, **Da alienação fiduciária em garantia**. 3. ed. Rio de Janeiro: Forense, 1987, p. 93.

em garantia[392], que reside (ou residiu) a principal controvérsia sobre os requisitos subjetivos das garantias fiduciárias.

Durante quase 40 anos, período entre a promulgação da Lei nº 4.728/65 e da Lei nº 10.931/04, quando ficou mais claro o triplo regime das garantias fiduciárias, discutiu-se quem poderia figurar como fiduciário nos contratos de alienação fiduciária.[393] Se a posição de fiduciário seria exclusiva de instituições financeiras ou permitida à generalidade das pessoas capazes.[394]

De um lado, entendia-se que a alienação fiduciária era muito desfavorável ao fiduciante, pois possibilitava, à época, inclusive a prisão dele, devendo ter sua aplicação fiscalizada pelo poder público, como ocorre com a atividade das financeiras.[395] Até porque, tendo como justificativa gerar mais eficiência nas operações das instituições financeiras, o Decreto-

---

[392] CHALHUB, Melhim Namem, **Alienação fiduciária**: Negócio fiduciário. 5. ed. rev., atual. e ampl. Rio de Janeiro: Forense, 2017, p. 184. Nesse sentido, ver também o artigo 1.420 do Código Civil, aplicável às garantias fiduciárias por força do artigo 1.367 do Código Civil. Ressalva-se, contudo, que, caso o bem seja do fiduciante em condomínio, para oferecê-lo como objeto de garantia fiduciária, deve obter o consentimento dos demais proprietários, ou oferecer como garantia apenas sua fração ideal, conforme estabelece o § 2º do citado artigo 1.420.

[393] CHALHUB, Melhim Namem. **Alienação fiduciária**: Negócio fiduciário. 5. ed. rev., atual. e ampl. Rio de Janeiro: Forense, 2017, p. 184-185.

[394] Essa discussão não foi tão relevante na cessão fiduciária, pois, até a Lei nº 9.514/97, a única possibilidade prevista em lei era a da Lei nº 4.864/65, que era expressa que os créditos ali garantidos teriam as Caixas Econômicas como fiduciárias (cf. artigos 21 e 22 da Lei nº 4.864/65).

[395] Cf., nesse sentido, trecho do texto de Gomes, defensor do monopólio das financeiras sobre a garantia fiduciária: "Salta aos olhos a preocupação de organizar um sistema de proteção jurisdicional em função da segurança e estabilidade do sistema financeiro nacional. A venda imediata do bem, sem avaliação, extrajudicialmente, é modo violento de execução de uma dívida que somente se justifica para permitir às sociedades de crédito e financiamento a recuperação rápida do empréstimo e reaplicação contínua do dinheiro que movimenta. A ação de depósito é, do mesmo modo, instituída para maior segurança das financeiras. Na mesma linha particularista, o aval e a sub-rogação num direito que normalmente só se transmite por um modo de aquisição. A própria delimitação dos bens alienáveis obedece a essa inspiração. Estas e outras disposições foram ditadas para a disciplina do mercado de capitais e segurança das empresas de financiamento ao consumidor. Por todas essas razões e outras apontadas ao longo deste estudo monográfico é que se tem afirmado ser a alienação fiduciária monopólio das financeiras" (GOMES, Orlando. **Alienação Fiduciária**. 4. ed. São Paulo: Revista dos Tribunais, 1975, p. 192-193).

-Lei nº 911/69 teria realçado ainda mais essa posição de prevalência do fiduciário.[396]

De outro, os partidários da generalização do instituto afirmavam que inexistia restrição explícita na lei, mesmo com as mudanças promovidas pelo Decreto-Lei nº 911/69, sendo que a inserção da alienação fiduciária em lei que disciplinou o mercado de capitais teria se dado por mera conveniência, já que tal setor precisava dessa nova garantia, sendo boa política ali inseri-la. Ademais, além da possibilidade de sub-rogação na garantia[397] e endosso de título que a tivesse como acessória[398] para pessoas que não instituições financeiras, com o passar dos anos a aplicação da garantia foi legalmente estendida para algumas outras entidades não financeiras, o que demonstraria que a alegada exclusividade de fato não existiria.[399]

Prevaleceu nas cortes superiores, enquanto vigia apenas a Lei nº 4.728/65, "a tese restritiva à utilização da alienação fiduciária em garantia", pois fixou-se "o entendimento no sentido de que somente as instituições financeiras e consórcios autorizados poderiam utilizar-se" do instituto.[400]

---

[396] CHALHUB, Melhim Namem, **Alienação fiduciária**: Negócio fiduciário. 5. ed. rev., atual. e ampl. Rio de Janeiro: Forense, 2017, p. 184. Alves, por exemplo, apesar de entender que não existia razão para a restrição da alienação fiduciária às instituições financeiras, considerava que a abrangência geral só poderia ocorrer quando possibilitada ao devedor defesa mais ampla, quando da busca e apreensão prevista no Decreto-Lei nº 911/69 (ALVES, José Carlos Moreira. **Da alienação fiduciária em garantia**. 3. ed. Rio de Janeiro: Forense, 1987, p. 119-120 e 266-267).

[397] Cf. artigo 6º do Decreto-Lei nº 911/69.

[398] Cf. artigo 50, §3º, do Decreto-Lei nº 413/69.

[399] Cf.: ALVES, José Carlos Moreira. **Da alienação fiduciária em garantia**. 3. ed. Rio de Janeiro: Forense, 1987, p. 116-117; PEREIRA, Caio Mário da Silva. **Instituições de direito civil**, v. 4. 21. ed. Rio de Janeiro: Forense, 2013, p. 366; AMARAL NETO, Francisco dos Santos. A alienação fiduciária em garantia no direito brasileiro. **Revista de Direito Civil, imobiliário, agrário e empresarial**, v. 22, ano 6, out-dez, 1982, p. 42; CHALHUB, Melhim Namem. **Alienação fiduciária**: Negócio fiduciário. 5. ed. rev., atual. e ampl. Rio de Janeiro: Forense, 2017, p. 184-185; ALVES, Vilson Rodrigues. **Alienação fiduciária em garantia**: as ações de busca e apreensão e depósito – a impossibilidade de prisão civil do devedor. Campinas: Millennium Ed., 1998, p. 74-75.

[400] BRASIL, Supremo Tribunal Federal, RE nº 111219, Rel. Min. Aldir Passarinho, Segunda Turma, j. em 10.12.1987. Em sentido semelhante no Superior Tribunal de Justiça: BRASIL, Superior Tribunal de Justiça, REsp nº 19.458/RS, Rel. Min. Waldemar Zveiter, Terceira Turma, j. em 14.04.1992.

Ocorre que, com a ideia de triplo regime que se tem hoje, a discussão em torno dos sujeitos que podem ser fiduciários arrefeceu. O entendimento é de que as disposições do Código Civil e da Lei nº 9.514/97 se aplicam a todos, instituições financeiras ou não.[401]

De fato, o Código Civil é norma de direito civil de caráter geral e não conta com nenhuma restrição quanto a quem poderia celebrar a garantia fiduciária ali prevista. Não há dúvidas quanto a isso.[402]

A Lei nº 9.514/97, por sua vez, apesar de dispor sobre o Sistema Financeiro Imobiliário, estabelece em seu artigo 22, §1º, que "a alienação fiduciária poderá ser contratada por pessoa física ou jurídica, não sendo privativa das entidades que operam no SFI", enquanto a Lei nº 10.931/04, em seu artigo 51, além de repetir a aplicação geral da alienação fiduciária de bem imóvel, determina que "as obrigações em geral também poderão ser garantidas, inclusive por terceiros, por cessão fiduciária de direitos creditórios decorrentes de contratos de alienação de imóveis".[403] Essa abrangência geral das garantias foi uma das formas encontradas para

---

[401] Nesse sentido: CHALHUB, Melhim Namem, **Alienação fiduciária**: Negócio fiduciário. 5. ed. rev., atual. e ampl. Rio de Janeiro: Forense, 2017, p. 135, 137, 185 e 379; PEREIRA, Caio Mário da Silva, **Instituições de direito civil**, v. 4. 21. ed. Rio de Janeiro: Forense, 2013, p. 366; GONÇALVES, Carlos Roberto. **Direito civil brasileiro**, v. 5, 4. ed. São Paulo: Saraiva, 2009, p. 406-407; TEPEDINO, Gustavo; BARBOZA, Heloisa Helena; MORAES, Maria Celina Bodin de. **Código Civil interpretado conforme a Constituição da República**, v. III. Rio de Janeiro: Renovar, 2011, p. 730-731; OLIVEIRA, Gleydson Kleber Lopes de. **Comentários ao Código Civil brasileiro**, v. 12: da propriedade, da superfície e das servidões. In: ALVIM, Arruda; ALVIM, Thereza (coord.). Rio de Janeiro: Forense, 2004, p. 219-220.

[402] Nas palavras do Ministro Luis Felipe Salomão, "O Código Civil de 2002 estendeu o campo material de aplicação dessa garantia real às pessoas jurídicas e naturais indistintamente, uma vez que não impôs nenhuma restrição à pessoa do credor" (BRASIL, Superior Tribunal de Justiça. REsp nº 1101375/RS, Rel. Min. Luis Felipe Salomão, Quarta Turma, j. em 04.06.2013).

[403] Essa aplicação geral já foi respaldada pelo Superior Tribunal de Justiça: BRASIL, Superior Tribunal de Justiça. REsp nº 1542275/MS, Rel. Min. Ricardo Villas Bôas Cueva, Terceira Turma, j. em 24.11.2015; BRASIL, Superior Tribunal de Justiça. AgInt no AREsp nº 1307645/MS, Rel. Min. Marco Buzzi, Quarta Turma, j. em 23.04.2019; BRASIL, Superior Tribunal de Justiça. AgRg no AREsp nº 553.145/PR, Rel. Min. Paulo de Tarso Sanseverino, Terceira Turma, j. em 15.12.2015. Em sentido oposto, defendendo a aplicação das garantias da Lei nº 9.514/97 apenas aos contratos celebrados no âmbito do Sistema Financeiro Imobiliário, a posição minoritária da 17ª Câmara Cível do Tribunal de Justiça do Paraná: PARANÁ, Tribunal de Justiça do. AI nº 805305-6, Rel. Juiz Francisco Jorge, 17ª C. Cível, j. em 04.04.2012; PARANÁ, Tribunal de Justiça do. AI nº 879785-1, Rel. Des. Lauri Caetano da Silva, 17ª C.

fomentar o mercado imobiliário.[404] Logo, seja pelo regime do Código Civil, seja pelo regime da Lei nº 9.514/97, qualquer negócio jurídico pode ser garantido por alienação fiduciária ou cessão fiduciária.[405]

Tal conclusão não ignora que a Lei nº 4.728/65 é restrita às instituições financeiras e que apenas perante o regime dela é que podem ser constituídas livremente garantias fiduciárias de bens móveis fungíveis[406] e de créditos não oriundos do mercado imobiliário[407]. A utilização desse regime e de seu procedimento de excussão próprio (conforme artigo 8º-A do Decreto-Lei nº 911/69) é mesmo exclusiva para operações do mercado

---

Cível, j. em 28.03.2012; PARANÁ, Tribunal de Justiça do. AI nº 967614-8, Rel. Des. Stewalt Camargo Filho, 17ª C. Cível, j. em 03.04.2013.

[404] Veja-se a explicação de Chalhub: "E não poderia ser de outra forma, pois o funcionamento de um *mercado secundário* de créditos imobiliários (que é um dos propósitos da Lei 9.514/1997) se faz, necessariamente, mediante uma dinâmica pela qual os créditos imobiliários, em geral, gerados por qualquer pessoa física ou jurídica, que produza ou comercialize imóveis, bem como pelos que emprestem dinheiro, possam circular no mercado. Ora, sendo esse o propósito da lei, é evidente que, para ser *descontável* no mercado, mediante cessão, o crédito deverá estar constituído de acordo com determinado padrão, válido para todos os níveis em que se desenvolvem as operações do mercado, notadamente com as garantias nele utilizadas. [...] Visa a lei, assim, que o mercado harmonize suas linhas de operação, de forma a viabilizar a constituição de créditos homogêneos, e por isso suscetíveis de circular com mais facilidade, sem obstáculos no mercado, ensejando a captação de recursos em larga escala para esse setor de produção" (CHALHUB, Melhim Namem. **Alienação fiduciária**: Negócio fiduciário. 5. ed. rev., atual. e ampl. Rio de Janeiro: Forense, 2017, p. 244-245).

[405] CHALHUB, Melhim Namem. **Alienação fiduciária**: Negócio fiduciário. 5. ed. rev., atual. e ampl. Rio de Janeiro: Forense, 2017, p. 146 e 185.

[406] SILVA, Fábio Rocha Pinto e. **Garantias das obrigações**: uma análise sistemática do direito das garantias e uma proposta abrangente para sua reforma. São Paulo: Editora IASP, 2017, p. 498. Cita-se, entretanto, acórdão pontual do Tribunal de Justiça de São Paulo, no qual se entendeu que o fato de o Código Civil mencionar apenas a alienação fiduciária de bens móveis infungíveis não impediria pessoas que não sejam instituições financeiras contratassem garantia fiduciária com objeto bem fungível: SÃO PAULO, Tribunal de Justiça de. Agravo de Instrumento nº 1254301-0/8; Rel. Des. Sebastião Flávio, 25ª Câmara de Direito Privado, j. em 12.05.2009. Vale ressaltar, ademais, que há projeto de lei em trâmite perante a Câmara dos Deputados com a proposta de incluir no artigo 1.361 do Código Civil a previsão de que a alienação fiduciária geral também incidiria sobre bens fungíveis (cf. PL nº 7.494/17).

[407] SACRAMONE, Marcelo Barbosa; PIVA, Fernanda Neves. Cessão fiduciária de créditos na recuperação judicial: Requisitos e limites à luz da jurisprudência. **Revista de Direito Bancário e do Mercado de Capitais**, São Paulo, v. 72, abr./jun. 2016, p. 133-155.

financeiro e de capitais e garantia de débitos fiscais ou previdenciários.[408] Nesse ponto está mantido o entendimento jurisprudencial prévio à promulgação da Lei nº 9.514/97, do Código Civil e da Lei nº 10.931/04, que se pautava justamente na aplicação da Lei nº 4.728/65.

No entanto, o fato de um dos regimes não estar diretamente disponível à generalidade não muda o fato de que quaisquer pessoas podem celebrar alienação fiduciária e cessão fiduciária, com algumas restrições quanto ao objeto. E quanto a esse objeto, vale ressalvar, não é que os créditos não oriundos do mercado imobiliário e os bens móveis fungíveis só poderão pertencer fiduciariamente a instituições financeiras. São apenas os negócios geradores dessas garantias que terão que ser, em regra[409], celebrado com elas.

O Código Civil, de aplicação subsidiária geral, prevê que "o terceiro, interessado ou não, que pagar a dívida, se sub-rogará de pleno direito no crédito e na propriedade fiduciária" (artigo 1.368). Essa disposição não conflita com o regime da Lei nº 4.728/65, pois o artigo 6º do Decreto-Lei nº 911/69 estabelece que o "avalista, fiador ou terceiro interessado que pagar a dívida do alienante ou devedor, se sub-rogará, de pleno direito no crédito e na garantia constituída pela alienação fiduciária".

Ou seja, o próprio Decreto-Lei já permite que terceiros não integrantes do mercado financeiro ou de capitais, nem detentores de créditos fiscais ou previdenciários, se tornem titulares da garantia e ajuízem a correspondente ação de busca e apreensão.[410] É como bem ressaltou Loureiro:

---

[408] BRASIL, Superior Tribunal de Justiça. REsp nº 1101375/RS, Rel. Min. Luis Felipe Salomão, Quarta Turma, j. em 04.06.2013.

[409] Em regra, pois existem hipóteses pontuais em que quaisquer pessoas podem figurar como fiduciárias em alienação fiduciária de bens fungíveis: (i) a Lei nº 11.196/05, em seu art. 88, estabelece que o locador pode dar como garantia ao locatário (qualquer pessoa) quotas de fundo de investimento (bens fungíveis) quando servirem a garantir contrato de locação imobiliária; (ii) a Lei nº 8.929/94 admite que as cédulas de produto rural, que podem ser emitidas pelo produtor rural em benefício de qualquer pessoa (cf. Resolução CMN nº 4.870, de 27.11.2020), possuam como garantia cedular a alienação fiduciária, em relação à qual, em seu art. 8º, há menção que ela é eficaz mesmo sem a identificação dos bens que sejam dela objeto, podendo "incidir sobre outros do mesmo gênero, qualidade e quantidade, de propriedade do garante", ficando reforçado no subsequente §1º que ela "poderá recair sobre bens presentes ou futuros, fungíveis ou infungíveis, consumíveis ou não".

[410] Nesse sentido, julgados admitindo a sub-rogação e o ajuizamento da ação de busca e apreensão: BRASIL, Superior Tribunal de Justiça. REsp nº 148.865/SP, Rel. Min. Carlos Alberto

3. TEORIA GERAL DAS GARANTIAS FIDUCIÁRIAS

Consequência da sub-rogação legal é a possibilidade de o terceiro, novo credor, prosseguir na ação originalmente ajuizada pelo credor fiduciário, como substituto processual, ou, ainda, ajuizar ação de busca e apreensão (DL. N. 911/69) ou de reintegração de posse (CC/2002), ou mesmo de depósito, contra o devedor fiduciante.[411]

Poder-se-ia dizer que existe um conflito na possibilidade de sub-rogação de terceiro não interessado pelo Código Civil, já que o Decreto-Lei é expresso, o terceiro deve ser interessado. Contudo, o Decreto-Lei nº 413/69[412] e a Lei nº 10.931/04[413], por exemplo, estabelecem o regramento de títulos de crédito passíveis de ter garantias fiduciárias como garantias cedulares, os quais podem ser livremente endossados para quaisquer pessoas.[414] Dessa forma, nada impede que instituições financeiras pactuem garantias, aparentemente exclusivas, e, em seguida, quase que imediatamente, as transmitam a esses terceiros não interessados.

Menezes Direito, Terceira Turma, j. em 15.09.1998; MINAS GERAIS, Tribunal de Justiça de. Apelação Cível nº 1133703-34.2005.8.13.0701, Rel. Des. Bitencourt Marcondes, 15ª Câmara Cível, j. em 01.03.2007; SÃO PAULO, Tribunal de Justiça de. Apelação Com Revisão nº 9183008-61.1999.8.26.0000; Rel. Des. Kioitsi Chicuta, 8ª Câmara do Quarto Grupo (Extinto 2° TAC), j. em 29.03.2001.

[411] LOUREIRO, Francisco Eduardo. **Código Civil comentado**: doutrina e jurisprudência, 8. ed. In: PELUSO, Cezar (coord.). Barueri: Manole, 2014, p. 1318. Na mesma linha: VENOSA, Sílvio de Salvo. **Código civil comentado**: direito das coisas, posse, direitos reais, propriedade, artigos 1.196 a 1.368, v. XII. In: AZEVEDO, Álvaro Villaça (coord.). São Paulo: Atlas, 2003, p. 527; BENACCHIO, Marcelo. **Comentários ao Código Civil**: direito privado contemporâneo. In: NANNI, Giovanni Ettore (coord.). São Paulo: Saraiva Educação, 2018, p. 1745.

[412] Cf. artigos 10, 19, II, e 50, §3º, do Decreto-Lei nº 413/69.

[413] Cf. artigos 27, 29, §1º, 35. Destaque para o §1º do artigo 29, que ressalta que com o endosso serão transmitidos todos os direitos da cédula de crédito bancário, mesmo não sendo o endossatário instituição financeira ou equiparado: "§ 1º A Cédula de Crédito Bancário será transferível mediante endosso em preto, ao qual se aplicarão, no que couberem, as normas do direito cambiário, caso em que o endossatário, mesmo não sendo instituição financeira ou entidade a ela equiparada, poderá exercer todos os direitos por ela conferidos, inclusive cobrar os juros e demais encargos na forma pactuada na Cédula".

[414] Nesse sentido: ALVES, José Carlos Moreira. **Da alienação fiduciária em garantia**. 3. ed. Rio de Janeiro: Forense, 1987, p. 117. A título de exemplo, é o que ocorreu no seguinte julgado: SÃO PAULO, Tribunal de Justiça de. Apelação Cível nº 1075095-25.2014.8.26.0100, Rel. Des. Cerqueira Leite, 12ª Câmara de Direito Privado, j. em 23.08.2017.

Por fim, ressalta-se que nada impede que nos negócios em que não haja permissão de celebração de um determinado objeto de garantia fiduciária, as partes pactuem um negócio fiduciário atípico, inclusive com a previsão de propriedade resolúvel,[415] que, apesar de não contar com a segurança da norma positivada, é admitido em nosso direito, com respaldo doutrinário[416] e jurisprudencial.[417]

3.2.1.2. Disposições obrigatórias

Tendo em vista que as garantias fiduciárias têm caráter acessório, sendo utilizadas para garantir o cumprimento de dívidas, a legislação brasileira determina que nos contratos de alienação fiduciária e de cessão fiduciária, que, como visto anteriormente, devem ser escritos, constem disposições obrigatórias.

---

[415] Com base no artigo 1.360 do Código Civil. Nessa linha: GOMES, Orlando. **Alienação Fiduciária**. 4. ed. São Paulo: Revista dos Tribunais, 1975, p. 189, 192 e 193.

[416] Cf. Capítulo 1.3.2. Exceção feita à Santos, para quem o negócio fiduciário encerraria em sua estrutura uma contradição que não pode ser admitida (SANTOS, José Beleza dos. **A simulação em direito civil**. 2. ed. São Paulo: Lejus, 1999, p. 95-96).

[417] "CIVIL. NEGOCIO FIDUCIÁRIO. TRANSFERÊNCIA DE PROPRIEDADE DE IMÓVEL EM GARANTIA DE DÍVIDA. PEDIDO DE DECLARAÇÃO DE EXISTÊNCIA DO PACTO. EFEITO NATURAL DE RETORNO AO ESTADO ANTERIOR. COM ANULAÇÃO DA ESCRITURA. PRESCRIÇÃO. INCIDÊNCIA DA NORMA DO ART. 177 E NÃO DO ART. 178, PAR. 9., V, B, CC. INEXISTÊNCIA DE AÇÃO ANULATÓRIA E NEM MESMO DE SIMULAÇÃO. RECURSO DESACOLHIDO. I- O NEGÓCIO FIDUCIÁRIO, EMBORA SEM REGRAMENTO DETERMINADO NO DIREITO POSITIVO, SE INSERE DENTRO DA LIBERAÇÃO DE CONTRATAR PRÓPRIA DO DIREITO PRIVADO E SE CARACTERIZA PELA ENTREGA FICTÍCIA DE UM BEM, GERALMENTE EM GARANTIA, COM A CONDIÇÃO DE SER DESENVOLVIDO POSTERIORMENTE. II- RECONHECIDA A VALIDADE DO NEGÓCIO FIDUCIÁRIO, O RETORNO AO ESTADO ANTERIOR E MERO EFEITO DA SUA DECLARAÇÃO DE EXISTÊNCIA, PELO QUE O BEM DADO EM GARANTIA DE DÉBITO DEVE RETORNAR, NORMALMENTE, À PROPRIEDADE DO DEVEDOR. III- INOCORRE, ASSIM, QUALQUER PRETENSÃO DESCONSTITUTIVA DE CONTRATO, MAS SIM DECLARATIVA DE VALIDADE, O QUE AFASTARIA A PRESCRIÇÃO DEFINIDA NO ART. 178, PAR. 9., V, B DO CÓDIGO CIVIL. E NEM MESMO SE TRATA DE SIMULAÇÃO, PORQUE NO NEGÓCIO SIMULADO HÁ UM DISTANCIAMENTO ENTRE A VONTADE REAL E A VONTADE MANIFESTADA, INEXISTENTE NO NEGÓCIO FIDUCIÁRIO" (destacou-se – BRASIL, Superior Tribunal de Justiça, REsp nº 57.991/SP, Rel. Min. Salvio de Figueiredo Teixeira, Quarta Turma, j. em 19.08.1997).

3. TEORIA GERAL DAS GARANTIAS FIDUCIÁRIAS

Nesse sentido, prevê o Código Civil, em seu artigo 1.362, que o contrato que serve de título para a constituição da garantia fiduciária deverá apontar "o total da dívida, ou sua estimativa", "o prazo, ou a época do pagamento", "a taxa de juros, se houver", e "a descrição da coisa objeto da transferência, com os elementos indispensáveis à sua identificação".

A Lei nº 9.514/97 lista essas disposições de forma muito similar[418], enquanto a Lei nº 4.728/65 é expressa no sentido de que o contrato deve conter os "requisitos definidos na Lei nº 10.406, de 10 de janeiro de 2002 – Código Civil"[419]. A Lei nº 7.565/86, que regula a alienação fiduciária de aeronaves, também ressalta a necessidade desses requisitos em seu artigo 149.

Essas disposições não são, contudo, novidade surgida com as garantias fiduciárias. Elas são uma reprodução do que já existia para os direitos reais de garantia[420] e consistem no que se chama de princípio da especialização das garantias,[421] com a finalidade de "tornar conhecido o estado do devedor e dar uma medida relativa do seu credito áquelles que com elle queiram negociar"[422].

---

[418] Cf. artigos 18 e 24 da Lei nº 9.514/97: "Art. 18. O contrato de cessão fiduciária em garantia opera a transferência ao credor da titularidade dos créditos cedidos, até a liquidação da dívida garantida, e conterá, além de outros elementos, os seguintes: I – o total da dívida ou sua estimativa; II – o local, a data e a forma de pagamento; III – a taxa de juros; IV – a identificação dos direitos creditórios objeto da cessão fiduciária. [...]
Art. 24. O contrato que serve de título ao negócio fiduciário conterá: I – o valor do principal da dívida; II – o prazo e as condições de reposição do empréstimo ou do crédito do fiduciário; III – a taxa de juros e os encargos incidentes; IV – a cláusula de constituição da propriedade fiduciária, com a descrição do imóvel objeto da alienação fiduciária e a indicação do título e modo de aquisição [...]"

[419] Cf. artigo 66-B da Lei nº 4.728/65: "Art. 66-B. O contrato de alienação fiduciária celebrado no âmbito do mercado financeiro e de capitais, bem como em garantia de créditos fiscais e previdenciários, deverá conter, além dos requisitos definidos na Lei no 10.406, de 10 de janeiro de 2002 – Código Civil, a taxa de juros, a cláusula penal, o índice de atualização monetária, se houver, e as demais comissões e encargos".

[420] Cf. artigo 1.424 do Código Civil.

[421] LOUREIRO, Francisco Eduardo. **Código Civil comentado**: doutrina e jurisprudência, 8. ed. In: PELUSO, Cezar (coord.). Barueri: Manole, 2014, p. 1305.

[422] FRAGA, Affonso. **Direitos reaes de garantia**: penhor, antichrese e hypotheca. São Paulo: Saraiva & Comp., 1933, p. 95.

Ou seja, a função de tais disposições obrigatórias é, primordialmente, especificar as condições da garantia pactuada para, quando dada a devida e necessária publicidade, proteger os interesses de terceiros.[423] Isso porque, considerando que o devedor fiduciante efetivamente transfere a propriedade do bem e permanece com um direito real de aquisição desse bem mediante o pagamento da obrigação, é do interesse geral ter conhecimento do patrimônio disponível do devedor, do bem que se tornou indisponível por meio da garantia e em que condições retornará ao patrimônio dele, considerando o tamanho e possibilidade de crescimento da dívida que ele garante.[424] Para ter conhecimento desses pontos, então, é essencial que o contrato de celebração das garantias fiduciárias esclareça o valor da dívida, os juros e o vencimento, bem como o bem que a garante, nos exatos termos dos incisos I a IV do artigo 1.362 do Código Civil.

Alves ainda ressalta que dessa forma se pode impedir uma atuação fraudulenta entre fiduciante e fiduciário, que vise a vincular o objeto da garantia a uma dívida com valor diverso da efetivamente garantida.[425]

E o princípio da especialização não beneficia apenas terceiros, tendo entre suas funções a "proteção das partes quanto à extensão desejada da garantia, os limites de sua incidência sobre o patrimônio, que servirão de guia para a excussão da garantia"[426].

A seguir serão pontuados alguns aspectos da especialização da dívida e da especialização do objeto para depois serem abordadas as consequências do descumprimento da obrigação legal de especialização.

3.2.1.2.1. Aspectos da especialização nas garantias fiduciárias

Com relação às mencionadas disposições obrigatórias no âmbito das garantias fiduciárias, algumas questões merecem rápido destaque: (i) a

---

[423] SILVA, Fábio Rocha Pinto e. **Garantias das obrigações**: uma análise sistemática do direito das garantias e uma proposta abrangente para sua reforma. São Paulo: Editora IASP, 2017, p. 212.

[424] LOUREIRO, Francisco Eduardo, **Código Civil comentado**: doutrina e jurisprudência, 8. ed. In: PELUSO, Cezar (coord.). Barueri: Manole, 2014, p. 1305.

[425] ALVES, José Carlos Moreira. **Da alienação fiduciária em garantia**. 3. ed. Rio de Janeiro: Forense, 1987, p. 143.

[426] SILVA, Fábio Rocha Pinto e, **Garantias das obrigações**: uma análise sistemática do direito das garantias e uma proposta abrangente para sua reforma. São Paulo: Editora IASP, 2017, p. 213-214.

natureza da obrigação principal; (ii) a possibilidade de garantia de dívidas futuras; e (iii) a forma da especialização do objeto e os bens futuros. As duas primeiras se relacionam com a especificação da obrigação principal, enquanto a última com a especificação do objeto da garantia.

Primeiro, em regra, a natureza da obrigação principal garantida, a ser devidamente especificada, é pecuniária.[427] Quase todas as leis deixam claro ser necessário constar do contrato de garantia fiduciária o valor da dívida e seus acréscimos, sem qualquer indício de que seria possível se estar a garantir uma obrigação não pecuniária[428].

Segundo, apesar de apenas o artigo 24, I, da Lei nº 9.514/97 não fazer menção à possibilidade de uma "estimativa" quando do computo da dívida principal, isso não significa que na alienação fiduciária de bens imóveis não se permita a garantia de dívidas futuras, já que o Código Civil tem aplicação subsidiária e não há razão especial para tal regra não incidir também nessa hipótese. Afinal, como se viu, a Lei nº 9.514/97 é aplicável a quaisquer negócios jurídicos, e não só nos financiamentos de aquisição imobiliária, nos quais não seria necessária a previsão de estimativa por ser sempre conhecido o valor do imóvel.[429] Então, as garantias fiduciárias

---

[427] GOMES, Orlando. **Alienação Fiduciária**. 4. ed. São Paulo: Revista dos Tribunais, 1975, p. 98-99. Dessa forma, discorda-se aqui do entendimento de Alves de que, quando o Decreto-Lei nº 911/69 fazia menção a mora, ele estaria a tratar de obrigações pecuniárias e quando a inadimplemento das de outra natureza (ALVES, José Carlos Moreira. **Da alienação fiduciária em garantia**. 3. ed. Rio de Janeiro: Forense, 1987, p. 99). A diferenciação do legislador, conforme explica Gomes, seria para também fazer constar penalidade para outras infrações contratuais que levariam ao inadimplemento, inclusive não sujeitas ao processo permissivo previsto na norma de purgação da mora (GOMES, Orlando. **Alienação Fiduciária**. 4. ed. São Paulo: Revista dos Tribunais, 1975, p. 98-99). É o entendimento que demonstra o Superior Tribunal de Justiça ao tratar especificamente da alienação fiduciária de imóveis, afirmando que garantiria obrigações pecuniárias apenas: BRASIL, Superior Tribunal de Justiça; AgInt no AREsp nº 1307645/MS, Rel. Min. Marco Buzzi, Quarta Turma, j. em 23.04.2019; BRASIL, Superior Tribunal de Justiça. AgInt no AREsp nº 829.403/PR, Rel. Min. Moura Ribeiro, Terceira Turma, j. em 19.10.2017; BRASIL, Superior Tribunal de Justiça. REsp nº 1542275/MS, Rel. Min. Ricardo Villas Bôas Cueva, Terceira Turma, j. em 24.11.2015.

[428] A exceção que confirma a regra é a Lei nº 8.929/94, com as recentes alterações da Lei nº 13.986/20, da qual consta a possibilidade de as garantias fiduciárias garantirem "promessa de entrega de produtos rurais" (cf. arts. 1º a 4º).

[429] Nessa linha: SILVA, Fábio Rocha Pinto e. **Garantias imobiliárias em contratos empresariais**: hipoteca e alienação fiduciária. São Paulo: Almedina: 2014, p. 159-160 e 488. Sem muitas digressões sobre as disposições legais e o instituto da alienação fiduciária em si, o Tribunal de

podem sim garantir dívidas futuras, devendo constar do contrato de garantia uma estimativa.[430]

Terceiro, a lei não detalha a forma como deve ser feita a especificação do objeto, ficando claro apenas que o bem deve ser descrito de forma a permitir sua correta identificação.[431] Contudo, a necessidade de especificação não obsta que bens futuros sejam objeto das garantias fiduciárias, desde que possam ser corretamente identificados quando de seu surgimento.[432]

Justiça de São Paulo já entendeu pela possibilidade da alienação fiduciária de imóveis garantir dívidas futuras: SÃO PAULO, Tribunal de Justiça de. 38ª Câmara de Direito Privado, AC nº 0170561-34.2012.8.26.0100, Rel. Des. César Peixoto, j. em 18.09.2013; e SÃO PAULO, Tribunal de Justiça de. AI nº 1246070-0/5, Rel. Des. Eduardo Sá Pinto Sandeville, 28ª Câmara de Direito Privado, j. em 16.06.2009.

[430] São inúmeras as hipóteses de dívidas futuras garantidas na sociedade atual, como explica Chalhub: "São os casos de inúmeras espécies de negócios, entre eles o de abertura de crédito em conta-corrente, de fornecimento de mercadoria, de distribuição de produtos, de agência e uma série de outros contratos de execução diferida e continuada, que comportam a contratação de alienação fiduciária de bens móveis ou imóveis em garantia em operação de crédito que se aperfeiçoará se e quando vier a ser implementada uma condição suspensiva estabelecida pelas partes. É conhecido no jargão do mercado financeiro como contrato 'guarda-chuva', que abriga sob a proteção da garantia futuras operações de crédito que venham a ser firmadas entre as partes, até o limite de crédito fixado no contrato" (CHALHUB, Melhim Namem. **Alienação fiduciária**: Negócio fiduciário. 5. ed. rev., atual. e ampl. Rio de Janeiro: Forense, 2017, p. 151).

[431] É como explica Fraga: "Os bens se julgam sufficientemente especificados quando se lhes designam a natureza e qualidade (prédio urbano ou rustico), a sua situação (rua, cidade, freguesia, municipio e comarca), os seus característicos, limites e tudo quanto concorra para salientar sua identificação. Em summa, a especificação sendo materia de facto, as questões por ella suscitadas serão conhecidas e solvidas pelo juiz nos casos singulares, tendo em vista os termos em que fora concebida e a exigência da lei" (FRAGA, Affonso. **Direitos reaes de garantia**: penhor, antichrese e hypotheca. São Paulo: Saraiva & Comp., 1933, p. 100).

[432] Como visto no Capítulo 3.2.1.1.1., nada obsta que bem futuro seja dado como garantia. No entanto, vem ganhando relevância nos tribunais a questão da especificação do bem no tocante à cessão de recebíveis "a performar", com entendimentos mais duros em relação à possibilidade de identificá-los. Tendo em vista que essa questão é uma especificidade da cessão fiduciária, fugindo do escopo deste estudo, ressalta-se apenas, na linha do que se explicou em termos gerais, que "a cessão dos créditos futuros apenas exige que se haja caracterizado o que se cede, isto é, que ao nascer o crédito, se saiba, ao certo, qual será o crédito cedido" (MIRANDA, Francisco Cavalcanti Pontes de. **Tratado de Direito Privado**, t. 23. Atualização de Nelson Nery Jr. e Rosa Maria de Andrade Nery. São Paulo: Editora Revista dos Tribunais, 2012, p. 355-356). É o que explicam Sacramone e Piva (SACRAMONE, Marcelo Barbosa; PIVA, Fernanda Neves. Cessão fiduciária de créditos na recuperação judicial: Requisitos e limites à luz da jurisprudência. **Revista de Direito Bancário e do Mercado de Capitais**, São

3.2.1.2.2. Efeito da não especialização

Exposta a necessidade de especialização nas garantias fiduciárias, resta indagar qual seria o efeito de eventual descumprimento dessa obrigação legal.[433]

O primeiro lugar para buscar a resposta para essa indagação seria no capítulo dedicado à propriedade fiduciária no Código Civil, mas, com relação às garantias fiduciárias, essa lei não explicitou qual seria esse efeito, como fez no caso dos direitos reais de garantia ("sob pena de não terem eficácia"[434]). Contudo, o artigo 1.367 do Código Civil estabelece que as disposições gerais dos direitos reais de garantia, como é o caso mencionado, se aplicam à propriedade fiduciária no que não for específica a legislação especial.

No caso em questão, não só não há nada de específico na legislação especial, como a própria necessidade dessas cláusulas é herança dos direitos reais de garantia, de modo que também nas garantias fiduciárias a ausência de especialização leva à ineficácia.[435] Essa ineficácia, por sua vez, se dá perante terceiros. Como se viu, a finalidade da especialização das garantias fiduciárias é proporcionar a proteção de terceiros. Então, nada mais coerente que, sendo falha a especialização, as garantias fiduciárias não os impactem.[436]

Paulo, v. 72, abr./jun. 2016, p. 133-155) e entendeu recentemente o Superior Tribunal de Justiça (BRASIL, Superior Tribunal de Justiça, REsp nº 1797196/SP, Rel. Min. Marco Aurélio Bellizze, Terceira Turma, j. em 09.04.2019).

[433] Vale pontuar apenas que, como visto, há a possibilidade de pactuação da garantia no mesmo contrato em que constituída a obrigação principal. Nesse caso, as obrigações de especificação da obrigação principal não precisariam se repetir na cláusula da garantia fiduciária. A única especificação que deve estar sempre presente é a do bem dado em garantia (ALVES, José Carlos Moreira. **Da alienação fiduciária em garantia**. 3. ed. Rio de Janeiro: Forense, 1987, p. 143-144).

[434] Cf. artigo 1.424 do Código Civil.

[435] Em sentido diverso, Comparato coloca, sem dar maiores justificativas, que "o instrumento escrito de constituição dessa garantia deve, sob pena de nulidade, especificar o crédito garantido" (COMPARATO, Fábio Konder. Financiamento a consumidor com alienação fiduciária – Alienação fiduciária – Aval. In: **Revista dos Tribunais**, São Paulo, v. 514, ano 67, ago., 1978, p. 53).

[436] Grau concorda em parte com essa conclusão. O autor afirma que a não especificação da dívida atuaria no plano da eficácia contra terceiros da garantia fiduciária. No entanto, para o autor, a não indicação do bem objeto da garantia tornaria a garantia inexistente (GRAU, Eros

Assim sendo, ficará também impossibilitado o registro da garantia fiduciária, que justamente daria essa publicidade aos terceiros, como bem pontuam Loureiro[437] e Benacchio[438]. Afinal, é o registro que faz prova *erga omnes*, que tira a garantia fiduciária do anonimato e permite que o fiduciário exerça seu poder de sequela perante todos.[439] Se a garantia a que se foi dada publicidade não tem o condão de produzir esses efeitos, sem validade o registro. Via de consequência, tendo em vista que o registro também é modo de constituição da propriedade fiduciária, como se verá na sequência, na prática, a falta de especialização das garantias fiduciárias levará à impossibilidade de constituição da própria garantia.[440]

Esse entendimento está alinhado com alguns julgados do Tribunal de Justiça de São Paulo, nos quais, ao considerar não atendido devidamente o princípio da especialização, concluiu-se não estar demonstrada "a regular constituição" da garantia fiduciária.[441]

Roberto. Negócio jurídico inexistente – Alienação fiduciária em garantia: existência, validade e eficácia do negócio jurídico. **Revista de direito civil, imobiliário, agrário e empresarial**, São Paulo, v. 40, ano 11, abr./jun. 1987, p. 167).

[437] LOUREIRO, Francisco Eduardo. **Código Civil comentado**: doutrina e jurisprudência, 8. ed. In: PELUSO, Cezar (coord.). Barueri: Manole, 2014, p. 1305.

[438] BENACCHIO, Marcelo. **Comentários ao Código Civil**: direito privado contemporâneo. In: NANNI, Giovanni Ettore (coord.). São Paulo: Saraiva Educação, 2018, p. 1742.

[439] RESTIFFE NETO, Paulo; RESTIFFE, Paulo Sérgio. **Garantia fiduciária**: direito e ações: manual teórico e prático com jurisprudência. 3. ed. rev., atual. e ampl. São Paulo: Revista dos Tribunais, 2000, p. 409.

[440] Tal entendimento é semelhante ao apresentado por Alves: "Se algum dos elementos exigidos pelas alíneas do §1º do citado art. 66 não constar do instrumento do contrato de alienação fiduciária em garantia, é este – como se verifica, em virtude do art. 761 do Código Civil, quanto aos contratos de penhor, anticrese e hipoteca – ineficaz perante terceiros, o que vale dizer que não é apto a servir de título de constituição da propriedade fiduciária. Assim, ainda que, por inadvertência do Oficial do Registro, venha a ser registrado, não nasce daí a garantia real representada pela propriedade fiduciária" (ALVES, José Carlos Moreira. **Da alienação fiduciária em garantia**. 3. ed. Rio de Janeiro: Forense, 1987, p. 144-145).

[441] Nesse sentido: SÃO PAULO, Tribunal de Justiça de. Agravo de Instrumento nº 2056160-50.2019.8.26.0000, Rel. Des. Alexandre Lazzarini, 1ª Câmara Reservada de Direito Empresarial, j. em 17.07.2019; SÃO PAULO, Tribunal de Justiça de. Agravo de Instrumento nº 2177377-94.2018.8.26.0000, Rel. Des. Ricardo Negrão 2ª Câmara Reservada de Direito Empresarial, j. em 08.04.2019.

3.2.2. Registro (modo)

Considerando a essencialidade da publicidade nas garantias fiduciárias, não é de se estranhar que o registro apareça como parte relevante de uma teoria geral. No entanto, também quanto ao registro, assim como ocorreu com os requisitos objetivo e subjetivo dos contratos que servem de título para as garantias fiduciárias, o entendimento sobre ele foi objeto de grandes debates e se alternou ao longo do tempo, na medida em que as leis sobre essas garantias foram se sobrepondo.

Durante a vigência predominante da Lei nº 4.728/65 e do Decreto-Lei nº 9.514/97, era relevante o entendimento, a teor do disposto no agora revogado artigo 66, §1º, da referida lei, de que a falta de registro do contrato implicava em "não valer contra terceiros". Ou seja, o registro do contrato teria efeitos meramente declaratórios, sem influir na relação firmada entre as partes. Seria apenas "pressuposto à irradiação de sua eficácia frente a terceiros"[442]. Era o que entendia parte da doutrina[443] e a jurisprudência[444].

Veja-se, nesse sentido, comentários de Gomes sobre o registro na alienação fiduciária:

> Em resumo: [...] d) é eficaz para os contratantes sem que seja arquivado no registro de títulos e documentos; e) em relação a terceiros, sua eficácia depende desse arquivamento. A exigência do registro não é requisito de validade. Para as partes, não é sequer de eficácia. Nem se prende, senão mediata e indiretamente, à *forma do negócio*. Constitui, em verdade, imposição legal

---

[442] ALVES, Vilson Rodrigues. **Alienação fiduciária em garantia**: as ações de busca e apreensão e depósito – a impossibilidade de prisão civil do devedor. Campinas: Millennium Ed., 1998, p. 70.

[443] Cf.: GRAU, Eros Roberto. Negócio jurídico inexistente – Alienação fiduciária em garantia: existência, validade e eficácia do negócio jurídico. **Revista de direito civil, imobiliário, agrário e empresarial**, São Paulo, v. 40, ano 11, abr./jun. 1987, p. 167; GOMES, Orlando. **Alienação Fiduciária**. 4. ed. São Paulo: Revista dos Tribunais, 1975, p. 54 e 61; ALVES, Vilson Rodrigues, **Alienação fiduciária em garantia**: as ações de busca e apreensão e depósito – a impossibilidade de prisão civil do devedor. Campinas: Millennium Ed., 1998, p. 39, 50-51 e 70.

[444] Nesse sentido, por exemplo, julgado do Supremo Tribunal Federal (BRASIL, Supremo Tribunal Federal. RE nº 107.800-6, Rel. Min. Carlos Madeira, Segunda Turma, j. em 23.05.1986) e a Súmula 92 do Superior Tribunal de Justiça, de 1993, com o seguinte teor: "a terceiro de boa-fé não é oponível a alienação fiduciária não anotada no certificado de registro do veículo automotor".

para o fim específico de valer contra terceiros, pertencendo seu exame, por conseguinte, ao campo da *publicidade*. Não se trata de publicidade constitutiva, visto que se não destina a completar a forma, mas, de *publicidade declaratória*, para conhecimento de terceiros.[445]

Assim, apesar de ser unânime que os contratos de alienação fiduciária e cessão fiduciária serviam de título para a propriedade fiduciária, existia controvérsia em torno do modo dessa transmissão. Para os que entendiam serem os efeitos do registro exclusivamente declaratórios, era necessário explicar qual seria, então, o modo de transmissão da propriedade, uma vez que a propriedade em nosso direito não se transfere com o simples acordo de vontades.

Questionava-se, portanto, como se acomodariam as garantias fiduciárias nesse cenário, uma vez que, no caso dos bens móveis, a posse direta permanecia com o devedor. Estar-se-ia para a alienação fiduciária renunciando ao sistema de aquisição de domínio? Admitir a ideia de que o modo de aquisição seria uma *traditio ficta* legal[446] equivaleria a entender que, na prática, o contrato foi suficiente para a transferência da propriedade.[447]

Daí que, como explicado por Alves antes mesmo da entrada em vigor do Código Civil, tendo em vista que a propriedade fiduciária é direito real, que, por sua natureza, é oponível a terceiros, não seria possível pretender a constituição da propriedade fiduciária sem o registro apto a outorgar a oponibilidade *erga omnes*. O registro seria o modo de aquisição da propriedade.[448]

Portanto, os contratos seriam apenas o título de constituição da propriedade fiduciária, que efetivamente se constituiria, inclusive para o credor, quando do registro do título no local competente. É o que,

---

[445] GOMES, Orlando. **Alienação Fiduciária**. 4. ed. São Paulo: Revista dos Tribunais, 1975, p. 61.

[446] Ver, nesse sentido: GOMES, Orlando. **Alienação Fiduciária**. 4. ed. São Paulo: Revista dos Tribunais, 1975, p. 76-80; RESTIFFE NETO, Paulo; RESTIFFE, Paulo Sérgio. **Garantia fiduciária**: direito e ações: manual teórico e prático com jurisprudência. 3. ed. rev., atual. e ampl. São Paulo: Revista dos Tribunais, 2000, p. 320.

[447] ALVES, José Carlos Moreira. **Da alienação fiduciária em garantia**. 3. ed. Rio de Janeiro: Forense, 1987, p. 75-76.

[448] ALVES, José Carlos Moreira. **Da alienação fiduciária em garantia**. 3. ed. Rio de Janeiro: Forense, 1987, p. 80-81.

como ressalta Alves, já ocorria com o penhor sem desapossamento, com a hipoteca e com a propriedade imobiliária.[449]

Isso significa dizer que no período entre a celebração da garantia fiduciária e o registro a propriedade fiduciária não existe, assim como não existem os direitos e deveres que surgirão para as partes apenas com a efetiva constituição da garantia.[450] Esse é o entendimento que veio a se confirmar com a promulgação das leis posteriores (Lei nº 9.514/97, Código Civil e Lei nº 10.931/04).

Com relação aos imóveis sequer poderia haver dúvidas, pois o modo de transmissão desses bens já se dava com o registro, o que apenas se confirmou no artigo 23 da Lei nº 9.514/97.[451] Porém, mesmo do Código Civil, que dispõe especificamente sobre a alienação fiduciária de bens móveis infungíveis, que usualmente têm como modo de aquisição da propriedade a tradição, constou, em seu artigo 1.361, §1º, que:

> Constitui-se a propriedade fiduciária com o registro do contrato, celebrado por instrumento público ou particular, que lhe serve de título, no Registro de Títulos e Documentos do domicílio do devedor, ou, em se tratando de veículos, na repartição competente para o licenciamento, fazendo-se a anotação no certificado de registro.

Ou seja, também o Código Civil assumiu o entendimento de que a propriedade fiduciária de fato se constitui pelo registro. Restaria saber apenas se essa aplicação se estende às demais espécies de garantias fiduciárias, quais sejam, além da imobiliária, às previstas na Lei nº 4.728/65 (bens móveis infungíveis, fungíveis e créditos) e à cessão fiduciária prevista na Lei nº 9.514/97, já considerando as alterações promovidas pela Lei nº 10.931/04.

---

[449] ALVES, José Carlos Moreira. **Da alienação fiduciária em garantia**. 3. ed. Rio de Janeiro: Forense, 1987, p. 81-82. No mesmo sentido: AMARAL NETO, Francisco dos Santos. A alienação fiduciária em garantia no direito brasileiro. **Revista de Direito civil, imobiliário, agrário e empresarial**, v. 22, ano 6, out./dez. 1982, p. 36.

[450] ALVES, José Carlos Moreira. **Da alienação fiduciária em garantia**. 3. ed. Rio de Janeiro: Forense, 1987, p. 148.

[451] Nesse sentido: CHALHUB, Melhim Namem. **Alienação fiduciária**: Negócio fiduciário. 5. ed. rev., atual. e ampl. Rio de Janeiro: Forense, 2017, p. 243.

Para essa interpretação, fundamentais as considerações apresentadas no Capítulo 2.3., no sentido de que a finalidade das alterações promovidas pela Lei nº 10.931/04 foi tentar dar mais coesão ao sistema das garantias fiduciárias por meio de alterações concertadas nas principais normas sobre o assunto. Assim, considerando a disposição do Código Civil que determina que a propriedade fiduciária se constituirá pelo registro, a Lei nº 10.931/04, ao mesmo tempo em que fez constar de tal diploma que ele se aplica a todas as garantias fiduciárias no que não for incompatível com a legislação especial[452], tirou da Lei nº 4.728/65 a única disposição que a tornava incompatível com o artigo 1.361, §1º, do Código Civil, aquela que colocava o registro apenas como condição para produção de efeitos perante terceiros[453].

As disposições referentes à cessão fiduciária de créditos prevista na Lei nº 9.514/97, por sua vez, também não apresentam qualquer incompatibilidade com a constituição da propriedade pelo registro.

Portanto, por expressa previsão legal, a propriedade fiduciária, em qualquer das garantias fiduciárias, só será constituída mediante o registro do contrato de alienação fiduciária ou de cessão fiduciária[454], de forma que não deveria mais se discutir se o efeito do registro é constitutivo ou declaratório, como ressalta Loureiro:

---

[452] Cf. artigo 1.368-A do Código Civil.
[453] Assim dispunha o artigo 66, §1º, da Lei nº 4.728/65, que foi revogado pela Lei nº 10.931/04: "[...] § 1º A alienação fiduciária sòmente se prova por escrito e seu instrumento, público ou particular, qualquer que seja o seu valor, será obrigatòriamente arquivado, por cópia ou microfilme, no Registro de Títulos e Documentos do domicílio do credor, sob pena de não valer contra terceiros, e conterá, além de outros dados, os seguintes: [...]".
[454] Nesse sentido: SACRAMONE, Marcelo Barbosa; PIVA, Fernanda Neves. Cessão fiduciária de créditos na recuperação judicial: Requisitos e limites à luz da jurisprudência. **Revista de Direito Bancário e do Mercado de Capitais**, São Paulo, v. 72, abr./jun. 2016, p. 133-155; DEL NERO, João Alberto Schutzer. Considerações sobre a eficácia do registro, efetuado em registro público material e territorialmente competente, de negócios jurídicos de obrigação e de certos negócios jurídicos de disposição. **Revista de direito mercantil, industrial, econômico e financeiro**, São Paulo, v. 166/167, ano 53, ago. 2013 a jul. 2014, p. 267; SCALZILLI, João Pedro; SPINELLI, Luis Felipe; TELLECHEA, Rodrigo. **Recuperação de empresas e falência**, São Paulo: Almedina, 2016, p. 248; CHALHUB, Melhim Namem. **Alienação fiduciária**: Negócio fiduciário. 5. ed. rev., atual. e ampl. Rio de Janeiro: Forense, 2017, p. 134.

Não há mais sentido em discutir se o registro tem efeito constitutivo ou publicitário, [...]. A questão agora não é mais de oponibilidade em face de terceiros de boa-fé, mas de inexistência de propriedade fiduciária sem o prévio e correto registro. Antes do registro, há simples crédito, sem qualquer garantia real nem propriedade resolúvel transferida ao credor.[455]

Também na jurisprudência os efeitos dessa mudança foram observados, podendo ser possível verificar uma tendência nos tribunais estaduais de impor a realização de registro para a regular constituição das garantias fiduciárias, como se nota de julgados do Tribunal de Justiça do Rio de Janeiro[456] e do Tribunal de Justiça de São Paulo[457], tendo o último, inclusive, sumulado esse entendimento[458].

Porém, em que pesem as razões acima expostas, a Terceira Turma do Superior Tribunal de Justiça, recentemente, ao julgar casos em que se discutia a extraconcursalidade de cessões fiduciárias registradas após o

---

[455] LOUREIRO, Francisco Eduardo. **Código Civil comentado**: doutrina e jurisprudência, 8. ed. In: PELUSO, Cezar (coord.). Barueri: Manole, 2014, p. 1303.

[456] A título de exemplo, ver: RIO DE JANEIRO, Tribunal de Justiça do. Agravo de Instrumento nº 0072427-73.2012.8.19.0000, Rel. Des. Jose Roberto Portugal Compasso, 9ª Câmara Cível, j. em 18.01.2013; RIO DE JANEIRO, Tribunal de Justiça do. Agravo de Instrumento nº 0064231-12.2015.8.19.0000, Rel. Des. Rogério de Oliveira Souza, 22ª Câmara Cível, j. em 08.03.2016; RIO DE JANEIRO, Tribunal de Justiça do. Agravo de Instrumento nº 0047523-23.2011.8.19.0000, Rel. Des. Nagib Slaibi, 6ª Câmara Cível, j. em 30.11.2011.

[457] A título de exemplo, ver: SÃO PAULO, Tribunal de Justiça de. Agravo de Instrumento nº 2157741-16.2016.8.26.0000, Rel. Des. Cesar Ciampolini, 1ª Câmara Reservada de Direito Empresarial, j. em 22.02.2017; SÃO PAULO, Tribunal de Justiça de. Agravo de Instrumento nº 2213818-45.2016.8.26.0000, Rel. Des. Francisco Loureiro, 1ª Câmara Reservada de Direito Empresarial, j. em 16.12.2016; SÃO PAULO, Tribunal de Justiça de. Agravo de Instrumento nº 2271399-52.2015.8.26.0000, Rel. Des. Hamid Bdine, 1ª Câmara Reservada de Direito Empresarial, j. em 15.06.2016; SÃO PAULO, Tribunal de Justiça de. Apelação Cível nº 0000726-50.2013.8.26.0185, Rel. Des. Hélio Nogueira, 22ª Câmara de Direito Privado, j. em 09.04.2015; SÃO PAULO, Tribunal de Justiça de. Agravo de Instrumento nº 2011883-85.2015.8.26.0000, Rel. Des. Enio Zuliani, 1ª Câmara Reservada de Direito Empresarial, j. em 26.08.2015; SÃO PAULO, Tribunal de Justiça de. Agravo de Instrumento nº 2044851-71.2015.8.26.0000, Rel. Des. Pereira Calças, 1ª Câmara Reservada de Direito Empresarial, j. em 08.04.2015.

[458] Cf. a redação da Súmula 60 do Tribunal de Justiça de São Paulo: "A propriedade fiduciária constitui-se com o registro do instrumento no registro de títulos e documentos do domicílio do devedor".

pedido de recuperação judicial da fiduciante, adotou a tese de que "a partir da contratação da cessão fiduciária – e não de seu registro –, nos termos da lei de regência, há a imediata transferência (sob condição resolutiva) da titularidade do bem dado em garantia (direitos creditícios) ao credor fiduciário"[459]. Essa tese também acabou por ser reproduzida pela Quarta Turma do Superior Tribunal de Justiça.[460]

Segundo o voto do Ministro Marco Aurélio Bellizze, que inaugurou o entendimento, o artigo 1.361, § 1º, do Código Civil, não se aplicaria à cessão fiduciária por ser incompatível com a Lei nº 4.728/65, uma vez que o legislador teria optado por não colocar o registro como um requisito de constituição da garantia nesse regime, o que teria sido confirmado pela referência legal ao artigo 18 da Lei nº 9.514/97[461], do qual consta, ainda nos termos do entendimento do Ministro, que é pelo contrato que se opera a transmissão dos créditos fiduciariamente cedidos.[462]

Além disso, o Ministro realça que a lei teria deixado clara a intenção meramente publicista do registro em função do artigo 42 da Lei nº 10.931/04, o qual, tratando da instituição da Cédula de Crédito Bancário, coloca que "a validade e eficácia da Cédula de Crédito Bancário não dependem de registro, mas as garantias reais, por ela constituídas, ficam sujeitas, para valer contra terceiros, aos registros ou averbações previstos na legislação aplicável, com as alterações introduzidas por esta Lei".

A tese, contudo, não parece ser a mais adequada. Primeiro, porque não levou em consideração a interpretação sistemática das leis, que, como se demonstrou, leva à conclusão de que a Lei nº 4.728/65 não possui disposição alguma sobre o registro justamente para que seja aplicado o previsto no Código Civil.

---

[459] BRASIL, Superior Tribunal de Justiça. REsp nº 1412529/SP, Rel. Ministro Paulo de Tarso Sanseverino, Rel. p/ Acórdão Ministro Marco Aurélio Bellizze, 3ª Turma, j. em 17.12.2015. No mesmo sentido: BRASIL, Superior Tribunal de Justiça. REsp nº 1559457/MT, Rel. Ministro Marco Aurélio Bellizze, 3ª Turma, j. em 17.12.2015; BRASIL, Superior Tribunal de Justiça. REsp nº 1592647/SP, Rel. Ministra Nancy Andrighi, 3ª Turma, j. em 24.10.2017.
[460] BRASIL, Superior Tribunal de Justiça. AgInt no REsp nº 1715225/RS, Rel. Min. Antonio Carlos Ferreira, Quarta Turma, j. em 16.08.2018.
[461] Cf. artigo 66-B, §4º, da Lei nº 4.728/65.
[462] O entendimento decorre da interpretação do trecho do artigo em que está disposto que "o contrato de cessão fiduciária em garantia opera a transferência ao credor da titularidade dos créditos cedidos".

Segundo, com relação ao artigo 18 da Lei nº 9.514/97, ele igualmente não exclui a possibilidade de constituição da titularidade fiduciária pelo registro. A cessão fiduciária "opera" a transferência dos créditos, nos termos do referido artigo, da mesma forma que a alienação fiduciária "serve de título à propriedade fiduciária", nos termos do artigo 1.362 do Código Civil, diploma que impõe a constituição mediante registro. Ambos são apenas o título para a constituição. Ou seja, não estando expresso no artigo 18 da Lei nº 9.514/97 que o contrato constitui a titularidade fiduciária, não é possível dizer que ele é incompatível com a constituição por meio do registro.

A bem da verdade, a interpretação dada à matéria pelo Superior Tribunal de Justiça ignora a finalidade integrativa da Lei nº 10.931/04 e a própria necessidade de uma sistematização das garantias fiduciárias, dando interpretações diversas a institutos essencialmente iguais, nos próprios dizeres do Ministro Paulo de Tarso Sanseverino[463]. Tal Ministro, apesar de também entender que a cessão fiduciária se constitui apenas com o contrato, teve seu voto-vencido no ponto em que entendeu ser o registro necessário para a não sujeição do fiduciário aos efeitos da recuperação judicial, uma vez que, para ele, nesse caso, a eficácia perante terceiros seria necessária.

Na mesma linha, Silva, que concorda com o registro apenas declaratório na cessão fiduciária, pontua que, ao permitir a não sujeição de um credor sem a devida publicidade, se ignora que essa não sujeição acaba por gerar efeitos sobre terceiros, mesmo sem o devido registro:

> Em suma, a cessão de crédito realiza-se pelo contrato, sem qualquer, publicidade, mas dois atos subsequentes são necessários: (i) para que seja oponível ao devedor do crédito, a notificação deste; (ii) para que seja oponível a terceiros, o registro público em RTD, previsto no art. 129, 9º da Lei de Registros Públicos (L. 6.015/1973). A questão da oponibilidade da cessão fiduciária perante terceiros foi analisada nos acórdãos recentes do STJ à luz do

---

[463] Veja-se trecho do voto-vencido do Ministro: "Portanto, se a alienação fiduciária e a cessão fiduciária são, na essência, o mesmo negócio jurídico, distinguindo-se apenas quanto à materialidade do objeto dado em garantia pelo devedor, não há justificativa para o tratamento diferenciado dos credores garantidos pela alienação ou pela cessão" (BRASIL, Superior Tribunal de Justiça. REsp nº 1412529/SP, Rel. Ministro Paulo de Tarso Sanseverino, Rel. p/ Acórdão Ministro Marco Aurélio Bellizze, 3ª Turma, j. em 17.12.2015).

art. 42 da L. 10.931/2004, que trata da necessidade de registro de Cédula de Crédito Bancário com garantia real, por ser esta a hipótese dos autos. Nesse sentido, conclui o relator Min. Marco Aurélio Belizze que *"o credor titular da posição de proprietário fiduciário sobre direitos creditícios (...) não opõe essa garantia real aos credores da recuperanda (contra quem, efetivamente, se farão valer o direito ao crédito, objeto da garantia)"*. Trata-se de evidente equívoco, pois toda garantia real opõe-se necessariamente à totalidade dos credores do garantidor; essa é a função precípua da garantia real. Não há sentido em dizer que a cessão fiduciária se opõe apenas aos devedores dos créditos, na medida em que a garantia em questão presta-se a modificar a ordem legal de preferências dos créditos em concurso; não é inerte ou indiferente em relação ao concurso, como o voto em questão parece impor, inclusive porque o montante excedente aos pagamentos reverte-se em benefício do concurso. Daí a necessidade da dupla oponibilidade na cessão de créditos, definitiva ou em garantia, que descrevemos [...].[464]

No entanto, esse é um exemplo de incoerência gerada pela desconsideração do registro como constitutivo dessa espécie de garantia fiduciária. A partir do momento em que se permite que a simples pactuação opere a transferência fiduciária dos créditos, com o que aqui não se concorda, não estaria errado entender que o crédito do fiduciário não se submete à recuperação judicial, nos termos do artigo 49, § 3º, da Lei nº 11.101/05, que tem como requisito apenas ser "titular da posição de proprietário fiduciário".

Ao considerar que não é o registro que constitui a propriedade fiduciária, são ignorados os efeitos que esse direito real produz. É inerente à propriedade fiduciária, como qualquer direito real, ser oponível a todos e possibilitar a reivindicação do bem de quem quer que o detenha (sequela). Se esses poderes não existem, também não existe a propriedade fiduciária. Daí que essencial o registro para a formação dessa garantia, uma vez que é ele que vai permitir essa eficácia perante terceiros.[465]

---

[464] SILVA, Fábio Rocha Pinto e. **Garantias das obrigações**: uma análise sistemática do direito das garantias e uma proposta abrangente para sua reforma. São Paulo: Editora IASP, 2017, p. 504-505.

[465] SACRAMONE, Marcelo Barbosa; PIVA, Fernanda Neves. Cessão fiduciária de créditos na recuperação judicial: Requisitos e limites à luz da jurisprudência. **Revista de Direito Bancário e do Mercado de Capitais**, São Paulo, v. 72, abr./jun. 2016, p. 133-155. Também nesse sentido o entendimento de Silva, ao diferenciar as teorias sobre o registro: "Poderíamos dizer, como

É característica dos direitos reais que sua constituição ou transferência sejam acessíveis ao conhecimento de todos[466], por isso que, como pontuaram Restiffe Neto e Restiffe, é por meio do registro que terceiros "tornam-se 'expectadores' *coactos* (passivos) do fenômeno fiduciário"[467].

Por tudo isso é que as leis que tratam potencialmente de garantias fiduciárias, mas que não sejam nenhuma das do triplo regime, ao disporem que o registro proporciona eficácia contra terceiros, como é o caso do artigo 42 da Lei 10.931/04 e de algumas outras[468], não devem ser vistas como excludentes da eficácia constitutiva do registro, já que as duas coisas estão intimamente interligadas, sendo a necessidade de registro para a constituição da garantia apenas um requisito a mais, plenamente compatível. Portanto, conclui-se que o registro da garantia fiduciária na repartição competente[469] é sim o modo de constituição de todas as garantias fiduciárias.[470]

---

já afirmamos, que a diferença entre publicidade constitutiva e declaratória residiria mais no campo teórico do que no campo prático. Isso porque a publicidade declaratória é necessária para que a garantia real constitua, em favor do credor, os direitos de preferência e sequela, de forma que a garantia real sem registro, nesse sistema, seria equivalente a uma 'mera obrigação', portanto, sem caráter real" (SILVA, Fábio Rocha Pinto e, **Garantias das obrigações**: uma análise sistemática do direito das garantias e uma proposta abrangente para sua reforma. São Paulo: Editora IASP, 2017, p. 217-218).

[466] GOMES, Orlando. **Direito reais**. 18. ed. atual. por Humberto Theodoro Júnior. Rio de Janeiro: Forense: 2002, p. 6.

[467] RESTIFFE NETO, Paulo; RESTIFFE, Paulo Sérgio. **Garantia fiduciária**: direito e ações: manual teórico e prático com jurisprudência. 3. ed. rev., atual. e ampl. São Paulo: Revista dos Tribunais, 2000, p. 330.

[468] Cf. artigo 23, §4º, da Lei nº 4.864/65, artigo 129, 5º, da Lei nº 6.015/73, artigo 12 da Lei nº 7.652/88 e artigo 12, *caput* e §2º, da Lei nº 8.929/94.

[469] Vale pontuar que existem discussões sobre as repartições competentes para o registro das garantias fiduciárias, como a que envolve os automóveis, mas elas não entraram no escopo do presente estudo, uma vez que variam de situação para situação.

[470] Cita-se quanto a isso, o julgado recente do Tribunal de Justiça de São Paulo em que, mesmo considerando os julgados do Superior Tribunal de Justiça, foi mantido o entendimento adotado pelo Tribunal de Justiça de São Paulo. Veja-se trecho relevante da ementa: "[...] Impende perquirir, portanto, se o registro da garantia fiduciária junto ao cartório de títulos e documentos do domicílio do devedor era, ou não, necessário à constituição da propriedade fiduciária. Inteligência do disposto no art. 66-B, caput e § 3º, da Lei nº. 4.728/65, bem assim no art. 1.361, caput e § 1º, do CC/02 e na Súmula 60 deste E. TJSP. Atual orientação jurisprudencial do C. STJ que preconiza a irrelevância do registro para fins de validade/eficácia entre as partes.

3.3. Funcionamento

Entendida a constituição das garantias fiduciárias, passa-se a estudar o funcionamento delas, pelo qual se verificará, essencialmente, as características da propriedade fiduciária e as consequências práticas de sua transmissão, tanto para o fiduciário e para o fiduciante, como para terceiros, sempre, é claro, numa análise geral.

3.3.1. Transmissão do bem em garantia

A essencialidade das garantias fiduciárias, que acabou por ser realçada na introdução deste estudo, é a troca da titularidade do bem que será usado para garantir uma obrigação. O bem deixa a titularidade do devedor e passa a integrar a do credor, de forma a dirimir riscos de insolvência do primeiro e facilitar eventual excussão pelo segundo.[471] Por isso Amaral Neto afirma que a transferência da propriedade seria pressuposto contratual das garantias fiduciárias.[472]

Entendimento do C. STJ adotado em precedente de caráter não vinculante. Permanência da exigibilidade do registro para validade da propriedade fiduciária. Posicionamento desta E. 1ª Câmara Reservada de Direito Empresarial há tempos consolidado a respeito da compatibilidade entre o art. 66-B, § 3º, da Lei nº. 4.728/65, o art. 1.361, § 1º, do CC/02 e a Súmula 60 deste E. TJSP, mesmo na hipótese de cessão fiduciária de direitos creditórios (bens móveis fungíveis). Conclusão no sentido de que a constituição da propriedade fiduciária não decorre, automaticamente, da própria contratação, dependendo de registro no domicílio do devedor, ausente no caso vertente. [...]" (SÃO PAULO, Tribunal de Justiça de. Agravo de Instrumento nº 2076551-94.2017.8.26.0000, Rel. Des. Carlos Dias Motta, 1ª Câmara Reservada de Direito Empresarial, j. em 21.11.2018).

[471] Veja-se a exposição de Chalhub e Assumpção: "O novo sistema de garantias fiduciárias não abandona as tradicionais garantias da hipoteca, do penhor e da anticrese, mas privilegia a noção da fidúcia na sua versão moderna, tendo em vista dois dos seus principais efeitos, que a tornam incomparavelmente mais eficaz do que as garantias tradicionais: *primeiro*, atribui ao credor a propriedade do bem objeto da garantia (conquanto fiduciariamente), situação que o afasta do risco de excussão por parte de qualquer outro credor e do concurso de credores, e, *segundo*, simplifica e torna célere a realização da garantia, pois, em caso de mora ou inadimplemento do devedor, atribui ao credor a venda do bem objeto da garantia para resgate da dívida com o produto da venda". (CHALHUB, Melhim Namem; ASSUMPÇÃO, Márcio Calil de. Cessão fiduciária de direitos creditórios: aspectos da sua natureza jurídica e seu tratamento no concurso de credores. **RTDC: Revista Trimestral de Direito Civil**, Rio de Janeiro, v. 10, n. 38, abr./jun. 2009, p. 91).

[472] AMARAL NETO, Francisco dos Santos. A alienação fiduciária em garantia no direito brasileiro. **Revista de Direito Civil, imobiliário, agrário e empresarial**, v. 22, ano 6, out./dez. 1982, p. 41.

3.3.1.1. A alienação da propriedade

Como um primeiro momento dessa transmissão, tem-se a alienação do bem por parte do devedor. O fiduciante "despoja-se da condição de proprietário do bem"[473]. A escolha pelo termo "alienação", assim como fez a legislação em relação aos bens corpóreos, se deu em razão da acepção mais ampla da palavra. Alienação expressa a ideia de separação de um bem de alguém.[474] Isso não quer dizer que não estaria aqui englobada a cessão fiduciária. Pelo contrário, tanto na alienação fiduciária quanto na cessão fiduciária o devedor está a tornar um bem alheio de sua propriedade. Faz parte da essência da garantia, como falado.

A consequência direta da alienação da propriedade pelo devedor fiduciante se vê na seara da (não) atuação dos credores do devedor fiduciante sobre esses bens. Não só o bem alienado não poderá ser alcançado em execuções individuais contra o devedor, como esse estará excluído do concurso universal no caso de insolvência do fiduciante. Esse aspecto foi fundamental para a criação do instituto[475] e inclusive levou Noronha a chamar as garantias fiduciárias de supergarantias[476].

Especificamente quanto a essas hipóteses, com relação às execuções, não se identificou qualquer controvérsia relevante. Pela própria lógica e finalidade das garantias fiduciárias, sabe-se que o bem dado em garantia deixou de pertencer ao fiduciante, de modo que uma constrição de tal bem

---

[473] COELHO, Fábio Ulhoa. A cessão fiduciária de títulos de crédito ou direitos creditórios e a recuperação judicial do devedor cedente. **Revista Magister de Direito Empresarial, Concorrencial e do Consumidor**, Porto Alegre, n. 34, ano 6, jul./ago. 2010, p. 33.

[474] GOMES, Orlando. **Alienação Fiduciária**. 4. ed. São Paulo: Revista dos Tribunais, 1975, p. 74. No mesmo sentido: AMENDOLARA, Cesar. Alienação Fiduciária Como Instrumento de Fomento à Concessão de Crédito. In: WAISBERG, Ivo; FONTES, Marcos Rolim Fernandes (coord.). **Contratos Bancários**. São Paulo: Quartier Latin, 2006, p. 162.

[475] Nesse sentido, veja-se discurso de José Carlos Moreira Alves na comissão de elaboração do Código Civil em 25.08.1999, citado por Noronha: "Pois bem, no mundo moderno necessitou-se de uma garantia que deixasse o credor a salvo contra o fisco, contrário ao devedor, e contra os direitos trabalhistas contra o devedor. Era preciso, para isso, usar uma certa forma de propriedade, a fim de que o credor não ficasse na mão dos débitos fiscais e trabalhistas do devedor" (NORONHA, Fernando. A alienação fiduciária em garantia e o leasing financeiro como supergarantias das obrigações. **Revista dos Tribunais**, São Paulo, v. 845, mar, 2006, nota 2, p. 37-49).

[476] NORONHA, Fernando. A alienação fiduciária em garantia e o leasing financeiro como supergarantias das obrigações. **Revista dos Tribunais**, São Paulo, v. 845, mar, 2006, p. 37-49.

em execução movida contra ele significaria responsabilização patrimonial de terceiro.[477]

Pela mesma lógica, "o bem dado em propriedade fiduciária não integra o acervo concursal" da falência do fiduciante[478], como confirma a doutrina[479] e a jurisprudência[480]. Nesse caso, há também diversas previsões legais no sentido de que, no caso de arrecadação do bem dado em garantia fiduciária na falência do fiduciante, o fiduciário tem direito a pedir a restituição dele.[481]

Já na recuperação judicial do fiduciante, apesar de se aplicarem exatamente a mesma lógica e finalidade aplicáveis à execução e à falência do fiduciante, a não sujeição das garantias fiduciárias a esse regime não foi tão cristalina perante os tribunais pátrios.

É claro que, independentemente de dispositivos legais, por simples lógica, com base em um sistema jurídico das garantias fiduciárias

---

[477] Nesse sentido, na doutrina: FABIAN, Christoph. **Fidúcia**: negócios fiduciários e relações externas. Porto Alegre: Sergio Antonio Fabris Ed., 2007, p. 290-291; ALVES, Vilson Rodrigues. **Alienação fiduciária em garantia**: as ações de busca e apreensão e depósito – a impossibilidade de prisão civil do devedor. Campinas: Millennium Ed., 1998, p. 39. Na jurisprudência: Súmula 242 do extinto Tribunal Federal de Recursos ("O bem alienado fiduciariamente não pode ser objeto de penhora nas execuções ajuizadas contra o devedor fiduciário"); SÃO PAULO, Tribunal de Justiça de. Agravo de Instrumento nº 2188651-21.2019.8.26.0000, Rel. Des. Walter Exner, 36ª Câmara de Direito Privado, j. em 08.10.2019; SÃO PAULO, Tribunal de Justiça de. Agravo de Instrumento nº 2088480-56.2019.8.26.0000, Rel. Des. Cesar Lacerda, 28ª Câmara de Direito Privado, j. em 18.06.2019; SÃO PAULO, Tribunal de Justiça de. Apelação Cível nº 9075501-26.2008.8.26.0000, Rel. Des. Hamid Bdine 31ª Câmara de Direito Privado, j. em 25.06.2013.
[478] BRASIL, Superior Tribunal de Justiça. REsp nº 1302734/RS, Rel. Min. Luis Felipe Salomão, Quarta Turma, j. em 03.03.2015.
[479] GOMES, Orlando. **Alienação Fiduciária**. 4. ed. São Paulo: Revista dos Tribunais, 1975, p. 144; NORONHA, Fernando. A alienação fiduciária em garantia e o leasing financeiro como supergarantias das obrigações. **Revista dos Tribunais**, São Paulo, v. 845, mar, 2006, p. 37-49; e FABIAN, Christoph, **Fidúcia**: negócios fiduciários e relações externas. Porto Alegre: Sergio Antonio Fabris Ed., 2007, p. 247.
[480] BRASIL, Superior Tribunal de Justiça. REsp nº 1302734/RS, Rel. Min. Luis Felipe Salomão, Quarta Turma, j. em 03.03.2015; BRASIL, Superior Tribunal de Justiça. REsp nº 1738724/RJ, Rel. Min. Marco Aurélio Bellizze, Terceira Turma, j. em 11.12.2018; BRASIL, Superior Tribunal de Justiça. REsp nº 1164667/SC, Rel. Min. Nancy Andrighi, Terceira Turma, j. em 07.05.2013.
[481] Cf.: artigo 85 da Lei nº 11.101/05, artigo 7º do Decreto-Lei nº 911/69, artigos 20 e 32 da Lei nº 9.514/97, e artigo 151, §2º, da Lei nº 7.565/86.

sistematizado e coeso, não teria surgido dúvida alguma. O fiduciante não é dono do bem, já que alienou ao fiduciário. Logo, o fiduciário, se quiser usar o bem que já é seu para para auxiliar na satisfação do crédito, não deveria encontrar óbice algum.

Não foi assim que se desenvolveu a questão, contudo. Isso se deu em razão da redação do artigo 49, § 3º, da Lei nº 11.101/05, que assim dispõe:

> Art. 49. [...] § 3º Tratando-se de credor titular da posição de proprietário fiduciário de bens móveis ou imóveis, de arrendador mercantil, de proprietário ou promitente vendedor de imóvel cujos respectivos contratos contenham cláusula de irrevogabilidade ou irretratabilidade, inclusive em incorporações imobiliárias, ou de proprietário em contrato de venda com reserva de domínio, seu crédito não se submeterá aos efeitos da recuperação judicial e prevalecerão os direitos de propriedade sobre a coisa e as condições contratuais, observada a legislação respectiva, não se permitindo, contudo, durante o prazo de suspensão a que se refere o § 4º do art. 6º desta Lei, a venda ou a retirada do estabelecimento do devedor dos bens de capital essenciais a sua atividade empresarial.

Considerando essa redação, que afirma que o "credor titular da posição de proprietário fiduciário de bens móveis ou imóveis" não terá seu crédito sujeito aos efeitos da recuperação judicial, não surgiram maiores questionamentos com relação à não sujeição de credores proprietários fiduciários de bens móveis corpóreos e imóveis que foram objeto de alienação fiduciária. Por outro lado, muito se discutiu sobre a abrangência desse dispositivo para os créditos garantidos por cessão fiduciária.

Sobre isso, apesar dos argumentos de que esse artigo deveria ser interpretado de forma restrita, pois os créditos não se enquadrariam em "bens móveis" para os fins dele, até por o artigo falar em "propriedade fiduciária" quando a garantia que se constituiria com a cessão fiduciária seria a "titularidade fiduciária", o Superior Tribunal de Justiça, a partir de 2013[482], passou a trilhar caminho para uma jurisprudência pacífica no

---

[482] BRASIL, Superior Tribunal de Justiça. REsp nº 1202918/SP, Rel. Min. Ricardo Villas Bôas Cueva, Terceira Turma, j. em 07.03.2013.

sentido de que a titularidade fiduciária está englobada na exceção legal,[483] não se sujeitando aos efeitos da recuperação judicial.

Sustentou o Ministro Ricardo Villas Bôas Cueva, relator e autor do voto condutor do precedente, no que é pertinente para o presente estudo, que "a alienação fiduciária de coisa fungível e a cessão fiduciária de direitos sobre coisas móveis, bem como de títulos de crédito, afiguram-se como (ou possuem a natureza jurídica de) propriedade fiduciária", de modo que a elas também se aplicaria o artigo 49, § 3º, da Lei nº 11.101/05.

De fato, não só os créditos são bens móveis (conforme artigos 82 e 83 do Código Civil), inclusive para efeitos do artigo 49, § 3º, da Lei nº 11.101/05, como tal lei não poderia ir contra as normas de direito material e a natureza das garantias fiduciárias, que atribuem a propriedade do bem ao credor.[484]

Deve ser pontuado, no entanto, que uma coisa é a não sujeição das garantias fiduciárias à recuperação, outra coisa é a possibilidade prevista no mesmo §3º do artigo 49 da Lei nº 11.101/05 de se impedir a retirada

---

[483] Nesse sentido: BRASIL, Superior Tribunal de Justiça. AgRg no CC nº 124.489/MG, Rel. Min. Raul Araújo, Segunda Seção, j. em 09.10.2013; BRASIL, Superior Tribunal de Justiça. AgInt no REsp nº 1508155/PR, Rel. Min. Antonio Carlos Ferreira, Quarta Turma, j. em 16.02.2017; BRASIL, Superior Tribunal de Justiça. AgInt no AREsp nº 503.697/GO, Rel. Min. Maria Isabel Gallotti, Quarta Turma, j. em 12.06.2018; BRASIL, Superior Tribunal de Justiça. AgInt no AREsp nº 1123084/SP, Rel. Min. Paulo De Tarso Sanseverino, Terceira Turma, j. em 12.11.2018.

[484] É o que explicam Chalhub e Assumpção: "Anote-se, a propósito, que embora possam coexistir na lei falimentar normas de fundo e de forma, a LREF em nada altera as normas de direito material sobre a atribuição fiduciária e afetação patrimonial. Assim, as disposições do art. 49 e seus parágrafos são regras de natureza procedimental, que se limitam a sistematizar o alongamento da realização dos direitos (materiais) já constituídos, constantes no passivo da empresa recuperanda ou mesmo de sua liquidação de maneira forçada em casos extremos. Disso resulta, obviamente, que os direitos constituídos segundo as normas de direito material têm sua conformação preservada, tal como delineada no Código Civil e nas leis especiais, cabendo às normas procedimentais da Lei 11.101/2005 apenas dispô-los em ordem para liquidação" (CHALHUB, Melhim Namem. ASSUMPÇÃO, Márcio Calil de. Cessão fiduciária de direitos creditórios: aspectos da sua natureza jurídica e seu tratamento no concurso de credores. **RTDC**: Revista Trimestral de Direito Civil, Rio de Janeiro, v. 10, n. 38, abr./jun. 2009, p. 100). No mesmo sentido: SACRAMONE, Marcelo Barbosa; PIVA, Fernanda Neves. Cessão fiduciária de créditos na recuperação judicial: Requisitos e limites à luz da jurisprudência. **Revista de Direito Bancário e do Mercado de Capitais**, São Paulo, v. 72, abr./jun. 2016, p. 133-155.

pelo fiduciário dos bens de capital essenciais à atividade do fiduciante durante o período de *stay*[485]. Mesmo não se sujeitando à recuperação judicial, o credor fiduciário pode ser compelido a aguardar tal período para poder excutir o bem caso o juízo da recuperação judicial entenda ser este bem de capital e essencial à atividade da empresa em recuperação.[486]

3.3.1.2. Aquisição da propriedade fiduciária

Tratou-se da alienação do bem pelo fiduciante e as consequências que isso gera em termos de higidez das garantias fiduciárias. Agora, tratar-se-á da forma com que o credor recebe a propriedade alienada, qual seja, como propriedade fiduciária.

Antes de tratar dessa propriedade derivada, contudo, necessários se fazem alguns esclarecimentos sobre questões terminológicas. Isso porque, dentro das garantias fiduciárias, ora se fala em propriedade fiduciária, ora se fala em titularidade fiduciária, o que foi inclusive objeto de discussão no campo da recuperação judicial do fiduciante, como se viu acima.

Sendo assim, considerando sempre o objetivo de sistematização de ideias dentro das garantias fiduciárias, passa-se a expor as razões dessa diferenciação de nomenclatura para, então, chegar a uma única, apta a servir tanto para a garantia fruto da alienação fiduciária quanto para a decorrente da cessão fiduciária.

---

[485] Período de 180 dias a contar do deferimento do processamento da recuperação judicial em que ficam suspensas as ações e execuções em face do devedor (cf. artigo 6º, §4º, da Lei nº 11.101/05). Pontua-se, contudo, que o Superior Tribunal de Justiça já reconheceu a possibilidade de prorrogação desse prazo para evitar a frustração do plano de recuperação judicial (Cf. BRASIL, Superior Tribunal de Justiça, AgInt no CC nº 159.480/MT, Rel. Min. Luis Felipe Salomão, Segunda Seção, j. em 25.09.2019).

[486] Sem a intenção de maior aprofundamento no tema, que já foge à teorização geral das garantias fiduciárias aqui proposta, é de se salientar que a discussão sobre o que seriam esses bens de capital essenciais e, especialmente, se créditos poderiam ser assim considerados, ainda não chegou ao fim. Para mais sobre o assunto, veja-se os seguintes julgados: BRASIL, Superior Tribunal de Justiça. REsp nº 1263500/ES, Rel. Ministra Maria Isabel Gallotti, Quarta Turma, j. em 05.02.2013; BRASIL, Superior Tribunal de Justiça. AgInt no CC nº 145.379/SP, Rel. Min. Moura Ribeiro, Segunda Seção, j. em 13.12.2017; BRASIL, Superior Tribunal de Justiça. CC nº 153.473/PR, Rel. Min. Maria Isabel Gallotti, Rel. p/ Acórdão Ministro Luis Felipe Salomão, Segunda Seção, j. em 09.05.2018; BRASIL, Superior Tribunal de Justiça. REsp nº 1758746/GO, Rel. Min. Marco Aurélio Bellizze, Terceira Turma, j. em 25.09.2018.

3.3.1.2.1. Propriedade e titularidade fiduciárias

Algumas das leis que tratam das garantias fiduciárias diferenciam a nomenclatura das garantias constituídas. Em sendo um bem corpóreo, a lei ressalta a transmissão da "propriedade fiduciária" (conforme artigos 23 da Lei nº 9.514/97 e 1.361 do Código Civil). Por sua vez, tratando-se de bem incorpóreo, como são os direitos patrimoniais, a lei se refere à transmissão da "titularidade fiduciária" (conforme artigos 23 da Lei nº 4.864/65 e 18 da Lei nº 9.514/97).

É o que o Ministro Marco Aurélio Belizze, no julgamento que culminou no entendimento do Superior Tribunal de Justiça de que a cessão fiduciária não necessitaria de registro, ressaltou, afirmando que "na alienação fiduciária em garantia, em se tratando de bem corpóreo, atribui-se ao credor fiduciário, sob condição resolutiva, a propriedade daquele", enquanto "na cessão fiduciária, por sua vez, cuidando-se de bem incorpóreo (como é o caso do direito sobre coisas móveis ou do crédito representado pelo título), imputa-se ao credor fiduciário, sob condição resolutiva, a titularidade deste"[487].

Essa diferenciação não está restrita às garantias fiduciárias. Ao se referir a créditos ou direitos, em momento algum o Código Civil trata o detentor deles como proprietário, sendo ele sempre, na verdade, o "titular", como se percebe dos artigos 130, 187, 189, 1.115, parágrafo único, 1.452, parágrafo único, e 1.457[488]. Por outro lado, o diploma geral de direito civil, ao se referir ao direito de propriedade e mencionar aquele que o exerce (o proprietário), costuma os relacionar com a pertença de uma "coisa"[489], ou seja, um bem que tradicionalmente é corpóreo.

Logo se vê, então, que a razão dessa nomenclatura diversa nas garantias fiduciárias advém da própria técnica jurídica, que não se utiliza da expressão "propriedade de direitos", mas sim "titularidade de direitos"[490], consequência da própria noção clássica de direitos reais e, principalmente,

---

[487] BRASIL, Superior Tribunal de Justiça. REsp nº 1412529/SP, Rel. Ministro Paulo de Tarso Sanseverino, Rel. p/ Acórdão Ministro Marco Aurélio Bellizze, 3ª Turma, j. em 17.12.2015.

[488] Nesse sentido, dicionários jurídicos, ressaltam que o titular é "toda pessoa que possui um direito" (SILVA, De Plácido e. **Vocabulário Jurídico**. 18. ed. Rio de Janeiro: Forense, 2001, p. 816), ou que é *"sujeito ativo de um direito"* ou o *"credor de uma obrigação"* (DINIZ, Maria Helena. *Dicionário Jurídico*, v. 4. São Paulo: Saraiva, 1998, p. 568).

[489] Cf. artigos 1.228 e 1.359 do Código Civil.

[490] FERNANDES, Jean Carlos. **Cessão fiduciária de títulos de crédito**: a posição do credor fiduciário na recuperação judicial da empresa. 2. ed. Rio de Janeiro: Lumen Juris, 2010, p. 239.

de direito de propriedade, que, como visto no Capítulo 3.1., inicialmente só comportava como seu objeto bens corpóreos, o que não é o caso dos direitos, como o de crédito.

Fato é que, como também explicado, a propriedade tem um conceito elástico, que evolui conforme as determinações sociais, sendo hoje perfeitamente aceitável a ideia de propriedade de direitos patrimoniais, como os créditos.[491]

O crédito, bem móvel com conteúdo patrimonial, passível de ser objeto de direitos reais[492], uma vez destacado da relação pessoal que o originou, passa a fazer parte do patrimônio do titular, estando sujeito não só a ser avaliado, negociado e transmitido, como a conflitos quanto ao seu domínio, como qualquer outro bem corpóreo.

Então, de fato "a condição de sujeito de direito sobre bens incorpóreos se designa por outros apelidos", mas a "amplitude semântica do vocabulário jurídico não repugna designar a titularidade dos direitos sobre bens incorpóreos como 'propriedade'".[493] A coisa, objeto da propriedade, "não é naturalística, ou física; é econômico-social, pode não ser corpóreo"[494].

Nota-se, portanto, que a titularidade fiduciária se equipara à propriedade fiduciária, ainda mais considerando que a finalidade de todas as garantias fiduciárias é a transmissão da propriedade do devedor para o credor a fim de garantir uma obrigação.

Cariota-Ferrara, ao tratar do negócio fiduciário, afirmou que, apesar de o conceito de propriedade não ser o mais apropriado para os créditos, o conceito de titularidade estaria muito próximo ao dela, apto a conferir a pertença exclusiva e *erga omnes* do crédito.[495] Da mesma forma, Franceschelli, além de confirmar esse sentido da titularidade, realça que ela pode servir ao aspecto real do negócio fiduciário.[496]

É considerando essa finalidade de transmissão que o artigo 17, § 1º, da Lei nº 9.514/97 expressamente estabelece a titularidade fiduciária

---

[491] Cf. Capítulo 3.1.2.
[492] Cf. Capítulo 3.1.1.
[493] PEREIRA, Caio Mário da Silva. **Instituições de direito civil**. 21. ed. Rio de Janeiro: Forense, 2013, p. 81.
[494] MIRANDA, Francisco Cavalcanti Pontes de. **Tratado de Direito Privado**. t. 11. Atualização de Luiz Edson Fachin. São Paulo: Editora Revista dos Tribunais, 2012, p. 74.
[495] CARIOTA-FERRARA, Luigi. *I negozi fiduciari*. Pádua: Cedam, 1933, nota nº 1, p. 29.
[496] FRANCESCHELLI, Remo. *Il "Trust" nel diritto inglese*. Pádua: Cedam, 1935, p. 15-16.

como direito real sobre os direitos creditórios,[497] posição endossada pela doutrina.[498]

O próprio Código Civil, ao estabelecer que todas as espécies de garantias fiduciárias se aplicam subsidiariamente a ele, coloca a titularidade fiduciária como forma da propriedade fiduciária, direito real derivado da propriedade. Afinal, o artigo 1.368-B está inserido no Capítulo IX (Da Propriedade Fiduciária) do Título III (Da Propriedade) do Código Civil.

Essa equiparação também acabou por ocorrer na Lei nº 11.101/05, na qual o legislador menciona como excluído da recuperação judicial do fiduciante o "credor titular da posição de proprietário fiduciário"[499]. Como se viu[500], a intenção nessa hipótese não foi deixar de lado a titularidade fiduciária, mas sim englobá-la no conceito de propriedade fiduciária, pois equivalente. Nesse mesmo sentido, o próprio artigo 66-B da Lei nº 4.728/65, que expressamente permite a cessão fiduciária, faz menção apenas à propriedade fiduciária.[501]

Esse é o entendimento esboçado pelo Superior Tribunal de Justiça até o momento.[502] O Ministro Marco Aurélio Belizze afirmou que pela cessão

---

[497] "Art. 17. As operações de financiamento imobiliário em geral poderão ser garantidas por: [...] II – cessão fiduciária de direitos creditórios decorrentes de contratos de alienação de imóveis; [...] IV – alienação fiduciária de coisa imóvel. § 1º As garantias a que se referem os incisos II, III e IV deste artigo constituem direito real sobre os respectivos objetos. [...]".

[498] Cf.: COELHO, Fábio Ulhoa. A cessão fiduciária de títulos de crédito ou direitos creditórios e a recuperação judicial do devedor cedente. **Revista Magister de Direito Empresarial, Concorrencial e do Consumidor**, Porto Alegre, n. 34, ano 6, jul./ago. 2010, p. 31; CHALHUB, Melhim Namem. **Alienação fiduciária**: Negócio fiduciário. 5. ed. rev., atual. e ampl. Rio de Janeiro: Forense, 2017, p. 380.

[499] Cf. artigo 49, §3º, da referida lei.

[500] Cf. Capítulo 3.3.1.1.

[501] Em linha com essas manifestações legislativas já consolidadas no ordenamento jurídico brasileiro, que demonstram serem os bens incorpóreos também objeto da propriedade fiduciária, os projetos de Código Comercial nos quais o Legislativo vem trabalhando (PL nº 487/13 – Senado – e PL nº 1.572/11 – Câmara dos Deputados) estabelecem que no contrato fiduciário (novo contrato para incorporação dos efeitos do *trust* e com possibilidade de utilização para a função de garantia) se transfere a propriedade fiduciária de "bens e direitos" (cf. artigo 476 do PL nº 487/13 e 353 do PL nº 1.572/11).

[502] E também pelo Tribunal de Justiça de São Paulo, conforme exemplos a seguir: SÃO PAULO, Tribunal de Justiça de. Agravo de Instrumento nº 2136502-82.2018.8.26.0000, Rel. Des.

fiduciária "se transfere a propriedade resolúvel do direito creditório"[503]. Por sua vez, o Ministro Ricardo Villas Bôas Cueva colocou que a cessão fiduciária possui a natureza jurídica de propriedade fiduciária, em julgado que teve voto-vista do Ministro Paulo de Tarso Sanseverino, do qual constou que "a alienação fiduciária e a cessão fiduciária são, na essência, o mesmo negócio jurídico, distinguindo-se apenas quanto à materialidade do objeto dado em garantia pelo devedor"[504].

Na mesma linha, é muito comum encontrar na doutrina, além da utilização da expressão propriedade fiduciária como sendo a garantia objeto da alienação fiduciária e da cessão fiduciária quando tratadas conjuntamente[505], menções ao fiduciário como

Hamid Bdine, 1ª Câmara Reservada de Direito Empresarial, j. em 19.10.2018; SÃO PAULO, Tribunal de Justiça de. Agravo de Instrumento nº 2127133-98.2017.8.26.0000, Rel. Des. Itamar Gaino, 21ª Câmara de Direito Privado, j. em 07.06.2018; SÃO PAULO, Tribunal de Justiça de. Agravo de Instrumento nº 2009659-72.2018.8.26.0000, Rel. Des. Fortes Barbosa, 1ª Câmara Reservada de Direito Empresarial, j. em 11.04.2018; SÃO PAULO, Tribunal de Justiça de. Agravo de Instrumento nº 2250013-92.2017.8.26.0000, Rel. Des. Hélio Nogueira, 22ª Câmara de Direito Privado, j. em 23.03.2018.

[503] BRASIL, Superior Tribunal de Justiça. REsp nº 1758746/GO, Rel. Min. Marco Aurélio Bellizze, Terceira Turma, j. em 25.09.2018.

[504] BRASIL, Superior Tribunal de Justiça. REsp nº 1202918/SP, Rel. Min. Ricardo Villas Bôas Cueva, Terceira Turma, j. em 07.03.2013.

[505] Cf.: CUEVA, Ricardo Villas Bôas. A trava bancária na jurisprudência do STJ. In: ANDRIGHI, Fátima Nancy, BENETI, Sidnei, ABRÃO, Carlos Henrique. **10 anos de vigência da lei de recuperação e falência**: (Lei n. 11.101/2005): retrospectiva geral contemplando a Lei n. 13.043/2014 e a Lei Complementar n. 147/2014. São Paulo: Saraiva, 2015, p. 54-55; FERNANDES, Jean Carlos. **Cessão fiduciária de títulos de crédito**: a posição do credor fiduciário na recuperação judicial da empresa. 2. ed. Rio de Janeiro: Lumen Juris, 2010, p. 209 e 241; NOGUEIRA, André Carvalho. Propriedade fiduciária em garantia: o sistema dicotômico da propriedade no Brasil. **Revista de Direito Bancário e do Mercado de Capitais**, São Paulo, n. 39, ano 11, jan./mar. 2008, p. 62; STURZENEGGER, Luiz Carlos; CAVALCANTI, Henrique Leite. A situação do proprietário fiduciário de direitos creditórios em garantia, originados de contratos de cessão fiduciária, nos casos de submissão do devedor a regime de quebra. **Revista de Direito Bancário e do Mercado de Capitais**, São Paulo, v. 63, ano 17, São Paulo: IASP, jan./mar. 2014, p. 54-55. Em sentido contrário, Oliva se refere à titularidade fiduciária quando tratano conjuntamente da cessão fiduciária e da alienação fiduciária (OLIVA, Milena Donato. **Do negócio fiduciário à fidúcia**. São Paulo: Atlas, 2014, p. 45), pois considera que a "titularidade, por consubstanciar vocábulo mais abrangente e que abarca todas as espécies de situação jurídica subjetiva" (OLIVA, Milena Donato. O contrato fiduciário previsto no Projeto de Lei do Senado 487/2013: titularidade fiduciária e separação patrimonial. In: COELHO,

sendo proprietário do crédito recebido como decorrência da cessão fiduciária.[506]

Portanto, considerando que a propriedade possui conceito dinâmico, perfeitamente amoldável a todas as garantias fiduciárias, e exprime a ideia de força que as garantias fiduciárias necessitam,[507] para os fins do presente estudo, tratar-se-á da garantia relacionada aos contratos de alienação fiduciária e de cessão fiduciária, daqui em diante, exclusivamente como propriedade fiduciária, até porque foi a nomenclatura geral escolhida pelo legislador para tal, como exposto.

3.3.1.2.2. Conceituação da propriedade fiduciária

Com relação à propriedade fiduciária em si, um esclarecimento inicial é necessário. No ordenamento jurídico brasileiro existem outras formas de propriedade fiduciária não relacionadas à garantia de dívidas, com regimes jurídicos próprios (ainda que em muitos pontos semelhantes).[508]

A título de exemplo, tem-se o fideicomisso (artigos 1955 a 1959 do Código Civil), o fundo de investimento em geral (artigos 1.368-C a 1.368-F do Código Civil, incluídos pela Lei nº 13.874/19), o fundo de

---

Fábio Ulhoa; LIMA, Tiago Astor Rocha; NUNES, Marcelo Guedes (coord.). **Novas reflexões sobre o projeto de código comercial**. São Paulo: Saraiva, 2015, p. 406).

[506] Cf.: COELHO, Fábio Ulhoa. A cessão fiduciária de títulos de crédito ou direitos creditórios e a recuperação judicial do devedor cedente. **Revista Magister de Direito Empresarial, Concorrencial e do Consumidor**, Porto Alegre, n. 34, ano 6, jul./ago. 2010, p. 24, 28 e 31-33; SACRAMONE, Marcelo Barbosa; PIVA, Fernanda Neves. Cessão fiduciária de créditos na recuperação judicial: Requisitos e limites à luz da jurisprudência. **Revista de Direito Bancário e do Mercado de Capitais**, São Paulo, v. 72, abr./jun. 2016, p. 133-155; CHALHUB, Melhim Namem. ASSUMPÇÃO, Márcio Calil de. Cessão fiduciária de direitos creditórios: aspectos da sua natureza jurídica e seu tratamento no concurso de credores. **RTDC**: Revista Trimestral de Direito Civil, Rio de Janeiro, v. 10, n. 38, abr./jun. 2009, p. 94; LOBO, Jorge. Cessão Fiduciária em garantia de recebíveis performados e a performar. In: ANDRIGHI, Fátima Nancy, BENETI, Sidnei, ABRÃO, Carlos Henrique. **10 anos de vigência da lei de recuperação e falência**: (Lei n. 11.101/2005): retrospectiva geral contemplando a Lei n. 13.043/2014 e a Lei Complementar n. 147/2014. São Paulo: Saraiva, 2015, p. 61-63 e 76-77.

[507] Importante lembrar a colocação de RODOTÀ de que a propriedade conta com a tutela jurídica mais forte em nossa sociedade (RODOTÀ, Stefano. *Il terribile diritto*: studi sulla *proprietà privata*. 2. ed. Bolonha: *Società editrice il Mulino*, 1990, p. 17 e 19).

[508] NOGUEIRA, André Carvalho. Propriedade fiduciária em garantia: o sistema dicotômico da propriedade no Brasil. **Revista de Direito Bancário e do Mercado de Capitais**, São Paulo, n. 39, ano 11, jan./mar. 2008, p. 63.

investimento imobiliário (artigo 7º da Lei nº 8.668/93), a custódia de ações (artigo 41 da Lei nº 6.404/76) e a securitização de créditos imobiliários (artigos 9 a 16 da Lei nº 9.514/97).

Nessas outras formas, que, frise-se, não fazem parte do escopo deste trabalho, a propriedade fiduciária assume a função de administração, encontrando maior consonância com os institutos da fidúcia *cum amico* e do *trust* abordados anteriormente. Ou seja, tal qual a fidúcia romana previa a possibilidade de transmissão da propriedade para garantia e de transmissão da propriedade para administração, o direito brasileiro também admite essas possibilidades, mas com a respectiva positivação legal para cada um dos casos.

Logo, as definições para a propriedade fiduciária tendem a ser mais abrangentes, feitas para englobar essas variadas espécies com funções distintas. Chalhub, nesse sentido, explica que a propriedade fiduciária é "uma propriedade limitada pelas restrições que sofre em seu conteúdo, em virtude da finalidade para a qual é constituída, tendo duração limitada, enquanto perdurar o escopo para o qual foi constituída"[509].

Ou seja, a propriedade fiduciária é uma propriedade com limitações, que variarão a depender do escopo para os quais essa propriedade foi transferida. Explica-se: quando a propriedade fiduciária é forma de garantia, caso do presente estudo, os poderes conferidos ao fiduciário permitirão apenas a efetivação desse fim. Por outro lado, se o objeto dessa propriedade for a gestão de bens, como ocorre nos fundos de investimento imobiliários, por exemplo, os poderes do titular terão como limitação a busca pela referida finalidade.[510]

Fato é, contudo, que as limitações na propriedade fiduciária com a função de garantia são muito maiores do que no caso da função de

---

[509] CHALHUB, Melhim Namem. **Alienação fiduciária**: Negócio fiduciário. 5. ed. rev., atual. e ampl. Rio de Janeiro: Forense, 2017, p. 95. Considerando essa conceituação, Oliva observa uma mudança de paradigma do sujeito para o escopo no direito de propriedade. Troca-se a visão subjetivista de pertença para a persecução de uma finalidade. O interesse do titular só terá relevância na medida em que coincidir, portanto, com o escopo perseguido com a propriedade fiduciária. Nas palavras da autora, tem-se a "funcionalização da titularidade a serviço do escopo a ser atingido". (OLIVA, Milena Donato. **Do negócio fiduciário à fidúcia**. São Paulo: Atlas, 2014, p. 31-32).

[510] Para mais sobre a propriedade fiduciária e suas diversas funções, ver OLIVA, Milena Donato, **Do negócio fiduciário à fidúcia**. São Paulo: Atlas, 2014, p. 45.

administração, tendo o fiduciário nesse último caso, por exemplo, a posse e o poder de disposição do bem como regra.[511]

É o que reforça Oliva, ao salientar que a propriedade fiduciária em garantia "é funcionalizada para o atendimento do escopo de garantia, de modo que os poderes dominiais são rigorosamente moldados para a realização dessa função"[512].

Restiffe, na mesma linha, afirma que a propriedade fiduciária com função de garantia "é a mais limitada das formas de propriedade, sendo ela, portanto, resolúvel, aprazada, logo, transitória, nunca plena, nem definitiva com o credor, o proprietário fiduciário, porque tende a reverter ao patrimônio do alienante após exaurida a sua função"[513].

Bem de ver, portanto, que a propriedade fiduciária aqui estudada impede o fiduciário de abusar de sua posição e atuar fora do escopo de garantia, disciplinando a lei os poderes do credor ao longo da relação entre as partes.[514] Em semelhante sentido, ressalta Alves que enquanto o escopo de garantia perdura, "a lei atua como elemento de compressão sobre o conteúdo do domínio atribuído ao credor"[515].

A seguir, analisar-se-á a forma como essa propriedade fiduciária foi construída no ordenamento brasileiro para atender à função de garantia, compreendendo o caráter resolúvel, limitado e desonerado desse direito de propriedade.

3.3.2. Propriedade fiduciária como propriedade resolúvel

Na positivação da propriedade fiduciária com escopo de garantia, como forma de resolver aquele possível direito de abuso do credor fiduciário,

---

[511] CHALHUB, Melhim Namem, **Alienação fiduciária**: Negócio fiduciário. 5. ed. rev., atual. e ampl. Rio de Janeiro: Forense, 2017, p. 106.
[512] OLIVA, Milena Donato. RENTERÍA, Pablo. Fidúcia: a importância da incorporação dos efeitos do trust no direito brasileiro. **Trimestral de Direito Civil**, Rio de Janeiro, v. 48, out./dez. 2011, p. 43.
[513] RESTIFFE, Paulo Sérgio. Garantias tradicionais no novo Código Civil. **Revista dos Tribunais**, v. 821, mar-2004, p. 731 et seq.
[514] OLIVA, Milena Donato. RENTERÍA, Pablo. Fidúcia: a importância da incorporação dos efeitos do trust no direito brasileiro. **Revista Trimestral de Direito Civil**, Rio de Janeiro, v. 48, out./dez. 2011, p. 43.
[515] ALVES, José Carlos Moreira. **Da alienação fiduciária em garantia**. 3. ed. Rio de Janeiro: Forense, 1987, p. 166.

que recebe a propriedade apenas como garantia e não pode com ela ficar se quitada a obrigação principal, o legislador, à semelhança do instituto da fidúcia germânica[516], optou por vinculá-la à outra modalidade de propriedade, a resolúvel.

É o que se nota do artigo 1.361 do Código Civil, segundo o qual "considera-se fiduciária a propriedade resolúvel [...] com escopo de garantia" transferida pelo devedor ao credor. Tal entendimento da propriedade fiduciária é perfeitamente aplicável a todas as espécies de garantias fiduciárias.

A propriedade fiduciária como propriedade resolúvel já havia sido prevista na Lei nº 4.728/65, com as alterações dadas pelo Decreto-Lei nº 911/69, tendo se estabelecido que "a alienação fiduciária em garantia transfere ao credor o domínio resolúvel"[517].

A Lei nº 9.514/97 também estabeleceu que a alienação fiduciária transmite ao credor a propriedade resolúvel do bem[518], assim como a Lei nº 7.565/86, em seu artigo 148[519], e a Lei nº 11.196/05, em seu artigo 88, §1º[520].

Com a promulgação da Lei nº 10.931/04 e a reorganização do regime das garantias fiduciárias[521], apesar de ter deixado de constar da Lei nº 4.728/65 que a propriedade resolúvel é parte da propriedade fiduciária, isso foi feito ao mesmo tempo que o Código Civil passou a ser considerado aplicável subsidiariamente aos demais regimes fiduciários, como já se viu em outras oportunidades,[522] de modo que a propriedade resolúvel ainda é

---

[516] Cf. Capítulo 1.2.
[517] Cf. o já revogado artigo 66, *caput*, da referida Lei.
[518] "Art. 22. A alienação fiduciária regulada por esta Lei é o negócio jurídico pelo qual o devedor, ou fiduciante, com o escopo de garantia, contrata a transferência ao credor, ou fiduciário, da propriedade resolúvel de coisa imóvel".
[519] "Art. 148. A alienação fiduciária em garantia transfere ao credor o domínio resolúvel e a posse indireta da aeronave ou de seus equipamentos, independentemente da respectiva tradição, tornando-se o devedor o possuidor direto e depositário com todas as responsabilidades e encargos que lhe incumbem de acordo com a lei civil e penal".
[520] "Art. 88. [...] § 1o A cessão de que trata o caput deste artigo será formalizada, mediante registro perante o administrador do fundo, pelo titular das quotas, por meio de termo de cessão fiduciário acompanhado de 1 (uma) via do contrato de locação, constituindo, em favor do credor fiduciário, propriedade resolúvel das quotas".
[521] Cf. Capítulo 2.3.
[522] Cf. Capítulo 3.2.2.

essencial também nesse regime, que dele se utiliza para neutralização do poder de abuso do credor fiduciário.

Afirma Alves, inclusive, que a resolubilidade da propriedade no caso das garantias fiduciárias não decorre de estipulação das partes, mas "por força da lei, sendo, portanto, elemento integrante da estrutura da propriedade fiduciária"[523].

Não há dúvidas de que a propriedade resolúvel seja aplicável de forma geral às garantias fiduciárias, também conforme entendimentos do Superior Tribunal de Justiça já transcritos anteriormente[524]. É necessário entender, então, em que consiste essa propriedade resolúvel tão relevante para o instituto aqui estudado.

3.3.2.1. Propriedade resolúvel em geral

A propriedade resolúvel, que pode decorrer de negócio jurídico de qualquer natureza[525], está prevista nos artigos 1.359 e 1.360 do Código Civil e consiste em propriedade que possui no título de sua constituição a causa que a extinguirá (seja pela realização de uma condição, seja pelo advento de termo)[526]. Há nessa configuração da propriedade a ideia de temporariedade, sendo, assim, exceção à característica de perpetuidade que ela possui[527].

---

[523] ALVES, José Carlos Moreira. **Da alienação fiduciária em garantia**. 3. ed. Rio de Janeiro: Forense, 1987, p. 161-163.

[524] Reiterando, o Superior Tribunal de Justiça já ressaltou que pela cessão fiduciária "se transfere a propriedade resolúvel do direito creditório" (BRASIL, Superior Tribunal de Justiça. REsp nº 1758746/GO, Rel. Min. Marco Aurélio Bellizze, Terceira Turma, j. em 25.09.2018) e que "na alienação fiduciária em garantia, em se tratando de bem corpóreo, atribui-se ao credor fiduciário, sob condição resolutiva, a propriedade daquele", enquanto "na cessão fiduciária, por sua vez, cuidando-se de bem incorpóreo (como é o caso do direito sobre coisas móveis ou do crédito representado pelo título), imputa-se ao credor fiduciário, sob condição resolutiva, a titularidade deste" (BRASIL, Superior Tribunal de Justiça. REsp nº 1412529/SP, Rel. Ministro Paulo de Tarso Sanseverino, Rel. p/ Acórdão Ministro Marco Aurélio Bellizze, 3ª Turma, j. em 17.12.2015).

[525] LOPES, Miguel Maria de Serpa. **Curso de direito civil**, v. 6: Direito das coisas. Atualização de José Serpa Santa Maria. 4. ed. e rev. Rio de Janeiro: Freitas Bastos, 1996, p. 318.

[526] BEVILAQUA, Clovis. **Código Civil dos Estados Unidos do Brasil comentado**, v. III. Rio de Janeiro: Francisco Alves, 1938, p. 190. No mesmo sentido: PEREIRA, Lafayette Rodrigues. **Direito das coisas**, adaptação ao Código Civil por José Bonifácio de Andrada e Silva. 6. ed. Rio de Janeiro: Freitas Bastos, 1956, p. 88.

[527] BENACCHIO, Marcelo. **Comentários ao Código Civil**: direito privado contemporâneo. In: NANNI, Giovanni Ettore (coord.). São Paulo: Saraiva Educação, 2018, p. 1738.

O fato de a propriedade ser resolúvel não gera, por si só, nenhuma restrição ao titular dela. Ele é proprietário pleno, podendo exercer todos os direitos daí decorrentes, como administrar, colher frutos, constituir garantias e até dispor da propriedade, desde que não cause sua destruição. O proprietário nessas condições tem os mesmos direitos que teria se a resolubilidade não existisse[528], até porque está sujeito a evento futuro e usualmente incerto, que pode nunca ocorrer.[529] A limitação a que está sujeito pela propriedade resolúvel é apenas temporal, portanto.[530]

No entanto, verificado o evento de extinção da propriedade, a resolução se opera *ipso iure*. Isso quer dizer que o proprietário em favor de quem o evento ocorreu (proprietário diferido) passa a ser automaticamente o proprietário pleno do bem, sem a necessidade de provimento jurisdicional. Logo, tem o proprietário diferido uma *"pretensão desenganadamente real"*[531] em relação ao bem.[532]

Via de consequência, conforme ressaltado no artigo 1.359 do Código Civil, com a resolução da propriedade "entendem-se também resolvidos os direitos reais concedidos na sua pendência". Ou seja, a resolução tem efeitos retroativos, se operando *ex tunc*. Ocorrido o evento que resolve a

---

[528] GONÇALVES, Aderbal da Cunha. **Da propriedade resolúvel**. São Paulo: Revista dos Tribunais, 1979, p. 132. Em semelhante sentido: LOPES, Miguel Maria de Serpa, **Curso de direito civil**, v. 6: Direito das coisas. Atualização de José Serpa Santa Maria. 4. ed. e rev. Rio de Janeiro: Freitas Bastos, 1996, p. 319-320.

[529] LOPES, Miguel Maria de Serpa, **Curso de direito civil**, v. 6: Direito das coisas. Atualização de José Serpa Santa Maria. 4. ed. e rev. Rio de Janeiro: Freitas Bastos, 1996, p. 318; BENACCHIO, Marcelo, **Comentários ao Código Civil**: direito privado contemporâneo. In: NANNI, Giovanni Ettore (coord.). São Paulo: Saraiva Educação, 2018, p. 1739.

[530] BENACCHIO, Marcelo, **Comentários ao Código Civil**: direito privado contemporâneo. In: NANNI, Giovanni Ettore (coord.). São Paulo: Saraiva Educação, 2018, p. 1739. Ressalta Monteiro que "nos casos de propriedade resolúvel, o limite diz respeito, tão-somente, à duração do direito, mantendo-se intactos os demais direitos elementares" (MONTEIRO, Washington de Barros. **Curso de direito civil**, v. 3: Direito das coisas. 35. ed. rev. e atual. São Paulo: Saraiva, 1999, p. 86).

[531] GOMES, Orlando. **Alienação Fiduciária**. 4. ed. São Paulo: Revista dos Tribunais, 1975, p. 63.

[532] Nesse sentido: GOMES, Orlando. **Alienação Fiduciária**. 4. ed. São Paulo: Revista dos Tribunais, 1975, p. 40, 63 e 86; MIRANDA, Francisco Cavalcanti Pontes de. **Tratado de Direito Privado**. t. 21. Atualização de Nelson Nery Jr. e Luciano de Camargo Penteado. São Paulo: Revista dos Tribunais, 2012, p. 459; GONÇALVES, Aderbal da Cunha, **Da propriedade resolúvel**. São Paulo: Revista dos Tribunais, 1979, p. 134-135.

propriedade, ela retrotrai seus efeitos para quando da aquisição da propriedade resolúvel. É como se o titular da propriedade resolúvel nunca tivesse sido proprietário e se o proprietário diferido nunca tivesse alienado a propriedade de si, podendo reivindicar a coisa com quem quer que a detenha.[533]

E nisso não há qualquer prejuízo contra terceiros, justamente porque o título de propriedade revela a existência da resolubilidade. Se, mesmo sabendo dessa situação, terceiros se dispõem a negociar, correm o risco de perder os direitos assim adquiridos. Afinal, o proprietário sob condição de resolubilidade não pode transferir mais direitos do que possui. Sendo titular de propriedade resolúvel, os direitos reais concedidos em função dela não podem ser transferidos em sua plenitude.[534] A resolubilidade acompanha "a propriedade em todas as suas mutações.[535]

Por outro lado, caso definitivamente não ocorrido o evento que extinguiria a propriedade, o vínculo contratual se revigora, como se jamais tivesse havido condição, de modo que os direitos reais constituídos pelo até então titular de propriedade resolúvel perduram para todos os efeitos.[536]

---

[533] PEREIRA, Lafayette Rodrigues. **Direito das coisas**, adaptação ao Código Civil por José Bonifácio de Andrada e Silva, 6. ed. Rio de Janeiro: Freitas Bastos, 1956, p. 88-89. Em igual sentido: BEVILAQUA, Clovis. **Código Civil dos Estados Unidos do Brasil comentado**, v. III. Rio de Janeiro: Francisco Alves, 1938, p. 190; LOPES, Miguel Maria de Serpa. **Curso de direito civil**, v. 6: Direito das coisas. Atualização de José Serpa Santa Maria. 4. ed. e rev. Rio de Janeiro: Freitas Bastos, 1996, p. 320; GONÇALVES, Aderbal da Cunha. **Da propriedade resolúvel**. São Paulo: Revista dos Tribunais, 1979, p. 133 e 136;

[534] RODRIGUES, Silvio. **Direito civil**: Direito das coisas, v. 5. 28. ed. rev. e atual. de acordo com o novo Código Civil. São Paulo: Saraiva, 2003, p. 237-238. No mesmo sentido: BENACCHIO, Marcelo. **Comentários ao Código Civil**: direito privado contemporâneo. In: NANNI, Giovanni Ettore (coord.). São Paulo: Saraiva Educação, 2018, p. 1739. Gonçalves faz apenas uma ressalva com relação aos bens fungíveis. Explica que pela natureza desses bens, não haverá efeitos retroativos em relação a terceiros, uma vez que podem ser entregues ao proprietário diferido outras de mesmo gênero, qualidade e quantidade (GONÇALVES, Aderbal da Cunha, **Da propriedade resolúvel**. São Paulo: Revista dos Tribunais, 1979, p. 138).

[535] LOPES, Miguel Maria de Serpa, **Curso de direito civil**, v. 6: Direito das coisas. Atualização de José Serpa Santa Maria. 4. ed. e rev. Rio de Janeiro: Freitas Bastos, 1996, p. 318-319.

[536] GONÇALVES, Aderbal da Cunha, **Da propriedade resolúvel**. São Paulo: Revista dos Tribunais, 1979, p. 132 e 142.

3.3.2.2. Posição do fiduciante

Aproximando a propriedade resolúvel das garantias fiduciárias, tem-se que o evento extintivo da propriedade será sempre futuro e incerto (uma condição), consubstanciado na quitação da obrigação principal pelo devedor fiduciante.[537] Regularmente paga a dívida, o fiduciante volta a ser proprietário como se nunca tivesse deixado de ser.

A pretensão real do fiduciante foi confirmada pelo Código Civil, em seu artigo 1.368-B, que realçou possuir o fiduciante direito real de aquisição, o qual, assim como a resolução da propriedade acima explicada, garante ao fiduciante o ingresso, quando do pagamento, do bem na esfera jurídica dominial dele[538], com o cancelamento do registro da garantia fiduciária independentemente da vontade do fiduciário.[539]

Como ressaltam Restiffe Neto e Restiffe, ao mesmo tempo que a transferência do domínio é garantia para o credor, a resolubilidade representa uma contragarantia para o devedor. Assim, "a garantia fiduciária atua em duplicidade recíproca: em favor do credor, como direito real em coisa própria; mas também em favor do devedor (direito real expectativo de reaquisição daquela coisa que passara a ser alheia com escopo de garantia)".[540]

Diante disso, considerando que o fiduciante possui uma posição segura juridicamente, entende-se que ele tem um direito expectativo, o de voltar a ser proprietário pleno do bem dado em garantia, pois basta para isso o

---

[537] Nessa linha, ressalta Chalhub que "a resolubilidade desta, sem a colaboração do credor, somente deixará de existir se houver, por parte do devedor, o inadimplemento da obrigação garantida. Assim, a *condicio iuris* de que depende, *ipso iure*, a resolubilidade da propriedade fiduciária é o cumprimento dessa obrigação" (CHALHUB, Melhim Namem. **Alienação fiduciária**: Negócio fiduciário. 5. ed. rev., atual. e ampl. Rio de Janeiro: Forense, 2017, p. 199).

[538] PENTEADO, Luciano de Camargo. **Direito das coisas**. São Paulo: Revista dos Tribunais, 2008, p. 128. A situação acaba sendo apenas um reforço do que já garantia a sistemática da propriedade resolúvel. Como explica Pereira tratando da promessa de compra e venda, da qual surgiu o direito real de aquisição, a condição de titular desse direito dá a quem o detém o direito de sequela sobre o bem vinculado (PEREIRA, Caio Mário da Silva. **Instituições de direito civil**, v. 4. 21. ed. Rio de Janeiro: Forense, 2013, p. 383-384).

[539] CHALHUB, Melhim Namem. **Alienação fiduciária**: Negócio fiduciário. 5. ed. rev., atual. e ampl. Rio de Janeiro: Forense, 2017, p. 161.

[540] RESTIFFE NETO, Paulo; RESTIFFE, Paulo Sérgio. **Garantia fiduciária**: direito e ações: manual teórico e prático com jurisprudência. 3. ed. rev., atual. e ampl. São Paulo: Revista dos Tribunais, 2000, p. 329.

pagamento da obrigação principal.[541] Daí porque alguns autores acrescentam que o fiduciante seria um proprietário sob condição suspensiva.[542]

A propriedade sob condição suspensiva, segundo ensinamento de Gonçalves, seria oposta e complementar à propriedade sob condição resolutiva, uma vez que "o acontecimento que aniquila o direito de um consolidará, fatalmente, o do outro"[543].

De fato, adimplida a obrigação principal, assume o fiduciante a posição de proprietário, com o fim da propriedade do fiduciário. No sentido inverso, não paga a dívida, o fiduciante eventualmente perderá seu direito a reaver a propriedade do bem.

Essencial ressalvar, contudo, que essa condição do fiduciante não implica o fracionamento do direito de propriedade, desdobrando-o entre fiduciante e fiduciário de forma concomitante. O que tem o fiduciante é a expectativa de recuperação automática da propriedade e não o direito de

---

[541] Nesse sentido: ALVES, José Carlos Moreira. **Da alienação fiduciária em garantia**. 3. ed. Rio de Janeiro: Forense, 1987, p. 161; GOMES, Orlando. **Alienação Fiduciária**. 4. ed. São Paulo: Revista dos Tribunais, 1975, p. 38-39; CHALHUB, Melhim Namem, **Alienação fiduciária**: Negócio fiduciário. 5. ed. rev., atual. e ampl. Rio de Janeiro: Forense, 2017, p. 104; RESTIFFE NETO, Paulo; RESTIFFE, Paulo Sérgio, **Garantia fiduciária**: direito e ações: manual teórico e prático com jurisprudência. 3. ed. rev., atual. e ampl. São Paulo: Revista dos Tribunais, 2000, p. 325; TERRA, Marcelo. **Alienação fiduciária de imóveis em garantia** (lei nº 9.514/97, primeiras linhas). Porto Alegre: Sergio Antonio Fabris Editor, 1998, p. 38-40; FABIAN, Christoph. **Fidúcia**: negócios fiduciários e relações externas. Porto Alegre: Sergio Antonio Fabris Ed., 2007, p. 45-46; DANTZGER, Afranio Carlos Camargo. Cessão fiduciária dos direitos do fiduciante – Financiamento bancário e consórcio. **Revista de Direito Bancário e do Mercado de Capitais**, São Paulo, v. 56, ano 15, abr./jun. 2012, p. 82.

[542] Por exemplo: GOMES, Orlando. **Alienação Fiduciária**. 4. ed. São Paulo: Revista dos Tribunais, 1975, p. 38-39; CHALHUB, Melhim Namem. **Alienação fiduciária**: Negócio fiduciário. 5. ed. rev., atual. e ampl. Rio de Janeiro: Forense, 2017, p. 104; RESTIFFE NETO, Paulo; RESTIFFE, Paulo Sérgio. **Garantia fiduciária**: direito e ações: manual teórico e prático com jurisprudência. 3. ed. rev., atual. e ampl. São Paulo: Revista dos Tribunais, 2000, p. 325 e 367; LOUREIRO, Francisco Eduardo. **Código Civil comentado**: doutrina e jurisprudência, 8. ed. In: PELUSO, Cezar (coord.). Barueri: Manole, 2014, p. 1305. No sentido de que não se pode falar em propriedade sob condição suspensiva do fiduciante: ALVES, José Carlos Moreira. **Da alienação fiduciária em garantia**. 3. ed. Rio de Janeiro: Forense, 1987, p. 161; FABIAN, Christoph. **Fidúcia**: negócios fiduciários e relações externas. Porto Alegre: Sergio Antonio Fabris Ed., 2007, p. 46.

[543] GONÇALVES, Aderbal da Cunha. **Da propriedade resolúvel**. São Paulo: Revista dos Tribunais, 1979, p. 66-67.

propriedade em si, podendo praticar, em decorrência, atos conservatórios de seu eventual direito.[544] Assim, o fiduciante é proprietário sob condição suspensiva na medida em que é *"proprietário potencial"*, enquanto a propriedade atual é apenas do fiduciário.[545]

Então, para fins práticos, tendo em vista não possuir a propriedade atual do bem, importa a condição do fiduciante de titular de um direito expectativo. Esse é o bem do fiduciante que, segundo entendimento doutrinário[546] e jurisprudencial[547], por ser transferível

---

[544] GONÇALVES, Aderbal da Cunha. **Da propriedade resolúvel.** São Paulo: Revista dos Tribunais, 1975, p. 66. No mesmo sentido: GOMES, Orlando, **Alienação Fiduciária.** 4. ed. São Paulo: Revista dos Tribunais, 1975, p. 39.

[545] GOMES, Orlando, **Alienação Fiduciária.** 4. ed. São Paulo: Revista dos Tribunais, 1975, p. 39.

[546] Para mais sobre a constrição desse direito expectativo, ver: CHALHUB, Melhim Namem. **Alienação fiduciária**: Negócio fiduciário. 5. ed. rev., atual. e ampl. Rio de Janeiro: Forense, 2017, p. 163 e 165; FABIAN, Christoph. **Fidúcia**: negócios fiduciários e relações externas. Porto Alegre: Sergio Antonio Fabris Ed., 2007, p. 284; DANTZGER, Afranio Carlos Camargo. Cessão fiduciária dos direitos do fiduciante – Financiamento bancário e consórcio. **Revista de Direito Bancário e do Mercado de Capitais**, São Paulo, v. 56, ano 15, abr./jun. 2012, p. 82-83. Conforme consta do texto de Chalhub e também do de Dantzger, arrematado o direito do fiduciante, o terceiro pode vir a se tornar proprietário do bem dado em garantia fiduciária no caso de quitação do débito perante o fiduciário, débito com o qual passa a ser responsável, ou, tendo em vista que a constrição não obsta a consolidação da propriedade em nome do fiduciário, inadimplida a dívida da qual penhorou o direito expectativo, passa a fazer jus a eventual excedente do que o fiduciário obtiver com a venda do bem para pagamento da dívida (situação que será melhor estudada no Capítulo 3.4.2.3.).

[547] A título de exemplo, cf. trecho da ementa de julgado do Superior Tribunal de Justiça: "PROCESSUAL CIVIL. PENHORA SOBRE DIREITOS. CONTRATO DE ALIENAÇÃO FIDUCIÁRIA. POSSIBILIDADE. ANUÊNCIA DO CREDOR FIDUCIÁRIO. DESNECESSIDADE. [...] 2. O Superior Tribunal de Justiça tem entendimento no sentido da viabilidade da penhora de direitos que o devedor fiduciante possui sobre o bem oriundo de contrato de alienação, não sendo requisito da constrição a anuência do credor fiduciário, uma vez que a referida penhora não prejudica o credor fiduciário, que poderá ser substituído pelo arrematante que assume todas as responsabilidades para consolidar a propriedade plena do bem alienado. Citam-se precedentes: REsp 1.703.548/AP, Rel. Ministro Francisco Falcão, Segunda Turma, DJe 14/5/2019; AgInt no AREsp 644.018/SP, Rel. Ministra Maria Isabel Gallotti, Quarta Turma, DJe 10/6/2016; REsp 901.906/DF, Rel. Ministro João Otávio de Noronha, Quarta Turma, DJe 11/2/2010. 3. Esclarece-se, por oportuno, que a penhora, na espécie, não tem o condão de afastar o exercício dos direitos do credor fiduciário resultantes do contrato de alienação fiduciária, pois, do contrário, estaria a permitir a ingerência na relação contratual sem lei que o estabeleça. Até porque os direitos do devedor fiduciante, objeto da

e possuir valor patrimonial próprio, pode ser objeto de constrição por terceiros[548].

3.3.2.3. Posição do fiduciário

Não se vislumbram grandes discrepâncias quando da utilização da propriedade resolúvel como parte da estrutura da propriedade fiduciária em relação ao fiduciante. O mesmo não se pode dizer sobre a posição do fiduciário.

Na propriedade resolúvel em geral, pendente a condição resolutiva, o titular dela atua como proprietário pleno e, no caso de não verificação da condição, deixa de existir também a restrição temporal sobre a sua propriedade. Já na propriedade fiduciária, o fiduciário não desfruta das faculdades jurídicas da propriedade plena[549] e, no caso de não pagamento da dívida, não passa automaticamente a ser proprietário pleno do bem[550], tendo a obrigação de dispor dele para pagamento da dívida.[551]

---

penhora, subsistirão na medida e na proporção em que cumprir com suas obrigações oriundas do contrato de alienação fiduciária. A propósito: REsp 910.207/MG, Rel. Ministro Castro Meira, Segunda Turma, DJ 25/10/2007; REsp 1.051.642/RS, Rel. Ministra Denise Arruda, Primeira Turma, DJe 2/2/2010; REsp 1.697.645/MG, Ministro Og Fernandes, Segunda Turma, DJe 25/4/2018. 4. Recurso Especial provido" (BRASIL, Superior Tribunal de Justiça. REsp nº 1821600/BA, Rel. Min. Herman Benjamin, Segunda Turma, j. em 13.08.2019). No mesmo sentido: BRASIL, Superior Tribunal de Justiça. AgInt no AREsp nº 1370727/SP, Rel. Min. Marco Aurélio Bellizze, Terceira Turma, j. em 25.03.2019; BRASIL, Superior Tribunal de Justiça. AgInt no AREsp nº 644.018/SP, Rel. Min. Maria Isabel Gallotti, Quarta Turma, j. em 02.06.2016; BRASIL, Superior Tribunal de Justiça. REsp nº 795.635/PB, Rel. Min. Castro Meira, Segunda Turma, j. em 27.06.2006.

[548] Vale pontuar o entendimento de que, sendo o bem dado em garantia considerado bem de família, um terceiro não poderia penhorar o direito de aquisição do fiduciante sobre ele, uma vez que "a regra da impenhorabilidade do bem de família legal também abrange o imóvel em fase de aquisição" (BRASIL, Superior Tribunal de Justiça. REsp nº 1677079/SP, Rel. Ministro Ricardo Villas Bôas Cueva, Terceira Turma, j. em 25.09.2018). No mesmo sentido: SÃO PAULO, Tribunal de Justiça de. Agravo de Instrumento nº 2059221-50.2018.8.26.0000, Rel. Desembargador Vicentini Barroso, 15ª Câmara de Direito Privado, j. em 11.05.2018; SÃO PAULO, Tribunal de Justiça de. Agravo de Instrumento nº 2082609-16.2017.8.26.0000, Rel. Desembargador Alberto Gosson, 22ª Câmara de Direito Privado, j. em 03.08.2017.

[549] Cf. Capítulo 3.3.3.
[550] As consequências do inadimplemento serão detalhadamente estudadas no Capítulo 3.4.
[551] ALVES, José Carlos Moreira. **Da alienação fiduciária em garantia**. 3. ed. Rio de Janeiro: Forense, 1987, p. 163-164.

Em razão disso, Martins entendeu por bem dissociar completamente a propriedade fiduciária da propriedade resolúvel, colocando ambas como espécies distintas do gênero propriedade limitada.[552] Contudo, essa não parece ser a melhor conclusão sobre a questão.

Isso porque foi com base na condição resolutiva e na propriedade resolúvel que a propriedade fiduciária positivada criou um mecanismo *sui generis*, que, na prática, funciona "como uma espécie de travamento que impede e naturalmente *suspende*, enquanto pendente, o aperfeiçoamento da propriedade plena em nome do fiduciário"[553].

Ou seja, a propriedade resolúvel é parte integrante do mecanismo da propriedade fiduciária, não podendo ser colocada como categoria distinta. É a propriedade resolúvel somada às limitações impostas pela lei em razão do escopo de garantia, como explicado anteriormente[554], que formam a propriedade fiduciária.[555]

Nessa linha, Restiffe Neto e Restiffe chamaram a propriedade fiduciária de "propriedade resolúvel com escopo de garantia"[556], pois, além do domínio resolúvel, ela contém um "*plus*" de outros elementos que a caracterizam. A propriedade fiduciária é sempre resolúvel, mas a propriedade resolúvel não é sempre fiduciária.[557]

É esse *plus* de limitações que se estudará na sequência.

---

[552] MARTINS, Raphael Manhães. A propriedade fiduciária no direito brasileiro: uma proposta para a construção do modelo dogmático. **Revista jurídica empresarial**, n. 14, ano 3, mai./jun. 2010, p. 151-154.

[553] RESTIFFE NETO, Paulo; RESTIFFE, Paulo Sérgio. **Garantia fiduciária**: direito e ações: manual teórico e prático com jurisprudência. 3. ed. rev., atual. e ampl. São Paulo: Revista dos Tribunais, 2000, p. 324-325. Da mesma forma, Gomes afirma que "por força da sua condição de titular de propriedade resolúvel, restringe-se seu conteúdo, não somente em razão dos ônus decorrentes dessa modalidade de domínio, como das obrigações oriundas do contrato" (GOMES, Orlando. **Alienação Fiduciária**, 4. ed. São Paulo: Revista dos Tribunais, 1975, p. 80).

[554] Cf. Capítulo 3.3.1.2.2.

[555] ALVES, José Carlos Moreira, **Da alienação fiduciária em garantia**. 3. ed. Rio de Janeiro: Forense, 1987, p. 166 e 186.

[556] RESTIFFE NETO, Paulo; RESTIFFE, Paulo Sérgio, **Garantia fiduciária**: direito e ações: manual teórico e prático com jurisprudência. 3. ed. rev., atual. e ampl. São Paulo: Revista dos Tribunais, 2000, p. 324.

[557] RESTIFFE NETO, Paulo; RESTIFFE, Paulo Sérgio. **Garantia fiduciária**: direito e ações: manual teórico e prático com jurisprudência. 3. ed. rev., atual. e ampl. São Paulo: Revista dos Tribunais, 2000, p. 506. Em igual sentido: SILVA, Fábio Rocha Pinto e. **Garantias imobiliárias em contratos empresariais**: hipoteca e alienação fiduciária. São Paulo: Almedina: 2014,

3.3.3. Propriedade fiduciária como propriedade limitada

Como visto, a propriedade fiduciária em garantia, nos termos dos artigos 1.361 do Código Civil e 22 da Lei nº 9.514/97, é transferida para o credor com o escopo específico de garantir a obrigação contraída pelo devedor, devendo, assim, ter suas atribuições limitadas ao atingimento desse escopo de garantia.

Tais quais os direitos de gozo sobre a coisa alheia, que atuam sobre a propriedade plena, comprimindo-a, na propriedade fiduciária também se vislumbra a compressão das faculdades jurídicas do proprietário, mas, nesse caso, é a lei a responsável pela limitação de seu conteúdo.[558] A lei regulará, considerando a função de garantia, os poderes atribuídos ao fiduciário ao longo da relação jurídica.[559]

E, considerando esse escopo de garantia de uma obrigação, limitadíssimo se comparado à gama de faculdades que o direito de propriedade proporciona, poucos são os poderes sobre o bem objeto da propriedade fiduciária efetivamente atribuídos ao fiduciário.

Tratando-se de uma relação acessória, de garantia, se o fiduciário pudesse se valer de todas as faculdades de proprietário, isso certamente extrapolaria a finalidade de garantia. Por que o fiduciário poderia usar de um bem se teria sua propriedade unicamente para assegurar a quitação de uma dívida em caso de inadimplemento? Como teria direito aos frutos do bem sem que isso afetasse a obrigação garantida? Afinal, como colocado por Chalhub, "o poder do credor sobre o bem visa a realização do seu valor econômico, para satisfação do crédito"[560].

Justamente por isso, os direitos de uso e gozo do bem são normalmente suprimidos dos poderes do fiduciário[561], o que ocorre, em regra, pela

---

p. 127. Essa soma também é mencionada por Fachin, que afirma ser o fiduciário "dono dos bens transferidos de modo restrito e resolúvel" (FACHIN, Luiz Edson. **Comentários ao Código Civil**: parte especial: direito das coisas, v. 15 (arts. 1.277 a 1.368). In: AZEVEDO, Antônio Junqueira de (coord.). São Paulo: Saraiva, 2003, p. 340).

[558] ALVES, José Carlos Moreira. **Da alienação fiduciária em garantia**. 3. ed. Rio de Janeiro: Forense, 1987, p. 166.

[559] OLIVA, Milena Donato. **Do negócio fiduciário à fidúcia**. São Paulo: Atlas, 2014, p. 43.

[560] CHALHUB, Melhim Namem. **Alienação fiduciária**: Negócio fiduciário. 5. ed. rev., atual. e ampl. Rio de Janeiro: Forense, 2017, p. 158.

[561] LOUREIRO, Francisco Eduardo. **Código Civil comentado**: doutrina e jurisprudência, 8. ed. In: PELUSO, Cezar (coord.). Barueri: Manole, 2014, p. 1302; CHALHUB, Melhim

própria manutenção do fiduciante na posse desses bens, como se verá a seguir. O próprio poder de dispor do bem, em que pese não suprimido completamente, é severamente enfraquecido.[562]

Por isso a propriedade fiduciária deve ser vista nessa acepção de propriedade limitada[563], ou, segundo Alves, "limitadíssima", já que, além da resolubilidade, sofre as fortes restrições decorrentes da finalidade de garantia.[564]

O fiduciário não adquire a propriedade plena do bem, mas uma propriedade com as faculdades inerentes ao domínio muito enfraquecidas.[565] A razão é simples: enquanto na propriedade plena o bem se vincula definitivamente ao proprietário, conferindo a ele os poderes de usar, gozar e dispor, na propriedade fiduciária o bem é vinculado ao proprietário temporariamente para o cumprimento de uma obrigação.[566]

Nesse sentido o artigo 1.367 do Código Civil, que estabelece que a propriedade fiduciária, de bens móveis e imóveis, não se equipara, "para quaisquer efeitos, à propriedade plena de que trata o artigo 1.231"[567].[568]

Namem, **Alienação fiduciária**: Negócio fiduciário. 5. ed. rev., atual. e ampl. Rio de Janeiro: Forense, 2017, p. 142; CASTRO, João Mendes de Oliveira; et al. Temas polêmicos de alienação fiduciária em garantia: a responsabilidade do credor fiduciário por obrigações propter rem. **Revista de Direito Bancário e do Mercado de Capitais**, São Paulo, v. 74, p. 175-202, out./dez. 2016.

[562] GOMES, Orlando. **Alienação Fiduciária**. 4. ed. São Paulo: Revista dos Tribunais, 1975, p. 80.

[563] NORONHA, Fernando. A alienação fiduciária em garantia e o leasing financeiro como supergarantias das obrigações. **Revista dos Tribunais**, São Paulo, v. 845, mar. 2006, p. 37-49.

[564] ALVES, José Carlos Moreira. **Da alienação fiduciária em garantia**. 3. ed. Rio de Janeiro: Forense, 1987, p. 130.

[565] GOMES, Orlando, **Alienação Fiduciária**. 4. ed. São Paulo: Revista dos Tribunais, 1975, p. 80.

[566] CHALHUB, Melhim Namem. **Alienação fiduciária**: Negócio fiduciário. 5. ed. rev., atual. e ampl. Rio de Janeiro: Forense, 2017, p. 139-140. O artigo 1.367 do Código Civil remete a propriedade fiduciária para as disposições gerais dos direitos reais de garantia, onde consta, no artigo 1.419, que "o bem dado em garantia fica sujeito, por vínculo real, ao cumprimento da obrigação". A diferença é que nos direitos reais de garantia se está a tratar de vinculação de bem alheio à obrigação, enquanto na propriedade fiduciária se trata de bem próprio.

[567] Cf. a redação do artigo 1.231: "Art. 1.231. A propriedade presume-se plena e exclusiva, até prova em contrário".

[568] Essa disposição legal demonstra como deve ser interpretado o artigo 22, §1º, da Lei nº 9.514/97, no qual consta que a alienação fiduciária de imóvel poderia ter como objeto

Importante ressaltar apenas que, em se tratando de direito real oponível *erga omnes*, o fiduciário terá sempre o direito de sequela, de perseguir o bem no poder de quem quer que injustamente o detenha.[569]

Delineada a limitação geral que sofre a propriedade fiduciária, abaixo serão brevemente demonstradas as limitações ao uso, ao gozo e à disposição dos bens dados em garantia para o fiduciário, sendo que as duas primeiras faculdades estarão englobadas na exposição da questão da posse nas garantias fiduciárias, já que usualmente ligadas a ela.

3.3.3.1. Posse

As limitações do fiduciário de usar e gozar do bem que recebeu como garantia fiduciária normalmente são decorrência da própria atribuição da posse direta desses bens ao fiduciante, o que por si só limita o exercício dessas faculdades pelo fiduciário.

Isso porque a posse, nos exatos termos do artigo 1.196 do Código Civil, é o exercício de fato "de algum dos poderes inerentes à propriedade". Seria a posse, então, o senhorio de fato sobre o bem, o elemento exterior da propriedade.[570] Nas palavras de Wald, "constitui, pois, a posse uma situação de fato, na qual alguém mantém determinada coisa sob sua guarda e para seu uso ou gozo, tendo ou não a intenção de considerá-la como de sua propriedade"[571].

---

a propriedade plena. Como se viu, a propriedade plena é incompatível com a propriedade fiduciária com função de garantia e o artigo 1.367 do Código Civil esclarece justamente isso, inclusive para bens imóveis, que são os regulados pela mencionada Lei nº 9.514/97. Daí que a utilização da expressão "além da propriedade plena" no artigo 22, §1º, dessa lei deve ser interpretado como forma atécnica de diferenciação da propriedade para os demais direitos reais passíveis de serem objeto da garantia fiduciária, listados na sequência do dispositivo, nos incisos I a IV do §1º.

[569] Cf.: ALVES, José Carlos Moreira. **Da alienação fiduciária em garantia**. 3. ed. Rio de Janeiro: Forense, 1987, p. 80; CASTRO, João Mendes de Oliveira; et al. Temas polêmicos de alienação fiduciária em garantia: a responsabilidade do credor fiduciário por obrigações propter rem. **Revista de Direito Bancário e do Mercado de Capitais**, São Paulo, v. 74, out./dez. 2016, p. 175-202.

[570] LOPES, Miguel Maria de Serpa. **Curso de direito civil**, v. 6: Direito das coisas. Atualização de José Serpa Santa Maria. 4. ed. e rev. Rio de Janeiro: Freitas Bastos, 1996, p. 108.

[571] WALD, Arnoldo. **Direito das coisas**, 11. ed. rev., aum. e atual. com a colaboração dos professores Álvaro Villaça Azevedo e Véra Fradera. São Paulo: Saraiva, 2002, p. 29.

A posse tem os aspectos externos da propriedade, sem necessariamente precisar coincidir com ela, já que pode existir sobre coisa alheia. A propriedade, em seu turno, além do aspecto exterior, possui também o interior que lhe é essencial, a titularidade do bem.[572] Ou seja, a simples atribuição da posse do bem dado em garantia ao fiduciante e não ao fiduciário implica uma limitação dos poderes deste, uma vez que, no caso da alienação fiduciária, ela permite que exclusivamente o fiduciante use e goze do bem.

E quando da criação da alienação fiduciária, a manutenção do fiduciante na posse do bem era algo tido como certo, não só pela expressa disposição legal nesse sentido[573], mas também porque uma das razões de sua criação foi justamente essa possibilidade de o devedor ficar fisicamente com o bem ainda que a propriedade fosse transferida ao credor.[574] Aquele que pretendia adquirir bem durável para consumo imediato, utilizando-o como garantia da obrigação contraída para adquiri-lo, poderia utilizá-lo enquanto perdurasse o financiamento.[575] Da mesma forma, aquele que quisesse apenas obter um empréstimo para financiamento de sua atividade, poderia dar em garantia bem de produção sem que isso afetasse a utilização do bem pela empresa.

Importa ressaltar que, nos casos de atribuição da posse ao fiduciante, o proprietário fiduciário não fica sem posse alguma, algo que é vedado

---

[572] LOPES, Miguel Maria de Serpa, **Curso de direito civil**, v. 6: Direito das coisas. Atualização de José Serpa Santa Maria. 4. ed. e rev. Rio de Janeiro: Freitas Bastos, 1996, p. 98.

[573] Cf. o artigo 66, *caput*, da Lei nº 4.728/65, com a redação dada pelo Decreto-Lei nº 911/69.

[574] A título de exemplo, Alves chegou a defender a não aplicação da alienação fiduciária para os créditos justamente pelas incongruências que geraria o fiduciante ser o possuidor direto nesses casos. Entendia que o fiduciante, ao receber diretamente as importâncias, acabaria esvaziando a garantia (ALVES, José Carlos Moreira. **Da alienação fiduciária em garantia**. 3. ed. Rio de Janeiro: Forense, 1987, p. 129-131).

[575] Veja-se trecho de Chalhub: "Aspecto particularmente relevante na caracterização da propriedade fiduciária em garantia é a manutenção do devedor-fiduciante na posse e no controle do bem alienado fiduciariamente, até porque nas operações em que a aplicação da alienação fiduciária em garantia é mais frequente – isto é, a da aquisição de bens de consumo duráveis ou de bens imóveis – a função do financiamento, do qual a propriedade fiduciária é acessória, é propiciar ao fiduciante a imediata e plena fruição do bem objeto dessa espécie de garantia". (CHALHUB, Melhim Namem. **Alienação fiduciária**: Negócio fiduciário. 5. ed. rev., atual. e ampl. Rio de Janeiro: Forense, 2017, p. 110).

pelo sistema jurídico brasileiro.[576] A posse se desdobra, tornando-se o fiduciante possuidor direto e o fiduciário o possuidor indireto, conforme expresso nos artigos 1.361, §2º, do Código Civil[577] e 23, parágrafo único, da Lei nº 9.514/97[578].

Esse desdobramento se identifica de acordo com o contato material mais ou menos próximo entre o possuidor e o bem, sendo o possuidor direto (ou imediato) aquele que está em contato direto com o bem e o possuidor indireto aquele que transmitiu a posse do bem ao possuidor direto.[579] Esse concurso de posses é perfeitamente harmônico, já que "a posse direta, subordinada hierárquica da posse indireta, cuja existência pressupõe, desenvolve sua atividade dentro de um âmbito determinado de direitos"[580].

Considerando, ademais, que o fiduciante, em boa parte das garantias fiduciárias já detinha a posse anteriormente à constituição da garantia, a transmissão dela para o fiduciário se dá por meio de uma forma de tradição ficta[581], o chamado constituto possessório.[582]

---

[576] GOMES, Orlando. **Alienação Fiduciária**. 4. ed. São Paulo: Revista dos Tribunais, 1975, p. 81.

[577] "Art. 1.361. [...] § 2o Com a constituição da propriedade fiduciária, dá-se o desdobramento da posse, tornando-se o devedor possuidor direto da coisa".

[578] "Art. 23. [...] Parágrafo único. Com a constituição da propriedade fiduciária, dá-se o desdobramento da posse, tornando-se o fiduciante possuidor direto e o fiduciário possuidor indireto da coisa imóvel".

[579] WALD, Arnoldo. **Direito das coisas**. 11. ed. rev., aum. e atual. com a colaboração dos professores Álvaro Villaça Azevedo e Véra Fradera. São Paulo: Saraiva, 2002, p. 60.

[580] LOPES, Miguel Maria de Serpa. **Curso de direito civil**, v. 6: Direito das coisas. Atualização de José Serpa Santa Maria. 4. ed. e rev. Rio de Janeiro: Freitas Bastos, 1996, p. 157. Para mais sobre o desdobramento da posse, ver: LOPES, Miguel Maria de Serpa. Curso de direito civil, v. 6: Direito das coisas. Atualização de José Serpa Santa Maria. 4. ed. e rev. Rio de Janeiro: Freitas Bastos, 1996, p. 157-160.

[581] Como explica Gomes, a coisa não precisa necessariamente ser entregue fisicamente ao fiduciário para a transmissão da posse, pois admite-se a tradição feita de forma "simbólica, espiritual, que pode ser presumida por determinação legal" (GOMES, Orlando. **Alienação Fiduciária**. 4. ed. São Paulo: Revista dos Tribunais, 1975, p. 77). São espécies de tradição *ficta* o constituto possessório e a *traditio brevi manu*, de modo que com eles "a posse se transmite sem que se torne preciso o deslocamento da coisa do poder de quem a detém". (LOPES, Miguel Maria de Serpa. **Curso de direito civil**, v. 6: Direito das coisas. Atualização de José Serpa Santa Maria. 4. ed. e rev. Rio de Janeiro: Freitas Bastos, 1996, p. 192).

[582] Cf.: GOMES, Orlando, **Alienação Fiduciária**. 4. ed. São Paulo: Revista dos Tribunais, 1975, p. 76-80; RESTIFFE, Paulo Sérgio. Garantias tradicionais no novo Código Civil. **Revista**

Normalmente, transfere-se a posse pela apreensão física da coisa pelo novo possuidor. No entanto, há casos, como nas garantias fiduciárias, em que o possuidor atual transmite o bem para um terceiro e passa a possuí-lo em nome dele. Nessa hipótese, não há necessidade de nova apreensão de quem continuará com a posse, basta a mudança de ânimo deste (fiduciante, no caso) para passar a possuir o bem em nome alheio (o fiduciário, no caso). É essa mudança de ânimo do possuidor que atribui fictamente a posse a terceiro que se chama de constituto possessório.[583]

Evita-se, com isso, a necessidade de o fiduciante transmitir o bem ao fiduciário para que este, na sequência, restitua o bem recebido. Com o constituto possessório, simultaneamente a um ato de alienação, se faz um "ato de reserva da guarda ou uso da coisa alienada"[584]. E o constituto possessório implica o desdobramento da posse. É por meio dessa forma de tradição *ficta*, portanto, que o fiduciário se torna possuidor indireto e o fiduciante possuidor direto. Não fosse assim, sem qualquer tipo de tradição, não poderia o fiduciário ser considerado possuidor.[585]

Isso acarreta vantagens na estrutura das garantias fiduciárias em que a posse direta permanece com o fiduciante. Sendo ambas as partes possuidoras, ambas dispõem da tutela possessória não só para defender a posse contra terceiros, mas para buscá-la ou defendê-la na própria relação entre fiduciário e fiduciante.[586]

Ou seja, com o desdobramento da posse, o credor, no caso de inadimplemento (momento a partir do qual deixa de existir justo título do devedor), pode facilmente buscar a tutela possessória para obter também

---

dos Tribunais, São Paulo, v. 821, mar. 2004, p. 731 et seq; VENOSA, Sílvio de Salvo. **Código civil comentado**: direito das coisas, posse, direitos reais, propriedade, artigos 1.196 a 1.368, v. XII. In: AZEVEDO, Álvaro Villaça (coord.). São Paulo: Atlas, 2003, p. 515; VIANA, Marco Aurelio da Silva. **Comentários ao Novo Código Civil**, v. xvi: dos direitos reais. In: TEIXEIRA, Sálvio de Figueiredo (coord.). Rio de Janeiro: Forense, 2003, p. 526.

[583] PEREIRA, Lafayette Rodrigues. **Direito das coisas**, adaptação ao Código Civil por José Bonifácio de Andrada e Silva. 6. ed. Rio de Janeiro: Freitas Bastos, 1956, p. 50-51.

[584] LOPES, Miguel Maria de Serpa, **Curso de direito civil**, v. 6: Direito das coisas. Atualização de José Serpa Santa Maria. 4. ed. e rev. Rio de Janeiro: Freitas Bastos, 1996, p. 192-193.

[585] GOMES, Orlando, **Alienação Fiduciária**. 4. ed. São Paulo: Revista dos Tribunais, 1975, p. 78.

[586] LOUREIRO, Francisco Eduardo. **Código Civil comentado**: doutrina e jurisprudência, 8. ed. In: PELUSO, Cezar (coord.). Barueri: Manole, 2014, p. 1.302.

a posse direta do bem, enquanto o fiduciante, caso inexista o inadimplemento, pode se defender de medidas possessórias intentadas pelo credor injustamente.[587]

Mas se originariamente esse desdobramento da posse era tido como certo, com a consolidação do triplo regime foram estabelecidas hipóteses excepcionais em que, considerando a particularidade de alguns bens, a posse direta deles fica com o fiduciário. São eles os bens móveis fungíveis e os direitos creditórios (no que se incluem os títulos de crédito).[588]

Prevê o §3º do art. 66-B da Lei nº 4.728/65 que, com relação a esses bens, "salvo disposição em contrário, a posse direta e indireta do bem objeto da propriedade fiduciária ou do título representativo do direito ou do crédito é atribuída ao credor". Na mesma linha, com relação exclusivamente aos direitos creditórios, já previa o artigo 19, I, da Lei nº 9.514/97 que compete ao fiduciário conservar a posse dos títulos representativos dos créditos.

O fiduciário ter o bem fungível em sua posse direta acaba por dar mais coesão ao instituto, afastando as principais críticas com relação à alienação fiduciária desse tipo de bem, no sentido de que o fiduciante, por serem os bens fungíveis, não precisaria dar ao credor o bem de que ele era efetivamente o dono no caso de inadimplemento, mas sim outro de mesmo gênero, qualidade e quantidade.[589] Estando o fiduciário na posse direta

---

[587] É o que ressalta Loureiro: "Ambos são possuidores, dispõem de tutela possessória para defender a posse contra atos ilícitos de terceiros, assim como um contra o outro, sempre que as respectivas condutas afrontarem os poderes convencionalmente atribuídos ao credor fiduciário e ao devedor fiduciante. Cabe, por exemplo, ação possessória do devedor contra tentativa ilícita do credor de retomar a posse direta do bem alienado. Cabe, também, ação possessória do credor contra o devedor, quando houver quebra do dever de restituição, ou quando o devedor colocar em risco de perda ou tentar alienar a coisa que não lhe pertence" (LOUREIRO, Francisco Eduardo, **Código Civil comentado**: doutrina e jurisprudência, 8. ed. In: PELUSO, Cezar (coord.). Barueri: Manole, 2014, p. 1.302). Nesse sentido, ver também: ALVES, José Carlos Moreira. **Da alienação fiduciária em garantia**. 3. ed. Rio de Janeiro: Forense, 1987, p. 181; WALD, Arnoldo. Da alienação fiduciária. **Revista dos Tribunais**, São Paulo, v. 400, ano 58, fev. 1969, p. 26; CHALHUB, Melhim Namem. **Alienação fiduciária**: Negócio fiduciário. 5. ed. rev., atual. e ampl. Rio de Janeiro: Forense, 2017, p. 305.

[588] Nesse sentido, ver: CHALHUB, Melhim Namem, **Alienação fiduciária**: Negócio fiduciário. 5. ed. rev., atual. e ampl. Rio de Janeiro: Forense, 2017, p. 107.

[589] Cf. Capítulo 3.2.1.1.1.

do bem fungível, contudo, sabe-se que o bem que se consolidará em sua propriedade será aquele efetivamente recebido como garantia.

Com relação aos direitos creditórios, longe de se querer discutir a possibilidade de exercício da posse sobre direitos pessoais, discussão histórica que não seria pertinente aprofundar neste estudo[590], fato é que a lei, ainda que se referindo aos títulos que representam esses créditos, positivou essa possibilidade. É possível dizer, então, que a posse direta dos créditos permanece com o fiduciário.[591]

---

[590] O que não é empecilho para se fazer uma breve explanação: Por a posse consistir em uma exterioridade ou aparência dos atributos da propriedade, questiona-se se os direitos pessoais, como é o caso do direito creditício, poderiam ser objeto dela. A discussão sobre isso se pautou muito em quais bens seriam dignos de receber a proteção possessória (até em razão de um embate jurisprudencial criado sobre a possibilidade de proteção possessória de cargos) e pouco sobre a possibilidade de exercício dos atributos da propriedade em si (cf. LOUREIRO, Francisco Eduardo. **Código Civil comentado**: doutrina e jurisprudência, 8. ed. In: PELUSO, Cezar (coord.). Barueri: Manole, 2014, p. 1085-1086; LOPES, Miguel Maria de Serpa. **Curso de direito civil**, v. 6: Direito das coisas. Atualização de José Serpa Santa Maria. 4. ed. e rev. Rio de Janeiro: Freitas Bastos, 1996, p. 107-108). Prevaleceu na doutrina o entendimento de que direitos pessoais não poderiam ser objeto de posse (cf. WALD, Arnoldo. **Direito das coisas**. 11. ed. rev., aum. e atual. com a colaboração dos professores Álvaro Villaça Azevedo e Véra Fradera. São Paulo: Saraiva, 2002, p. 52-53; VENOSA, Sílvio de Salvo. **Direito civil: reais**. 18. ed. São Paulo: Atlas, 2018, p. 55 e 109. Em sentido contrário: GOMES, Orlando. **Direito reais**. Atualização de Humberto Theodoro Júnior. 18. ed. e atual. Rio de Janeiro: Forense: 2002, p. 34-36). Para mais sobre a discussão, ver: LOPES, Miguel Maria de Serpa, **Curso de direito civil**, v. 6: Direito das coisas. Atualização de José Serpa Santa Maria. 4. ed. e rev. Rio de Janeiro: Freitas Bastos, 1996, p. 34; MONTEIRO, Washington de Barros. **Curso de direito civil**, v. 3: Direito das coisas. 35. ed. rev. e atual. São Paulo: Saraiva, 1999, p. 22-23.

[591] Nesse sentido, cf.: CHALHUB, Melhim Namem; ASSUMPÇÃO, Márcio Calil de. Cessão fiduciária de direitos creditórios: aspectos da sua natureza jurídica e seu tratamento no concurso de credores. **RTDC**: Revista Trimestral de Direito Civil, Rio de Janeiro, v. 10, n. 38, abr./jun. 2009, p. 86 e 94; LOBO, Jorge. Cessão Fiduciária em garantia de recebíveis performados e a performar. In: ANDRIGHI, Fátima Nancy, BENETI, Sidnei, ABRÃO, Carlos Henrique. **10 anos de vigência da lei de recuperação e falência**: (Lei n. 11.101/2005): retrospectiva geral contemplando a Lei n. 13.043/2014 e a Lei Complementar n. 147/2014. São Paulo: Saraiva, 2015, p. 61, 63 e 76-77; COELHO, Fábio Ulhoa. A cessão fiduciária de títulos de crédito ou direitos creditórios e a recuperação judicial do devedor cedente. **Revista Magister de Direito Empresarial, Concorrencial e do Consumidor**, Porto Alegre n. 34, ano 6, jul./ago. 2010, p. 28 e 33; SACRAMONE, Marcelo Barbosa; PIVA, Fernanda Neves. Cessão fiduciária de créditos na recuperação judicial: Requisitos e limites à luz da jurisprudência. **Revista de Direito Bancário e do Mercado de Capitais**, São Paulo, v. 72, abr./jun. 2016,

Há uma razão lógica quanto a esse tipo de bem também: se o fiduciante permanecesse na posse dos créditos, podendo receber do devedor esses valores que serviriam para assegurar a dívida, teria facilidade em consumi-los e esvaziar a garantia.[592] Então, sendo o próprio fiduciário o possuidor do crédito, não só tem liberdade para cobrá-lo, especialmente em se tratando de título de crédito, como tem o poder para controlar o produto dessa cobrança.[593]

Mas, apesar de a posse direta atribuída ao fiduciário em algumas hipóteses tirar do desdobramento da posse o caráter de característica geral das garantias fiduciárias, isso não permite ao fiduciário que use e goze do bem sem limitações. A propriedade continua sendo fiduciária, ou seja, limitada pelo escopo pactuado.[594]

Prova disso está, por exemplo, no tratamento dado à alienação fiduciária de ações. O artigo 113, parágrafo único, da Lei nº 6.404/76, impede, expressamente, o fiduciário de exercer o direito de voto, sendo permitida apenas a limitação contratual desse poder que cabe ao fiduciante. Além disso, exceto se o direito aos dividendos também tiver sido cedido fiduciariamente, o fiduciário não poderá deles se apropriar para a quitação da dívida.[595]

---

p. 133-155; AMENDOLARA, Cesar. Alienação Fiduciária Como Instrumento de Fomento à Concessão de Crédito. In: WAISBERG, Ivo; FONTES, Marcos Rolim Fernandes (coord.). **Contratos Bancários**. São Paulo: Quartier Latin, 2006, p. 188.

[592] Eram nesse sentido, por exemplo, as críticas de Alves sobre a possibilidade de utilização de títulos de crédito como objeto de garantias fiduciárias, justamente porque, à época, se considerava que o possuidor direto seria o próprio fiduciante (ALVES, José Carlos Moreira. **Da alienação fiduciária em garantia**. 3. ed. Rio de Janeiro: Forense, 1987, p. 131).

[593] CHALHUB, Melhim Namem. **Alienação fiduciária**: Negócio fiduciário. 5. ed. rev., atual. e ampl. Rio de Janeiro: Forense, 2017, p. 101.

[594] CHALHUB, Melhim Namem. ASSUMPÇÃO, Márcio Calil de. Cessão fiduciária de direitos creditórios: aspectos da sua natureza jurídica e seu tratamento no concurso de credores. **RTDC: Revista Trimestral de Direito Civil**, Rio de Janeiro, v. 10, n. 38, abr./jun. 2009, p. 376.

[595] Nesse sentido: EIZIRIK, Nelson. **Lei das S/A comentada**, v. 1. São Paulo: Quartier Latin, 2011, p. 255; CARVALHOSA, Modesto; KUYVEN, Fernando. **Tratado de direito empresarial**, v. 3. São Paulo: Revista dos Tribunais, 2016, p. 521; TEIXEIRA, Egberto Lacerda; GUERREIRO, José Alexandre Tavares. **Das sociedades anônimas no direito brasileiro**. São Paulo: J. Bushatsky, 1979, p. 249; CAMPINHO, Sérgio. **Sociedades anônimas**. 2. ed. São Paulo: Saraiva, 2017, p. 152. Em sentido contrário: MARTINS, Fran. **Comentários à Lei das Sociedades Anônimas**. 4. ed., rev. e atual. Rio de Janeiro: Forense, 2010, p. 148; ROBERT,

Quanto aos créditos de posse direta do fiduciário, ainda que ele detenha o controle sobre os valores decorrentes dos créditos cedidos, não poderá se apropriar dos valores ou dos frutos desses valores enquanto não inadimplida a dívida. Afinal, esses valores são meramente assecuratórios e não a própria forma de adimplemento da obrigação.

Isso fica claro do artigo 19, § 1º, da Lei nº 9.514/97, que determina que "as importâncias recebidas na forma do inciso IV deste artigo[596], depois de deduzidas as despesas de cobrança e de administração, serão creditadas ao devedor cedente, na operação objeto da cessão fiduciária, até final liquidação da dívida e encargos".

Justamente por isso foram criados meios para que o fiduciário pudesse manter um controle sobre os créditos dados em garantia, de modo a existir um conforto quanto à sua higidez, o que é costumeiramente feito pela trava de domicílio bancário, conhecida apenas por "trava bancária". Com ela, os recursos provenientes do crédito cedido devem ser depositados em conta do cedente de movimentação restrita (necessitando normalmente de autorização do fiduciário para efetivação de eventuais transações).

Portanto, não há dúvidas de que a propriedade fiduciária limita quase que por completo os poderes de uso e gozo do fiduciário. Mas não é só. Como se verá na sequência, o poder de disposição do fiduciário também encontra severas limitações.

3.3.3.2. Disposição

Em que pesem alguns entendimentos de que o fiduciário, por inexistir restrição legal expressa e por a propriedade resolúvel permitir esta faculdade, estaria livre para alienar o bem recebido em garantia,[597] é mais correto considerar que o fiduciário só terá o poder de disposição do bem após

---

Bruno. **Dividendo mínimo obrigatório nas S.A.**: apuração, declaração e pagamento. São Paulo: Quartier Latin, 2011, p. 90-91.

[596] Cf. a redação de tal inciso: "Art. 19. Ao credor fiduciário compete o direito de: [...] IV – receber diretamente dos devedores os créditos cedidos fiduciariamente".

[597] Cf.: GOMES, Orlando. **Alienação Fiduciária**. 4. ed. São Paulo: Revista dos Tribunais, 1975, p. 23; ALVES, Vilson Rodrigues. **Alienação fiduciária em garantia**: as ações de busca e apreensão e depósito – a impossibilidade de prisão civil do devedor. Campinas: Millennium Ed., 1998, p. 34.

eventual inadimplemento da dívida, pois é a única hipótese que se alinha com o escopo de garantia da propriedade fiduciária.

De fato, tendo a propriedade fiduciária fim de garantia, só poderá o fiduciário vender o bem para assegurar o cumprimento da obrigação, ou seja, unicamente no caso de ela não ser adimplida.[598] A lei é clara no sentido de que é apenas após esse momento que a disposição do bem passa a ser exercível. O artigo 66-B, §3º, da Lei nº 4.728/65 dispõe claramente que "em caso de inadimplemento ou mora da obrigação garantida, poderá vender a terceiros o bem objeto da propriedade fiduciária". Só a partir daí é que o bem pode ser vendido.

Na mesma linha, pela Lei nº 9.514/97, é a partir do vencimento e não pagamento da dívida que se iniciará todo um procedimento extrajudicial para a venda do bem, conforme artigos 26 e 27 da referida lei. Não teria qualquer lógica imaginar que após o inadimplemento seria necessário um procedimento regrado para a venda, mas antes disso o fiduciário poderia vendê-lo livremente.

O Código Civil, por sua vez, em linha com a Lei nº 4.728/65, ressalta em seu artigo 1.364 que "vencida a dívida, e não paga, fica o credor obrigado a vender [...] a coisa a terceiros". Apesar de, nesse caso, estar escrito que é a partir do inadimplemento que o fiduciário fica "obrigado" a vender o bem, podendo-se imaginar que até então ele poderia, mas não estaria obrigado a vendê-lo, a interpretação a ser dada, pela lógica das garantias fiduciárias, é de que essa venda só poderia ocorrer em tal momento, assim como nos demais artigos expostos.

Portanto, enquanto a dívida está sendo regularmente paga, sem inadimplemento por parte do fiduciante, é como se a propriedade fiduciária contasse, como explica Azevedo, com "verdadeira cláusula de inalienabilidade"[599].

Dá força a essa tese o artigo 88, § 3º, da Lei nº 11.196/05, no qual se reforçou que "a cessão em garantia de que trata o caput deste artigo

---

[598] Cf.: RESTIFFE NETO, Paulo; RESTIFFE, Paulo Sérgio. **Garantia fiduciária**: direito e ações: manual teórico e prático com jurisprudência. 3. ed. rev., atual. e ampl. São Paulo: Revista dos Tribunais, 2000, p. 329; LOUREIRO, Francisco Eduardo. **Código Civil comentado**: doutrina e jurisprudência, 8. ed. In: PELUSO, Cezar (coord.). Barueri: Manole, 2014, p. 1302.
[599] AZEVEDO, Álvaro Villaça. Alienação fiduciária de bem imóvel. **Revista Magister de Direito Civil e Processual Civil**, Porto Alegre, n. 1, ano 1, jul./ago. 2004, p. 43.

constitui regime fiduciário sobre as quotas cedidas, que ficam indisponíveis, inalienáveis e impenhoráveis".

A única exceção à indisponibilidade é a possibilidade de cessão pelo fiduciário de seu próprio crédito para terceiros, hipótese em que, sendo a propriedade acessória da obrigação principal, também se operará a transmissão da propriedade fiduciária.[600] E se o fiduciário não é livre para dispor do bem enquanto não inadimplida a dívida, só é possível concluir que tal bem tampouco poderia ser excutido por credores do próprio fiduciário, na hipótese de ele passar a não arcar com suas obrigações perante terceiros.[601]

Conforme dispõe o Código Civil (artigo 1.911), a inalienabilidade implica a impenhorabilidade.[602] Em razão disso, o Código de Processo Civil (Lei nº 13.105/15) prevê que não estão sujeitos à ação de execução os bens inalienáveis e os impenhoráveis.[603] Por isso que o já mencionado artigo 88 da Lei nº 11.196/65 trouxe a inalienabilidade e a impenhorabilidade conjuntamente, como características das quotas em propriedade fiduciária com função de garantia.

---

[600] Nesse sentido: LOUREIRO, Francisco Eduardo. **Código Civil comentado**: doutrina e jurisprudência, 8. ed. In: PELUSO, Cezar (coord.). Barueri: Manole, 2014, p. 1302; CHALHUB, Melhim Namem. **Alienação fiduciária**: Negócio fiduciário. 5. ed. rev., atual. e ampl. Rio de Janeiro: Forense, 2017, p. 243; FABIAN, Christoph. **Fidúcia**: negócios fiduciários e relações externas. Porto Alegre: Sergio Antonio Fabris Ed., 2007, p. 290-291. Veja-se também os artigos 28 da lei nº 9.514/97 e 1.368 do Código Civil.

[601] Em direção oposta, Wald afirma que "transferida a propriedade de certos bens a um fiduciário e passando este a ser o dono exclusivo de tal patrimônio, os bens passariam a estar expostos a qualquer execução de dívidas do fiduciário com as quais fiduciante e beneficiário nenhuma ligação têm. Da mesma forma, estariam sujeitos a uma eventual falência do fiduciário [...] pois, a falência compreende todos os bens do devedor" (WALD, Arnoldo. Algumas considerações a respeito da utilização do "trust" no direito brasileiro. **Revista de Direito Mercantil, Industrial, Econômico e Financeiro**, São Paulo, n. 99, ano 34, jul./set. 1995, p. 111). Em sentido semelhante: FABIAN, Christoph, **Fidúcia**: negócios fiduciários e relações externas. Porto Alegre: Sergio Antonio Fabris Ed., 2007, p. 247 e 290-291; ALVES, Vilson Rodrigues. **Alienação fiduciária em garantia**: as ações de busca e apreensão e depósito – a impossibilidade de prisão civil do devedor. Campinas: Millennium Ed., 1998, p. 40.

[602] "Art. 1.911. A cláusula de inalienabilidade, imposta aos bens por ato de liberalidade, implica impenhorabilidade e incomunicabilidade".

[603] "Art. 832. Não estão sujeitos à execução os bens que a lei considera impenhoráveis ou inalienáveis.
Art. 833. São impenhoráveis: I – os bens inalienáveis e os declarados, por ato voluntário, não sujeitos à execução; [...]".

Quanto à possibilidade de falência do fiduciário, ainda que o bem possa ser arrecadado na massa falida, tendo em vista que é de propriedade dele, não tem o síndico, assim como não tinha o fiduciário, o poder de vender o bem para pagar os credores do fiduciário, que está indisponível enquanto a dívida não está inadimplida. Logo, quitada a dívida, o fiduciante poderá retomar o bem automaticamente.[604]

Ademais, ainda que uma alienação ou expropriação equivocadamente ocorresse, ela seria inoponível contra o fiduciante caso ele quitasse a dívida, pois, como demonstrado[605], ele possui direito real de aquisição do bem, podendo reavê-lo com quem quer que o detenha. É o que deixa claro Gonçalves, forte na lição de que a propriedade resolúvel leva consigo o "gérmen da morte"[606].

Então, em qualquer caso, o que está disponível para os credores do fiduciário, como ressaltado ao se falar da faculdade de dispor do bem, é o próprio crédito do fiduciário perante o fiduciante. Esse crédito sim pode ser penhorado e arrematado, acompanhando-o, nesse caso, por sua acessoriedade, a propriedade fiduciária do bem.[607]

3.3.3.3. Patrimônio de afetação

De todas essas limitações impostas pela lei ao fiduciário e a terceiros credores do fiduciário, é possível dizer que a propriedade fiduciária com função de garantia constitui um verdadeiro patrimônio de afetação.[608]

---

[604] GOMES, Orlando. **Alienação Fiduciária**. 4. ed. São Paulo: Revista dos Tribunais, 1975, p. 142-143.
[605] Cf. Capítulo 3.3.2.
[606] GONÇALVES, Aderbal da Cunha. **Da propriedade resolúvel**. São Paulo: Revista dos Tribunais, 1979, p. 128.
[607] CHALHUB, Melhim Namem. **Alienação fiduciária**: Negócio fiduciário. 5. ed. rev., atual. e ampl. Rio de Janeiro: Forense, 2017, p. 163.
[608] Nesse sentido, cf.: CHALHUB, Melhim Namem, **Alienação fiduciária**: Negócio fiduciário. 5. ed. rev., atual. e ampl. Rio de Janeiro: Forense, 2017, p. 45, 173 e 382; CHALHUB, Melhim Namem; ASSUMPÇÃO, Márcio Calil de. Cessão fiduciária de direitos creditórios: aspectos da sua natureza jurídica e seu tratamento no concurso de credores. **RTDC**: Revista Trimestral de Direito Civil, Rio de Janeiro, v. 10, n. 38, abr./jun. 2009, p. 88-89; MARTINS, Raphael Manhães. A propriedade fiduciária no direito brasileiro: uma proposta para a construção do modelo dogmático. **Revista jurídica empresarial**, n. 14, ano 3, mai./jun., 2010, p. 157-158; OLIVA, Milena Donato; RENTERÍA, Pablo. Fidúcia: a importância da incorporação dos efeitos do trust no direito brasileiro. **Revista Trimestral de Direito Civil**, Rio de

3. TEORIA GERAL DAS GARANTIAS FIDUCIÁRIAS

É verdade que, em regra, o patrimônio de um indivíduo é uno, formado pelo conjunto de todos os direitos que ele possui e que responde pelas obrigações contraídas pelo seu titular.[609] No entanto, considerando que o Código Civil não apresentou nenhuma definição ou limitação ao conceito de patrimônio, entende-se que podem ser criados patrimônios especiais, separados do patrimônio geral, destinados ao alcance de finalidades específicas, que não a de atender às necessidades gerais do sujeito.[610]

A possibilidade dessa distinção reside no fato de que a coesão existente numa universalidade de bens advém de sua destinação comum, de modo que o patrimônio será "o conjunto dos bens coesos pela afetação a um fim econômico determinado"[611]. Assim, haverá um patrimônio geral, com seus elementos unidos "pela relação subjetiva comum com a pessoa," e outros especiais, unidos pela "finalidade para a qual a pessoa desmembrou, do seu patrimônio geral, uma parte dos bens que o integram"[612]. Nesse sentido, Oliva resume a questão:

> O patrimônio separado – também designado autônomo, segregado, destacado, destinado, afetado ou especial – consubstancia universalidade de direito

---

Janeiro, v. 48, out./dez. 2011, p. 42-44; OLIVEIRA, Gleydson Kleber Lopes de. **Comentários ao Código Civil brasileiro**, v. 12: da propriedade, da superfície e das servidões. In: ALVIM, Arruda Alvim; ALVIM, Thereza (coord.). Rio de Janeiro: Forense, 2004, p. 237.

[609] CHALHUB, Melhim Namem. **Alienação fiduciária**: Negócio fiduciário. 5. ed. rev., atual. e ampl. Rio de Janeiro: Forense, 2017, p. 64. Pode-se dizer que "o patrimônio geral de uma pessoa é o conjunto das relações jurídicas de cunho econômico que se destinam a um fim geral que, no mais das vezes, corresponde ao atendimento das necessidades econômicas gerais da pessoa" (HILDEBRAND, Lucas Fajardo Nunes. Patrimônio, patrimônio separado ou especial, patrimônio autônomo. In: AZEVEDO, Erasmo Valadão; FRANÇA, Novaes (coord.). **Direito Societário Contemporâneo I**. São Paulo: Quartier Latin, 2009, p. 273).

[610] GODOY, Luciano de Souza; SERAFIM, Tatiana Flores Gaspar; MARTINIANO, Marcela Machado. O processo de recuperação judicial testa a eficácia do patrimônio de afetação. **Revista de Direito Recuperacional e Empresa**, v. 6, out./dez. 2017.

[611] CHALHUB, Melhim Namem, **Alienação fiduciária**: Negócio fiduciário. 5. ed. rev., atual. e ampl. Rio de Janeiro: Forense, 2017, p. 64. Ou, nas palavras de Cordeiro, o patrimônio pode ser apresentado "como um conjunto de posições activas patrimoniais unificado em função de determinado ponto de vista" (CORDEIRO, António Menezes. **Tratado de Direito Civil Português**, v. 1: parte geral, t. 2. Coimbra: Almedina, 2000, p. 183).

[612] CHALHUB, Melhim Namem, **Alienação fiduciária**: Negócio fiduciário. 5. ed. rev., atual. e ampl. Rio de Janeiro: Forense, 2017, p. 64.

destinada à realização de específico escopo. Ao contrário do patrimônio geral, que é unificado idealmente em razão de o mesmo sujeito titularizar os direitos que o integram, o patrimônio segregado tem sua unificação dada pelo fim que persegue. A admissão de massas patrimoniais unificadas para a persecução de determinado escopo confere ao patrimônio ampla potencialidade funcional, permitindo que possa servir para a realização das mais variadas finalidades.[613]

O patrimônio especial, ou de afetação, considerando o escopo que possui, não funciona como forma de atribuição de poderes ao seu titular para atuar em benefício próprio, mas sim para atuar conforme a finalidade do patrimônio de afetação. Desse modo, os poderes atribuídos ao titular do patrimônio de afetação não necessariamente coincidirão com os atribuídos ao titular de um patrimônio geral, uma vez que as funções das titularidades são diversas (de um lado a tutela de interesses do próprio titular e de outro a viabilização de uma finalidade perseguida).[614]

É justamente o que ocorre com a propriedade fiduciária na função de garantia, em que, como ressaltando anteriormente e aqui reforçado por Loureiro[615], as faculdades do proprietário são completamente limitadas em função do escopo. E não só isso, o patrimônio afetado, para que possa atingir sua função com máxima efetividade, está sujeito "somente aos credores que guardem pertinência com a afetação", respondendo esse patrimônio "apenas pelos débitos oriundos da promoção do fim, não já por dívidas estranhas ao escopo da separação"[616].

---

[613] OLIVA, Milena Donato. **Do negócio fiduciário à fidúcia**, São Paulo: Atlas, 2014, p. 60.
[614] OLIVA, Milena Donato. **Do negócio fiduciário à fidúcia**, São Paulo: Atlas, 2014, p. 62.
[615] LOUREIRO, Francisco Eduardo. **Código Civil comentado**: doutrina e jurisprudência, 8. ed. In: PELUSO, Cezar (coord.). Barueri: Manole, 2014, p. 1302.
[616] OLIVA, Milena Donato, **Do negócio fiduciário à fidúcia**, São Paulo: Atlas, 2014, p. 65. No mesmo sentido: CHALHUB, Melhim Namem. **Alienação fiduciária**: Negócio fiduciário. 5. ed. rev., atual. e ampl. Rio de Janeiro: Forense, 2017, p. 66. O autor sumariza bem os dois principais pontos relacionados ao patrimônio de afetação e que encontram abrigo nas garantias fiduciárias: "A lei autorizadora da separação de patrimônio, na verdade, excepciona o princípio segundo a qual o patrimônio constitui garantia geral dos credores e, ainda, o princípio da livre utilização do patrimônio por parte do seu titular. Com efeito, uma das principais características da afetação patrimonial é a limitação da responsabilidade do devedor; de outra parte, a segregação e certos bens de um patrimônio para cumprimento de uma finalidade específica importa, obviamente, em limitações ao conteúdo dos poderes atribuídos ao titular

3. TEORIA GERAL DAS GARANTIAS FIDUCIÁRIAS

É o que se viu em relação à propriedade fiduciária com função de garantia. Os credores do fiduciário não poderão atingir o bem recebido em seu patrimônio como garantia, pois esse bem está afetado à essa finalidade, estando indisponível a eles enquanto ela perdurar.

Não se ignora que o patrimônio de afetação deva estar previsto em lei, uma vez que não só servirá de baliza para limitar a atuação de seu titular, como interfere no interesse jurídico de terceiros ao blindar o patrimônio de dívidas relacionadas ao seu titular.[617] Fato é que, apesar da segregação patrimonial não estar tão expressa quanto em algumas hipóteses legais[618], as leis das garantias fiduciárias são claras no sentido de que a transmissão da propriedade ocorre com escopo de garantia, indicando a existência da afetação patrimonial para essa finalidade.[619]

---

do patrimônio geral, na medida em que o exercício desses poderes passará a ficar condicionado ao cumprimento da finalidade para a qual tiver sido constituído o patrimônio separado. Assim, por exemplo, nos atos de natureza fiduciária (que importam na constituição de um patrimônio de afetação em nome do fiduciário), este só pode exercer sobre os bens objeto de titularidade fiduciária os direitos e as ações que sejam adequadas e necessárias à consecução da finalidade de administração ou de garantia para a qual tiver sido constituída a titularidade fiduciária". (CHALHUB, Melhim Namem. **Alienação fiduciária**: Negócio fiduciário. 5. ed. rev., atual. e ampl. Rio de Janeiro: Forense, 2017, p. 67).

[617] OLIVA, Milena Donato, Do negócio fiduciário à fidúcia, São Paulo: Atlas, 2014, p. 67. Nesse sentido: BRASIL, Superior Tribunal de Justiça. REsp nº 1438142/SP, Rel. Ministro Paulo de Tarso Sanseverino, Terceira Turma, j. em 15.05.2018; CHALHUB, Melhim Namem, **Alienação fiduciária**: Negócio fiduciário. 5. ed. rev., atual. e ampl. Rio de Janeiro: Forense, 2017, p. 66.

[618] Cf. por exemplo: artigos 31-A a 31-F da Lei nº 4.591/64 (incorporação imobiliária); artigo 7º da Lei nº 8.668/93 (fundo de investimento imobiliário); artigo 11 da Lei nº 9.514/97 (securitização); artigos 6 a 13 da Medida Provisória nº 897/19 (proprietário rural); e artigos 1.368-C a 1.368-F do Código Civil (fundos de investimento em geral). É em razão dessa previsão expressa em alguns casos de patrimônio de afetação que não foi replicada de forma tão clara para as garantias fiduciárias que alguns autores defendem inexistir tal figura no objeto deste estudo (cf.: WALD, Arnoldo. Algumas considerações a respeito da utilização do "trust" no direito brasileiro. **Revista de Direito Mercantil, Industrial, Econômico e Financeiro**, São Paulo, n. 99, ano 34, jul./set. 1995, p. 111; e FABIAN, Christoph. **Fidúcia**: negócios fiduciários e relações externas. Porto Alegre: Sergio Antonio Fabris Ed., 2007, p. 63-64). No entanto, considerando os efeitos que o escopo de garantia dá às garantias fiduciárias, equiparáveis ao de outros patrimônios de afetação, parece razoável colocar o patrimônio de afetação como parte delas, em que pese a negativa deste entendimento não as faça perder as limitações ao fiduciário e as proteções conferidas ao fiduciante elencadas neste Capítulo 3.3.3.

[619] Tanto é que nos projetos de Código Comercial em discussão perante o Legislativo, está prevista a criação do contrato fiduciário, instrumento para transmissão da propriedade fiduciária a

Esse foi, inclusive, o entendimento de recente julgado do Superior Tribunal de Justiça, no qual, tratando da titularidade de um bem utilizado como garantia fiduciária, constatou-se o deslocamento da importância do sujeito para o atingimento de um fim, com todas as restrições impostas pelo legislador nesse sentido, e ressaltou-se que "a legislação brasileira tem caminhado no sentido notório de se criar um patrimônio de afetação destinado à realização de um escopo declarado no contrato de alienação fiduciária e cuja tutela é reconhecida pela legislação pátria"[620].

ser utilizado como forma de incorporação dos efeitos do *trust*, que também poderá ser aplicado à função de garantia, no qual está expressa a segregação do patrimônio objeto da propriedade fiduciária (cf. artigo 480 a 483 do PL nº 487/13 e 357 do PL nº 1.572/11).

[620] Veja-se, nesse sentido, a ementa e trechos mais relevantes do acórdão para a questão estudada: "RECURSO ESPECIAL. DIREITO EMPRESARIAL E CIVIL. AÇÃO DE RECUPERAÇÃO JUDICIAL. CREDOR TITULAR DE PROPRIEDADE FIDUCIÁRIA. GARANTIA PRESTADA POR TERCEIRO. INCIDÊNCIA DO ART. 49, § 3º, DA LEI N; 11.101/05. EXTENSÃO. RECURSO ESPECIAL CONHECIDO E PROVIDO. 1. Debate-se nos autos a necessidade de o bem imóvel objeto de propriedade fiduciária ser originariamente vinculado ao patrimônio da recuperanda para fins de afastamento do crédito por ele garantido dos efeitos da recuperação judicial da empresa. 2. Na propriedade fiduciária, cria-se um patrimônio destacado e exclusivamente destinado à realização da finalidade de sua constituição, deslocando-se o cerne do instituto dos interesses dos sujeitos envolvidos para o escopo do contrato. 3. O afastamento dos créditos de titulares de propriedade fiduciária dos efeitos da recuperação, orientado por esse movimento que tutela a finalidade de sua constituição, independe da identificação pessoal do fiduciante ou do fiduciário com o bem imóvel ou com o próprio recuperando, simplifica o sistema de garantia e estabelece prevalência concreta da propriedade fiduciária e das condições contratuais originárias, nos termos expressos pelo art. 49, § 3º, da Lei n. 11.101/05. 4. Recurso especial conhecido e provido. [...] Noutros termos, ainda que não se trate de uma cisão do direito de propriedade (propriedade formal versus propriedade substancial), a exemplo do que ocorre no trust, a legislação brasileira tem caminhado no sentido notório de se criar um patrimônio de afetação destinado à realização de um escopo declarado no contrato de alienação fiduciária e cuja tutela é reconhecida pela legislação pátria. [...] Nota-se, assim, um acentuado enfraquecimento da importância do sujeito de direito, seja ele o fiduciário ou o fiduciante, uma vez que a titularidade da propriedade passa a ser exercida exclusivamente como forma de consecução da finalidade antevista. Corrobora essa compreensão o fato de o legislador ter excluído dos efeitos da insolvência do fiduciante os bens objeto de propriedade fiduciária, que serão imediatamente restituídos ao proprietário fiduciário (art. 32 da Lei n. 9.514/97), bem como não componham o patrimônio da instituição administradora – proprietária fiduciária – no caso de liquidação judicial ou extrajudicial (art. 7º da Lei n. 8.668/93), além da vedação ao pacto comissório extraída da interpretação do art. 27 da Lei n. 9.514/97 e expressamente adotada no art. 1.365 do Código Civil de 2002. Todas

3.3.4. Propriedade fiduciária como propriedade desonerada

Além de resolúvel e extremamente limitada, há uma outra relevante característica da propriedade fiduciária, consequência lógica de sua funcionalização como garantia: ela é uma propriedade que não impõe ao fiduciário obrigações e riscos.

3.3.4.1. Ausência de responsabilidade quanto às obrigações advindas do objeto da garantia

A titularidade do direito de propriedade carrega consigo obrigações inerentes a essa posição. Essas obrigações não estão relacionadas à pessoa do titular, mas sim ao objeto da titularidade, podendo ser chamadas de obrigações *propter rem*.

As obrigações *propter rem* são posições jurídicas passivas que vinculam o titular de uma situação de direitos das coisas a uma obrigação positiva em face de um credor (e não da generalidade de sujeitos). Essas obrigações, pecuniárias ou não, aderem à coisa e a acompanham de forma perene, não se prestando a satisfazer interesses do titular, mas sim de terceiro. Como elas surgem da relação que o proprietário (ou possuidor) tem com a coisa, também são transmitidas com a transferência da posição de titular do direito de propriedade (ou da posse).[621] São obrigações *propter rem* a

---

essas disposições legais deixam evidente a compreensão do legislador de que a propriedade fiduciária responderá exclusivamente pela finalidade almejada, distanciando-se do interesse subjetivo lateral das partes contratantes, que somente será retomado após a realização efetiva do escopo visado. [...]" (BRASIL, Superior Tribunal de Justiça, REsp nº 1549529/SP, Rel. Ministro Marco Aurélio Bellizze, Terceira Turma, j. em 18.10.2016). Em semelhante sentido, o Tribunal de Justiça de São Paulo já colocou que "somente com o pagamento da última parcela o devedor torna-se proprietário do bem, quando, até então, constitui-se o bem como verdadeiro patrimônio de afetação" (SÃO PAULO, Tribunal de Justiça de. Apelação Cível nº 0000971-81.2014.8.26.0458, Rel. Desembargador Alfredo Attié, 26ª Câmara de Direito Privado, j. em 09.12.2018).

[621] PENTEADO, Luciano de Camargo. **Direito das coisas**. São Paulo: Revista dos Tribunais, 2008, p. 115-116. O autor chega a diferenciar as obrigações *propter rem* dos ônus reais, sendo que estes, apesar de extremamente semelhantes, teriam como particularidade o fato "de que o inadimplemento do conteúdo do ônus já tem o próprio bem objeto do direito que serviu de causa ao surgimento da obrigação como garantia" (PENTEADO, Luciano de Camargo. **Direito das coisas**. São Paulo: Revista dos Tribunais, 2008, p. 120-121). No entanto, essa particularidade não parece suficiente para excluir esses ônus da categoria de obrigações *propter rem*, de modo que neste trabalho se considera que os ônus reais estão compreendidos nessas obrigações.

obrigação do condômino de pagar as despesas condominiais[622], a obrigação do proprietário de pagar tributos e taxas relativos ao bem, a obrigação de reparação de danos ambientais causados em função da utilização da coisa etc.[623]

Resta saber, para o que importa neste estudo, se essas obrigações podem ser imputadas ao proprietário fiduciário ou se essas obrigações são inaplicáveis ao titular desse direito real derivado da propriedade com função específica de garantia.

Durante 35 anos, o legislador não se preocupou com essa questão. Não só a Lei nº 4.728/65 não tratou dessas obrigações, coma a própria Lei nº 9.514/97 e o Código Civil não se ocuparam de regulamentá-la. As obrigações *propter rem* tiveram sua primeira aparição nas normas do triplo regime das garantias fiduciárias apenas em 2001, com a Medida Provisória nº 2.223/01, que incluiu na Lei nº 9.514/97 o § 8º ao artigo 27, no seguinte sentido:

> § 8º Responde o fiduciante pelo pagamento dos impostos, taxas, contribuições condominiais e quaisquer outros encargos que recaiam ou venham a recair sobre o imóvel, cuja posse tenha sido transferida para o fiduciário, nos termos deste artigo, até a data em que o fiduciário vier a ser imitido na posse.[624]

Só em 2014, com as inclusões promovidas pela Lei nº 13.043/14, foi que o Código Civil também passou a adotar o entendimento de que o fiduciário não responde por nenhuma das obrigações *propter rem* enquanto não houver a consolidação da propriedade, após o inadimplemento do fiduciante, e a imissão do fiduciário na posse do bem. Veja-se:

> Art. 1.368-B. [...] Parágrafo único. O credor fiduciário que se tornar proprietário pleno do bem, por efeito de realização da garantia, mediante consolidação da propriedade, adjudicação, dação ou outra forma pela qual lhe tenha sido transmitida a propriedade plena, passa a responder pelo pagamento

---

[622] Cf. artigo 1.336, I, do Código Civil.
[623] PENTEADO, Luciano de Camargo. **Direito das coisas**. São Paulo: Revista dos Tribunais, 2008, p. 116-117.
[624] A inclusão desse parágrafo foi posteriormente confirmada pela Lei nº 10.931/04.

dos tributos sobre a propriedade e a posse, taxas, despesas condominiais e quaisquer outros encargos, tributários ou não, incidentes sobre o bem objeto da garantia, a partir da data em que vier a ser imitido na posse direta do bem.

Daí ser possível dizer que hoje a propriedade fiduciária não vincula o proprietário fiduciário às obrigações *propter rem*. O "microssistema" da propriedade fiduciária abre uma exceção, imputando ao fiduciante a responsabilidade exclusiva sobre essas obrigações enquanto o fiduciário não for imitido na posse do bem.[625]

A solução para a propriedade fiduciária com função de garantia não poderia ser outra. Como visto, a propriedade do fiduciário é resolúvel e limitada. Enquanto o fiduciante está adimplente, o fiduciário não obtém qualquer benefício do bem, sendo que na maior parte dos casos, o fiduciante é quem detém a posse direta, usando e fruindo dele como bem entender. Por uma questão lógica, só poderia ser atribuído ao fiduciante o dever de arcar com todos os encargos do bem, assim como com eventuais danos decorrentes do seu uso.[626]

Como coloca Chalhub, a situação possessória do fiduciante acaba assim por se assemelhar à do usufrutuário, já que este também é o responsável pelas prestações e tributos "devidos pela posse ou rendimento da coisa usufruída"[627]. São fiduciante e usufrutuário que extraem os benefícios econômicos do bem, devendo também responder por seus encargos.[628]

É só com a consolidação da propriedade e a imissão na posse, se o caso, que o proprietário fiduciário passa a poder extrair os benefícios econômicos da coisa, na forma que será explorada no Capítulo 3.4. Afinal,

---

[625] CASTRO, João Mendes de Oliveira, et. al. Temas polêmicos de alienação fiduciária em garantia: a responsabilidade do credor fiduciário por obrigações propter rem. **Revista de Direito Bancário e do Mercado de Capitais**, São Paulo, v. 74, out./dez. 2016, p. 175-202.

[626] CHALHUB, Melhim Namem. **Alienação fiduciária**: Negócio fiduciário. 5. ed. rev., atual. e ampl. Rio de Janeiro: Forense, 2017, p. 111 e 261. Também entendem que apenas o fiduciante pode responder por danos causados a terceiros pelo uso da coisa Nogueira (NOGUEIRA, André Carvalho. Propriedade fiduciária em garantia: o sistema dicotômico da propriedade no Brasil. **Revista de Direito Bancário e do Mercado de Capitais**, nº 39, ano 11. São Paulo: Revista dos Tribunais, jan./mar, 2008, p. 73) e Rizzardo (RIZZARDO, Arnaldo. **Responsabilidade civil**. Rio de Janeiro: Forense, 2005, p. 652).

[627] Cf. artigo 1.403, II, do Código Civil.

[628] CHALHUB, Melhim Namem, **Alienação fiduciária**: Negócio fiduciário. 5. ed. rev., atual. e ampl. Rio de Janeiro: Forense, 2017, p. 265.

até a consolidação a propriedade está sujeita à ocorrência de evento que a extingue imediatamente, hipótese em que o bem nunca terá gerado benefício econômico algum para o fiduciário.

Sujeitar o fiduciário ao risco de ser responsabilizado por obrigações decorrentes de bens dos quais pode nunca tirar qualquer proveito seria equivalente a impor uma pena de morte sobre as garantias fiduciárias. Ao invés de se sentir seguro com a garantia, o fiduciário passaria a recear ter grandes prejuízos em razão dela[629].

Por isso, é preocupante a jurisprudência vacilante sobre o assunto, corroborada pela positivação tardia da solução sobre a questão. Apesar de ser impossível cobrir todas as possíveis obrigações *propter rem* a que diversos bens objetos das garantias fiduciárias estão sujeitos e como elas estão sendo aplicadas em relação ao fiduciário, alguns pontos relevantes podem ser observados.[630]

Apenas há cerca de um ano, por exemplo, o Superior Tribunal de Justiça passou a aplicar de forma consistente os artigos 27, §8º, da Lei nº 9.514/97 e 1.368-B, parágrafo único, do Código Civil, isentando o fiduciário de arcar com as despesas condominiais enquanto não imitido na posse do imóvel.[631] Antes disso, nos anos de 2006, 2009 e 2014, havia

---

[629] NOGUEIRA, André Carvalho, Propriedade fiduciária em garantia: o sistema dicotômico da propriedade no Brasil. **Revista de Direito Bancário e do Mercado de Capitais**, nº 39, ano 11. São Paulo: Revista dos Tribunais, jan./.mar, 2008, p. 70.

[630] Para mais sobre o assunto, ver também: CASTRO, João Mendes de Oliveira; et al. Temas polêmicos de alienação fiduciária em garantia: a responsabilidade do credor fiduciário por obrigações propter rem. **Revista de Direito Bancário e do Mercado de Capitais**, São Paulo, v. 74, out./dez. 2016, p. 175-202; NOGUEIRA, André Carvalho. Propriedade fiduciária em garantia: o sistema dicotômico da propriedade no Brasil. **Revista de Direito Bancário e do Mercado de Capitais**, nº 39, ano 11. São Paulo: Revista dos Tribunais, jan-mar, 2008, p. 72-75.

[631] Cf. esclarecedor trecho da ementa: "DIREITO CIVIL PROCESSUAL CIVIL. RECURSO ESPECIAL. AÇÃO DE COBRANÇA. DESPESAS CONDOMINAIS. IMÓVEL OBJETO DE ALIENAÇÃO FIDUCIÁRIA. RESPONSABILIDADE DO CREDOR FIDUCIÁRIO. SOLIDARIEDADE. AUSÊNCIA. VERBAS DE SUCUMBÊNCIA. [...] 3. O propósito recursal é definir se há responsabilidade solidária do credor fiduciário e dos devedores fiduciantes quanto i) ao pagamento das despesas condominiais que recaem sobre imóvel objeto de garantia fiduciária; e ii) ao pagamento das verbas de sucumbência. 4. O art. 27, § 8º, da Lei 9.514/97 prevê expressamente que responde o fiduciante pelo pagamento dos impostos, taxas, contribuições condominiais e quaisquer outros encargos que recaiam ou venham a recair sobre o imóvel, cuja posse tenha sido transferida para o fiduciário, nos termos deste artigo, até a data

proferido julgados no sentido oposto, responsabilizando o fiduciário mesmo diante da vigência do §8º do artigo 27 da Lei nº 9.514/97[632].

E ainda assim a aplicação desses artigos se deu de forma pontual. No mesmo dia em que a Ministra Nancy Andrighi entendeu que o fiduciário não poderia arcar com as despesas condominiais sem ter sido imitido na posse, conforme julgado acima, condenou um credor fiduciário a pagar as despesas de remoção e estadia de veículo em pátio privado por serem obrigações *propter rem*, mesmo sem o fiduciário ter requerido a imissão na posse do bem.[633]

---

em que o fiduciário vier a ser imitido na posse. 5. Ademais, o art. 1.368-B do CC/02, veio, de forma harmônica, complementar o disposto no art. 27, § 8º, da Lei 9.514/97, ao dispor que o credor fiduciário que se tornar proprietário pleno do bem, por efeito de realização da garantia, mediante consolidação da propriedade, adjudicação, dação ou outra forma pela qual lhe tenha sido transmitida a propriedade plena, passa a responder pelo pagamento dos tributos sobre a propriedade e a posse, taxas, despesas condominiais e quaisquer outros encargos, tributários ou não, incidentes sobre o bem objeto da garantia, a partir da data em que vier a ser imitido na posse direta do bem. 6. Aparentemente, com a interpretação literal dos mencionados dispositivos legais, chega-se à conclusão de que o legislador procurou proteger os interesses do credor fiduciário, que tem a propriedade resolúvel como mero direito real de garantia voltado à satisfação de um crédito. 7. Dessume-se que, de fato, a responsabilidade do credor fiduciário pelo pagamento das despesas condominiais dá-se quando da consolidação de sua propriedade plena quanto ao bem dado em garantia, ou seja, quando de sua imissão na posse do imóvel, nos termos do art. 27, § 8º, da Lei 9.514/97 e do art. 1.368-B do CC/02. A sua legitimidade para figurar no polo passivo da ação resume-se, portanto, à condição de estar imitido na posse do bem. 8. Na espécie, não reconhecida pelas instâncias de origem a consolidação da propriedade plena em favor do ITAU UNIBANCO S.A, não há que se falar em responsabilidade solidária deste com os devedores fiduciários quanto ao adimplemento das despesas condominiais em aberto. [...] 10. Recurso especial conhecido e provido" (BRASIL, Superior Tribunal de Justiça. REsp nº 1731735/SP, Rel. Min. Nancy Andrighi, Terceira Turma, j. em 13.11.2018). No mesmo sentido: BRASIL, Superior Tribunal de Justiça. REsp nº 1696038/SP, Rel. Min. Ricardo Villas Bôas Cueva, Terceira Turma, j. em 28.08.2018.

[632] Cf.: BRASIL, Superior Tribunal de Justiça. REsp nº 827.085/SP, Rel. Min. Jorge Scartezzini, Quarta Turma, j. em 04.05.2006; BRASIL, Superior Tribunal de Justiça. AgRg no Ag nº 792.138/RJ, Rel. Min. Paulo Furtado, Terceira Turma, j. em 09.06.2009; BRASIL, Superior Tribunal de Justiça. AgRg no REsp nº 1413977/SP, Rel. Min. Sidnei Beneti, Terceira Turma, j. em 11.02.2014.

[633] Cf. trecho da ementa: "DIREITO CIVIL. RECURSO ESPECIAL. AÇÃO DE OBRIGAÇÃO DE FAZER CUMULADA COM COBRANÇA. ALIENAÇÃO FIDUCIÁRIA DE VEÍCULOS. DESPESAS DE REMOÇÃO E ESTADIA EM PÁTIO PRIVADO. OBRIGADAÇÃO PROPTER REM. RESPONSABILIDADE DO CREDOR FIDUCIÁRIO. 1. Ação de obrigação de fazer cumulada com cobrança, por meio da qual se objetiva a remoção de veículos depositados em

Também revela riscos para o fiduciário a cobrança de alguns tributos antes da consolidação e imissão na posse. Isso porque, a despeito das disposições legais isentando o fiduciário dos encargos tributários enquanto não possui o bem diretamente, a Constituição Federal atribui aos estados a regulação da cobrança de IPVA e aos municípios a de IPTU[634]. Dessa forma, o que se tem visto é a promulgação de leis locais em conflito com a regra de atribuição do ônus ao fiduciante, imputando também ao fiduciário o pagamento desses tributos.

O Superior Tribunal de Justiça, por exemplo, recebeu inúmeros recursos referentes à cobrança do IPVA de credores fiduciários no estado de Minas Gerais, em razão de uma lei local que abriria tal possibilidade (Lei nº 14.937/03[635]). Nesses casos, apesar do Superior Tribunal de Justiça ter remetido a discussão para o Supremo Tribunal Federal,[636] competente para julgar o conflito entre leis locais e leis federais[637],

---

pátio particular, após o pagamento das despesas relativas à remoção e estadia dos bens. [...] 3. O propósito recursal é definir se o credor fiduciário é responsável pelo pagamento das despesas de remoção e estadia de veículos em pátio de propriedade privada quando a apreensão dos bens não se deu a pedido ou por qualquer fato imputável ao mesmo. 4. As despesas decorrentes do depósito de bem alienado fiduciariamente em pátio privado constituem obrigações propter rem, de maneira que independem da manifestação expressa ou tácita da vontade do devedor. 5. O credor fiduciário é o responsável final pelo pagamento das despesas com a estadia do automóvel junto a pátio privado, pois permanece na propriedade do bem alienado, ao passo que o devedor fiduciante detém apenas a sua posse direta. 6. Recurso especial conhecido e provido" (BRASIL, Superior Tribunal de Justiça. REsp nº 1657752/SP, Rel. Min. Nancy Andrighi, Terceira Turma, j. em 13.11.2018). No mesmo sentido: BRASIL, Superior Tribunal de Justiça. AgInt no AREsp nº 1210496/SP, Rel. Ministro Luis Felipe Salomão, Quarta Turma, j. em 10.10.2019; BRASIL, Superior Tribunal de Justiça. REsp nº 1045857/SP, Rel. Ministra Nancy Andrighi, Terceira Turma, j. em 12.04.2011.

[634] Cf. artigos 156, I, e 155, III, da CF.

[635] Cf. o artigo gerador da controvérsia: "Art. 5º Respondem solidariamente com o proprietário pelo pagamento do IPVA e dos acréscimos legais devidos: I – o devedor fiduciante, em relação a veículo objeto de alienação fiduciária; [...]".

[636] Cf., por exemplo: BRASIL, Superior Tribunal de Justiça. AgInt no AREsp nº 1115874/MG, Rel. Ministro Mauro Campbell Marques, Segunda Turma, j. em 05.04.2018; BRASIL, Superior Tribunal de Justiça. REsp nº 1696774/MG, Rel. Ministro Herman Benjamin, Segunda Turma, j. em 16.11.2017.

[637] O Supremo Tribunal Federal, por sua vez, apesar de na maior parte dos casos afirmar que a questão tem apenas ofensa reflexa à Constituição Federal, não sendo passível de apreciação pelo Supremo Tribunal Federal (cf. BRASIL, Supremo Tribunal Federal. ARE nº 1209136

em alguns casos foi consignado que o IPVA é realmente devido pelo fiduciário.[638]

No estado de São Paulo, a despeito de a Lei Estadual nº 13.296/08 ser menos explícita quanto à solidariedade entre fiduciante e fiduciário sobre o IPVA, o Tribunal de Justiça de São Paulo também vem aplicando o artigo 6º, XI, e §2º, da referida Lei[639] para permitir a cobrança desse tributo do fiduciário.[640]

Ainda no âmbito dos tribunais estaduais, pode-se verificar, por outro lado, julgados afastando quaisquer responsabilidades do credor fiduciário sobre o imóvel em se tratando de reparação de danos ambientais[641] e multas de trânsito[642], por exemplo. Tudo a demonstrar que, em que

---

AgR, Rel. Ministro Dias Toffoli (Presidente), Tribunal Pleno, j. em 16.08.2019; BRASIL, Supremo Tribunal Federal. ARE nº 935555 AgR, Rel. Ministro Gilmar Mendes, Segunda Turma, j. em 30.06.2017), já se manifestou no sentido de que há "competência legislativa plena dos estados-membros para editar normas gerais sobre o IPVA na ausência de lei complementar nacional" (BRASIL, Supremo Tribunal Federal. ARE nº 1169945 AgR, Rel. Ministro Gilmar Mendes, Segunda Turma, j. em 29.03.2019).

[638] BRASIL, Superior Tribunal de Justiça. REsp nº 1685654/MG, Rel. Ministro Herman Benjamin, Segunda Turma, j. em 03.10.2017; BRASIL, Superior Tribunal de Justiça. REsp nº 1344288/MG, Rel. Ministro Humberto Martins, Segunda Turma, j. em 21.05.2015.

[639] Cf.: "Artigo 6º – São responsáveis pelo pagamento do imposto e acréscimos legais: [...] XI – o titular do domínio ou o possuidor a qualquer título [...] § 2º – A responsabilidade prevista nos incisos I, II, III, VII, VIII, IX, X, XI e XII deste artigo é solidária e não comporta benefício de ordem".

[640] Cf. trecho da ementa de um dos julgados: "[...] ILEGITIMIDADE PASSIVA AD CAUSAM – A Lei Estadual nº 13.296/2008 tem caráter especial e prevê, expressamente, a responsabilidade do credor fiduciário pelos débitos de IPVA, em razão de ser o titular do domínio resolúvel sobre o bem (artigo 6º, inciso XI), motivo pelo qual não se aplica o disposto no artigo 1368-B, parágrafo único, do Código Civil Brasileiro, de caráter geral [...]" (SÃO PAULO, Tribunal de Justiça de. Apelação Cível nº 1000679-82.2016.8.26.0014, Rel. Desembargador Maurício Fiorito, 3ª Câmara de Direito Público, j. em 11.12.2017). Em sentido semelhante: SÃO PAULO, Tribunal de Justiça de. Apelação Cível nº 0033520-12.2014.8.26.0405, Rel. Desembargador Aroldo Viotti, 11ª Câmara de Direito Público, j. em 13.09.2019; SÃO PAULO, Tribunal de Justiça de. Apelação Cível nº 1011024-82.2019.8.26.0053, Rel. Desembargador Renato Delbianco, 2ª Câmara de Direito Público, j. em 10.07.2019.

[641] Cf.: RIO GRANDE DO SUL, Tribunal de Justiça do. Apelação Cível nº 70067352005, Rel. Desembargadora Laura Louzada Jaccottet, 2ª Câmara Cível, j. em 01.06.2016.

[642] Cf.: SÃO PAULO, Tribunal de Justiça de. Apelação Cível nº 1000597-26.2019.8.26.0053, Rel. Desembargador Osvaldo de Oliveira, 12ª Câmara de Direito Público, j. em 03.10.2019; SÃO PAULO, Tribunal de Justiça de. Apelação Cível nº 1018964-40.2015.8.26.0053, Rel.

pese a propriedade fiduciária tenha como regra não imputar ao fiduciário as obrigações decorrentes do próprio bem, ele ainda está sujeito a riscos, tanto de não observância dessas regras pelos tribunais como de edição de leis que as suprimam.

Se por um lado a garantia baseada na propriedade fiduciária traz ao fiduciário inúmeras vantagens em termos de segurança, esse *status* de proprietário pode trazer outros ônus ao credor se não estiver muito clara a estrutura do instituto.[643]

3.3.4.2. Ausência de obrigações e risco quanto ao objeto da garantia

No que tange às responsabilidades do proprietário fiduciário perante o próprio objeto da garantia, ganha relevo o artigo 1.363 do Código Civil, que assim estabelece:

> Art. 1.363. Antes de vencida a dívida, o devedor, a suas expensas e risco, pode usar a coisa segundo sua destinação, sendo obrigado, como depositário:
> I – a empregar na guarda da coisa a diligência exigida por sua natureza;
> II – a entregá-la ao credor, se a dívida não for paga no vencimento.

Além da menção ao fiduciante como depositário, característica que apesar de ter sido objeto de uma das maiores polêmicas envolvendo a alienação fiduciária[644], hoje já está apaziguada[645] e não é de aplicação geral

---

Des. Vera Angrisani, 2ª Câmara de Direito Público, j. em 19.09.2019; SÃO PAULO, Tribunal de Justiça de. Apelação Cível nº 0023055-64.2013.8.26.0053, Rel. Desembargador Fernão Borba Franco, 7ª Câmara de Direito Público, j. em 08.07.2019.

[643] Nesse sentido: CASTRO, João Mendes de Oliveira; et al. Temas polêmicos de alienação fiduciária em garantia: a responsabilidade do credor fiduciário por obrigações propter rem. **Revista de Direito Bancário e do Mercado de Capitais**, São Paulo, v. 74, out./dez. 2016, p. 175-202.

[644] A estipulação do fiduciante como depositário do bem dado em garantia, que consta da legislação brasileira desde 1965 (conforme redação original da Lei nº 4.728/65), foi objeto de uma das maiores polêmicas envolvendo as garantias fiduciárias, uma vez que, até 2009, possibilitava a prisão civil do fiduciante que não devolvesse o bem quando do inadimplemento, a depender da interpretação dada ao artigo 5º, LXVII, da CF (cf.: "não haverá prisão civil por dívida, salvo a do responsável pelo inadimplemento voluntário e inescusável de obrigação alimentícia e a do depositário infiel"). Inúmeras foram as críticas no sentido de que a equiparação do fiduciante ao depositário pretendia encobrir, por meio de ficção legal, o verdadeiro propósito de "empregar a coerção pessoal como meio de forçar o pagamento do débito"

3. TEORIA GERAL DAS GARANTIAS FIDUCIÁRIAS

(voto do Ministro Eduardo Ribeiro no julgado: BRASIL, Superior Tribunal de Justiça. EREsp nº 149.518/GO, Rel. Ministro Ruy Rosado de Aguiar, Corte Especial, j. em 05.05.1999). Essa equiparação foi considerada "esdrúxula" (TEPEDINO, Gustavo. A incorporação dos direitos fundamentais pelo ordenamento brasileiro: sua eficácia nas relações jurídicas privadas. **Revista da AJURIS**, São Paulo, n. 100, ano 32, dez. 2005, p. 159-160), uma vez que não existiria natureza de depósito na alienação fiduciária, pois o fiduciante possui a coisa para seu uso próprio, e não para custodiá-la, como ocorre no contrato de depósito, pelo qual, inclusive, o depositário tem direito de retenção do bem enquanto não ressarcido dos prejuízos que sofreu ao guardá-lo e não pode se apropriar dos frutos, sendo que nenhum desses fatos ocorre no caso do fiduciante. Estaria a se colocar, portanto, "um rótulo em frasco com conteúdo diverso" (voto do Ministro Ruy Rosado de Aguiar no julgado: BRASIL, Superior Tribunal de Justiça. EREsp nº 149.518/GO, Rel. Ministro Ruy Rosado de Aguiar, Corte Especial, j. em 05.05.1999). De outro lado, entendia-se que esse era só mais um caso de depósito legal, de modo que não se poderia dar interpretação contrária à lei. Ademais, a Constituição Federal o sentido de prisão por dívidas seria o mais restrito possível, ou seja, englobando apenas os débitos pecuniários, e não aqueles em que o devedor teria a obrigação de ser fiel à confiança empregada pelo depositante e restituir um bem no momento necessário. Somou-se à discussão, ainda, a Convenção Americana sobre Direitos Humanos, o Pacto de São José da Costa Rica, que teve seu cumprimento determinado pelo ordenamento brasileiro por meio do Decreto nº 678, de 1992, pela qual efetivamente se proibia qualquer prisão civil por dívida, exceto nas obrigações alimentares. O embate foi levado aos tribunais superiores e isso só fez ficar mais clara a indefinição e as divergências sobre a questão. Enquanto o Superior Tribunal de Justiça entendia não ser possível a prisão civil nos casos de alienação fiduciária (veja-se, exemplificativamente, três exemplos: BRASIL, Superior Tribunal de Justiça. EREsp nº 149.518/GO, Rel. Ministro Ruy Rosado de Aguiar, Corte Especial, j. em 05.05.1999; HC nº 11.918/CE, Rel. Ministro Antônio de Pádua Ribeiro, Rel. p/ Acórdão Ministro Nilson Naves, Corte Especial, j. em 20.10.2000; BRASIL, Superior Tribunal de Justiça. HC nº 40.887/DF, Rel. Ministro Carlos Alberto Menezes Direito, Corte Especial, j. em 29.03.2005), o Supremo Tribunal Federal apresentava entendimento consolidado no sentido oposto (veja-se, exemplificativamente, três exemplos: BRASIL, Supremo Tribunal Federal. HC nº 72131, Rel. Ministro Marco Aurélio, Rel. p/ Acórdão Min. Moreira Alves, Tribunal Pleno, j. em 23.11.1995; BRASIL, Supremo Tribunal Federal. RE nº 253071, Rel. Ministro Moreira Alves, Primeira Turma, j. em 29.05.2001; BRASIL, Supremo Tribunal Federal. HC nº 81319, Rel. Ministro Celso de Mello, Tribunal Pleno, j. em 24.04.2002). Para mais sobre esses embates com relação ao depósito na alienação fiduciária, a possibilidade de prisão civil e os embates entre Superior Tribunal de Justiça e Supremo Tribunal Federal, veja-se: AZEVEDO, Álvaro Villaça. **Prisão civil por dívida**. 2. ed. rev., atual. e ampl. São Paulo: Revista dos Tribunais, 2000; CARVALHO, Milton Paulo de. Desconsideração do depósito em caso de prisão do alienante fiduciário. **Revista Jurídica**, n. 298, ano 50, ago. 2002, p. 21-46; TEPEDINO, Gustavo. A incorporação dos direitos fundamentais pelo ordenamento brasileiro: sua eficácia nas relações jurídicas privadas. **Revista da AJURIS**, n. 100, ano 32, dez. 2005, p. 153-167.

às garantias fiduciárias[646], sendo, portanto, irrelevante ao estudo, fica claro do artigo transcrito que o fiduciante deve usar o bem "a suas expensas e risco", sempre a demonstrar que o fiduciário não pode ser onerado com a existência da garantia fiduciária.[647] Ou seja, considerando a finalidade de garantia da propriedade fiduciária, a regra geral é que o fiduciante custeie a manutenção e conservação do bem, até porque é o maior interessado nisso.

Tanto é que nos casos em que o fiduciante é tratado legalmente como depositário, não lhe é conferido o direito de retenção do bem em função das despesas por ele incorridas[648], e mesmo nos casos que o fiduciário tem

---

[645] A discussão arrefeceu com a mudança de entendimento do Supremo Tribunal Federal a partir de 2009, salientada em julgamento do Tribunal Pleno (BRASIL, Supremo Tribunal Federal, RE nº 466343, Rel. Ministro Cezar Peluso, Tribunal Pleno, j. em 03.12.2008), que culminou na edição da súmula vinculante nº 25 do Supremo Tribunal Federal, em que se ressaltou ser *"ilícita a prisão civil de depositário infiel, qualquer que seja a modalidade do depósito"*. Deve-se ressaltar, contudo, que a impossibilidade da prisão civil não impede a responsabilização penal do fiduciante que alienar ou oferecer novamente em garantia bem que está em sua guarda (estelionato – artigos 171, § 2º, I, do Código Penal, e 66-B, § 2º da Lei nº 4728/65) ou que dele se apropriar (apropriação indébita – art. 168 do Código Penal). Nesse sentido: GOMES, Orlando. **Alienação Fiduciária**. 4. ed. São Paulo: Revista dos Tribunais, 1975, p. 178 e 182; CARVALHO, Milton Paulo de. Desconsideração do depósito em caso de prisão do alienante fiduciário. **Revista Jurídica**, Blumenau, n. 298, ano 50, p. 27, ago. 2002; TEPEDINO, Gustavo; BARBOZA, Heloisa Helena; MORAES, Maria Celina Bodin de. **Código Civil interpretado conforme a Constituição da República**, v. III. Rio de Janeiro: Renovar, 2011, p. 736-737.

[646] O fiduciante será sempre depositário em relação aos bens móveis infungíveis. Com relação aos bens móveis fungíveis, além de em boa parte dos casos a posse direta permanecer com o fiduciário, impossibilitando que o fiduciante tenha a guarda do bem, o depósito nesse caso seria o chamado irregular, uma vez que o fiduciante não estaria obrigado a entregar exatamente a coisa que lhe foi depositada, podendo consumi-la e restituir outra de mesmo gênero, qualidade e quantidade. Os bens imóveis, por sua vez, não estão sujeitos ao regime do depósito, conforme artigo 627 do Código Civil. Portanto, em que pese o importante papel ocupado pela instituição do depósito para a alienação fiduciária de bens móveis infungíveis, ele não tem a mesma importância para as garantias fiduciárias em sua generalidade.

[647] Nesse sentido: SILVA, Luiz Augusto Beck da. **Alienação fiduciária em garantia**. 3. ed. rev. atual. e ampl. Rio de Janeiro: Forense, 1998, p. 78.

[648] Estabelece expressamente o §6º do artigo 66-B da Lei nº 4.728/65 que o artigo 644 do Código Civil (que contém a previsão de retenção para o contrato de depósito) é inaplicável para as garantias fiduciárias, da mesma forma que o próprio artigo 1.363 já prevê que o fiduciante pode usar a coisa "a suas expensas". Nesse sentido: ALVES, José Carlos Moreira. **Da alienação fiduciária em garantia**. 3. ed. Rio de Janeiro: Forense, 1987, p. 182. Oliveira

a possibilidade de ter a posse direta do bem dado em garantia, como na cessão fiduciária de créditos, o fiduciante deve, quando do pagamento da dívida, ressarci-lo das "despesas de cobrança e de administração"[649].

Essa responsabilidade do fiduciante sobre o bem objeto da garantia ainda vai além das despesas que ele gera. É o fiduciante que suporta o risco da perda do bem, nos termos do referido artigo 1.363 do Código Civil, que acaba por criar exceção ao princípio de que a coisa perece para o dono (*res perit domino*)[650].

Logo, perdido o bem ou deteriorado, o fiduciante ainda será cobrado da dívida em sua totalidade[651], inclusive nas hipóteses em que a dívida garantida foi contraída justamente para a aquisição do bem perdido ou deteriorado. Nem situações de caso fortuito ou de força maior o eximem do pagamento da dívida.[652] Mais do que isso, como se verá a seguir, a perda

---

tem entendimento no sentido oposto, considerando que como o Código Civil não ressalvou a impossibilidade de retenção pelo depositante, tal direito seria conferido ao fiduciante (OLIVEIRA, Gleydson Kleber Lopes de. **Comentários ao Código Civil brasileiro**, v. 12: da propriedade, da superfície e das servidões. In: ALVIM, Arruda; ALVIM, Thereza (coord.). Rio de Janeiro: Forense, 2004, p. 240). Esse último entendimento, contudo, afronta diretamente o artigo 1.363 do Código Civil, que, como se viu, atribui ao fiduciante as despesas e riscos sobre o bem.

[649] Cf. artigo 19, §§ 1º e 2º, da Lei nº 9.514/97, aplicáveis também à cessão fiduciária no âmbito da Lei nº 4.728/65, por força do artigo 66-B, § 4º, desta última.

[650] Nesse sentido: LOUREIRO, Francisco Eduardo. **Código Civil comentado**: doutrina e jurisprudência, 8. ed. In: PELUSO, Cezar (coord.). Barueri: Manole, 2014, p. 1307; TEPEDINO, Gustavo; BARBOZA, Heloisa Helena; MORAES, Maria Celina Bodin de. **Código Civil interpretado conforme a Constituição da República**, v. III. Rio de Janeiro: Renovar, 2011, p. 737.

[651] Nesse sentido: LOUREIRO, Francisco Eduardo. **Código Civil comentado**: doutrina e jurisprudência, 8. ed. In: PELUSO, Cezar (coord.). Barueri: Manole, 2014, p. 1307; AZEVEDO, Álvaro Villaça. **Prisão civil por dívida**. 2. ed. rev., atual. e ampl. São Paulo: Revista dos Tribunais, 2000, p 123-124; TEPEDINO, Gustavo; BARBOZA, Heloisa Helena; MORAES, Maria Celina Bodin de, **Código Civil interpretado conforme a Constituição da República**, v. III. Rio de Janeiro: Renovar, 2011, p. 737.

[652] Cf. a jurisprudência do Superior Tribunal de Justiça: "O furto do bem objeto de contrato de alienação fiduciária em garantia não exclui a obrigação do devedor de satisfazer o crédito residual reconhecido pelo Juízo nem de se submeter à execução de título judicial promovida pelo credor" (BRASIL, Superior Tribunal de Justiça. AgRg nos EDcl nos EDcl no Ag nº 972.302/RJ, Rel. Min. Sidnei Beneti, Terceira Turma, j. em 21.08.2008). No mesmo sentido: BRASIL, Superior Tribunal de Justiça. AgRg no AREsp nº 458.531/SP, Rel. Min. Ricardo Villas Bôas Cueva, Terceira Turma, j. em 15.12.2015; BRASIL, Superior Tribunal

ou deterioração do bem são inclusive causas de vencimento antecipado da dívida.

3.3.5. Normas aplicáveis dos Direitos Reais de garantia

Ainda dentro do funcionamento das garantias fiduciárias, é necessário ressaltar outros pontos de contato que elas possuem com os direitos reais de garantia (hipoteca, penhor e anticrese). Afinal, tanto a propriedade fiduciária quanto os direitos reais de garantia são direitos reais com função de garantia.

Nessa linha, o artigo 1.367 do Código Civil se utilizou de regra remissiva para esclarecer que a propriedade fiduciária com função de garantia se submete às disposições gerais dos direitos reais de garantia, contidas nos artigos 1.419 a 1.430 do Código Civil, naquilo que não for específico da legislação especial.[653]

Algumas dessas disposições já foram abordadas nos capítulos anteriores[654] e outras ainda o serão no capítulo 3.4., por remeterem à fase do inadimplemento[655]. Além disso, parte delas é específica dos direitos reais de garantia e incompatível com a propriedade fiduciária.[656] Neste capítulo,

---

de Justiça. AgRg no REsp nº 849.967/SP, Rel. Min. Sidnei Beneti, Terceira Turma, j. em 17.02.2009; BRASIL, Superior Tribunal de Justiça. REsp nº 510.999/SP, Rel. Min. Carlos Alberto Menezes Direito, Terceira Turma, j. em 21.10.2003; BRASIL, Superior Tribunal de Justiça. REsp nº 439.932/SP, Rel. Min. Aldir Passarinho Junior, Quarta Turma, j. em 24.06.2003.

[653] Nesse sentido: FACHIN, Luiz Edson. **Comentários ao Código Civil**: parte especial: direito das coisas, v. 15 (arts. 1.277 a 1.368). In: AZEVEDO, Antônio Junqueira de (coord.). São Paulo: Saraiva, 2003, p. 364.

[654] Esse é o caso dos seguintes artigos: (i) 1.419, que ressalta que a garantia real vincula o bem ao cumprimento da obrigação e foi mencionado no Capítulo 3.3.2.3.; (ii) 1.420, que pontua questões relativas à capacidade para dar a garantia e ao objeto que pode ser dado em garantia, devidamente mencionadas nos Capítulos 3.2.1.1.1. e 3.2.1.1.2.; e (iii) 1.424, que lista as cláusulas obrigatórias nos direitos reais de garantia, também aplicáveis às garantias fiduciárias, como tratado no Capítulo 3.2.1.2.

[655] Esse é o caso dos seguintes artigos: (i) 1.428, que trata da vedação ao pacto comissório e da possibilidade de dação da coisa após o vencimento da dívida; e (ii) 1.430, relativo à possibilidade de cobrança do saldo da dívida caso o produto da venda do bem não baste para a quitação.

[656] Esse é o caso dos seguintes artigos: (i) 1.422, referente à forma como os créditos com direitos reais de garantia lidam com outros credores do devedor, estabelecendo a ordem de preferência, enquanto nas garantias fiduciárias, por o bem passar a pertencer ao credor, não

portanto, tratar-se-á apenas da indivisibilidade do objeto da garantia em relação à dívida (artigos 1.421 e 1.429 do Código Civil) e das hipóteses legais de vencimento antecipado da dívida garantida por propriedade fiduciária (artigos 1.425 a 1.427 do Código Civil).

3.3.5.1. Indivisibilidade

A indivisibilidade contida nas garantias reais é instituída em benefício do credor (que, por isso, pode a ela renunciar) para que ele não tenha que tolerar a divisão feita contra sua vontade do bem que recebeu em garantia. O que significa que, por força de lei, tal bem é considerado indivisivelmente vinculado "ao credor para segurança não só da somma total do seu credito senão ainda de cada uma das unidades que o constitue"[657].

É o que prevê o artigo 1.421 do Código Civil: "o pagamento de uma ou mais prestações da dívida não importa exoneração correspondente da garantia, ainda que esta compreenda vários bens, salvo disposição expressa no título ou na quitação".

Portanto, se parte da dívida garantida pela garantia fiduciária é paga, o bem objeto da garantia fiduciária não estará desobrigado na proporção da parte paga, mas continuará integralmente vinculado à satisfação do crédito, podendo ser excutido em seu todo para quitação do remanescente.[658] Mais do que isso, a indivisibilidade faz com que o bem se sujeite à dívida em seu todo e em cada uma de suas partes (*in toto et in qualibet parte*), de modo que qualquer parte dele pode ser excutida para a satisfação da dívida.[659]

---

se trata de preferência, mas de exclusividade; (ii) 1.423, relacionado a especificidades da anticrese, em que o bem fica com o credor para se utilizar dos frutos, que não é o que ocorre nas garantias fiduciárias; e (iii) 1.427, que ressalta a impossibilidade de se exigir de terceiro que prestou a garantia por dívida alheia que a reforce ou substitua, uma vez que não se adapta à estrutura das garantias fiduciárias a prestação delas por terceiro.

[657] FRAGA, Affonso. **Direitos reaes de garantia**: penhor, antichrese e hypotheca. São Paulo: Saraiva & Comp., 1933, p. 91-92.

[658] Nesse sentido a lição de Fulgêncio: "*Est tota in toto*: C. recebe 2/3 da dívida, a coisa dada em garantia não está desonerada em 2/3, continua gravada para a segurança do 1/3 que resta do débito. Para se pagar dêste têrço restante, C. pode excutir a totalidade da coisa" (FULGÊNCIO, Tito. **Direito real de hipoteca**, v. I. Atualização de José de Aguiar Dias. Rio de Janeiro: Forense, p. 54).

[659] FRAGA, Affonso. **Direitos reaes de garantia**: penhor, antichrese e hypotheca. São Paulo: Saraiva & Comp., 1933, p. 59 e 92. Veja-se novamente exemplo formulado por FULGÊNCIO:

Assim, nos direitos reais de garantia, sendo a dívida dividida entre os herdeiros do devedor, assim como o bem dado em garantia na proporção de cada quinhão hereditário, o credor pode executar a parte do bem em poder de quaisquer dos herdeiros pela totalidade da dívida.[660] Apesar de nas garantias fiduciárias não ser possível a transmissão do bem para os herdeiros, tendo em vista que se encontra na propriedade do credor, isso impede que os herdeiros quitem parte proporcional da dívida para fazer valer a condição resolutiva sobre a parte do bem que lhes caberia. Eles são obrigados, em razão da indivisibilidade, ao total da dívida, conforme artigo 1.429 do Código Civil.[661]

3.3.5.2. Vencimento antecipado

Além disso, tendo em vista que as garantias fiduciárias visam a assegurar ao credor que, se necessário, ele terá direito ao valor do bem para satisfazer a dívida eventualmente inadimplida, em hipóteses que o adimplemento se torna questionável, seja porque o devedor não se demonstra mais confiável, seja porque a garantia que foi condição para a pactuação já não apresenta o mesmo valor, a lei estabelece que a totalidade da dívida é imediatamente exigível, a fim de remediar possíveis prejuízos que o credor passa a estar exposto. Nesse sentido a lição de Fraga:

> Nas differentes hypotheses, porém, do artigo citado, sendo certo que o credor não forneceria o seu dinheiro nem concederia prazo senão contando com as condições de solvabilidade do devedor, e se estas vêm a falhar por causas imputaveis ou não a elle, é natural que a lei, interessada em geral na realização integral do direito, venha em soccorro do titular do credito, antecipando o vencimento para prevenir maior prejuizo. Essa antecipação

---

"*Est tota in qualibet parte totius rei*. D., senhor do imóvel hipotecado a C., vende ¼ de I. a A., outro ¼ a A'. e outro ¼ a A". C. pode exigir de qualquer dos compradores, não apenas o pagamento de ¼ da dívida para evitar a penhora e execução, mas o de tôda a dívida" (FULGÊNCIO, Tito, **Direito real de hipoteca**, v. I. Atualização de José de Aguiar Dias. Rio de Janeiro: Forense, p. 54).
[660] FULGÊNCIO, Tito, **Direito real de hipoteca**, v. I. Atualização de José de Aguiar Dias. Rio de Janeiro: Forense, p. 54.
[661] Cf.: "Art. 1.429. Os sucessores do devedor não podem remir parcialmente o penhor ou a hipoteca na proporção dos seus quinhões; qualquer deles, porém, pode fazê-lo no todo. Parágrafo único. O herdeiro ou sucessor que fizer a remição fica sub-rogado nos direitos do credor pelas quotas que houver satisfeito".

nem sempre logra o seu intuito, mas, sem duvida, proporciona ao credor, exposto a tudo perder, o meio legal de salvar alguma coisa, o que certamente não conseguiria se a divida se não houvera por vencida e exigível. É para elle o *minima de malis*.[662]

O artigo 1.425 do Código Civil, então, prevê que a dívida será considerada vencida se: (i) "deteriorando-se, ou depreciando-se o bem dado em segurança, desfalcar a garantia, e o devedor, intimado, não a reforçar ou substituir"; (ii) "o devedor cair em insolvência ou falir"; (iii) "as prestações não forem pontualmente pagas, toda vez que deste modo se achar estipulado o pagamento"; (iv) "perecer o bem dado em garantia, e não for substituído"; e (v) "se desapropriar o bem dado em garantia". Três dessas hipóteses são relacionadas com o bem dado em garantia (deterioração, perecimento ou desapropriação do bem), enquanto as outras duas com as condições do próprio fiduciante.

Caso o bem dado em garantia passe a não cumprir mais sua função de garantir a dívida da forma como inicialmente pactuado, por ter perdido valor[663], perecido ou até por ter sido tirado da propriedade fiduciária do credor em razão de desapropriação, o devedor terá de substituir a garantia ou reforçá-la, inclusive por força do artigo 333, III, do Código Civil[664], aplicável a todas as obrigações. Se não o fizer, considerando que o fiduciário será privado da garantia ou a terá diminuída, com repercussão direta na "solidez da obrigação principal", a dívida será considerada exigível em sua integralidade.[665]

Pontua-se que, no caso da desapropriação, do perecimento por dano causado por terceiro ou de a coisa estar coberta por seguro, o vínculo real

---

[662] FRAGA, Affonso. **Direitos reaes de garantia**: penhor, antichrese e hypotheca. São Paulo: Saraiva & Comp., 1933, p. 103.

[663] Isso considerando a insuficiência do valor do bem para fazer frente à dívida, pois, no caso de perder valor e ainda assim o valor do bem superar o da dívida, não há o que ser reforçado, como bem pontuou Fraga (FRAGA, Affonso. **Direitos reaes de garantia**: penhor, antichrese e hypotheca. São Paulo: Saraiva & Comp., 1933, p. 105).

[664] Cf.: "Art. 333. Ao credor assistirá o direito de cobrar a dívida antes de vencido o prazo estipulado no contrato ou marcado neste Código: [...] III – se cessarem, ou se se tornarem insuficientes, as garantias do débito, fidejussórias, ou reais, e o devedor, intimado, se negar a reforçá-las".

[665] GOMES, Orlando. **Alienação Fiduciária**. 4. ed. São Paulo: Revista dos Tribunais, 1975, p. 149.

passa a afetar o valor da indenização recebido do expropriante, do terceiro ou da seguradora[666], conforme artigo 1.425, V, e § 1º.[667]

Não é só o desfalque da garantia que pode trazer insegurança ao adimplemento, mas a própria situação financeira do devedor. Sendo a dívida uma só, para a qual o credor concedeu a benesse de pagamentos parciais, o não pagamento de uma parcela da dívida faz decair a confiança no devedor e criar legítima suposição de que ele não cumprirá espontaneamente a obrigação, daí porque a possibilidade de exigência do valor integral da dívida.[668]

No mesmo sentido a insolvência do devedor[669], em que fica ainda mais ressaltada a suposição de que o devedor não pagará a dívida na data avençada, tanto que essa previsão de vencimento antecipado também está prevista no mencionado artigo 333 do Código Civil, em seu inciso I,[670] e, no caso específico da falência, igualmente determinada pela legislação especial[671].[672]

---

[666] FRAGA, Affonso, **Direitos reaes de garantia**: penhor, antichrese e hypotheca. São Paulo: Saraiva & Comp., 1933, p. 113.

[667] Cf.: "Art. 1.425. [...] V – se se desapropriar o bem dado em garantia, hipótese na qual se depositará a parte do preço que for necessária para o pagamento integral do credor".
§ 1º Nos casos de perecimento da coisa dada em garantia, esta se sub-rogará na indenização do seguro, ou no ressarcimento do dano, em benefício do credor, a quem assistirá sobre ela preferência até seu completo reembolso".

[668] GOMES, Orlando. **Alienação Fiduciária**. 4. ed. São Paulo: Revista dos Tribunais, 1975, p. 104.

[669] Vale trazer o esclarecimento de Fraga sobre o que se entende por essa insolvência: "A existencia de uma ou mais obrigações com prazos exgottados, as acções intentadas em juizo, o protesto mesmo de letras de cambio, não bastam na ordem civil para determinar a quéda do devedor em insolvencia, esta se diz existente sómente quando regularmente manifestada em juízo e isso se dá com a abertura do concurso creditorio" (FRAGA, Affonso. **Direitos reaes de garantia**: penhor, antichrese e hypotheca. São Paulo: Saraiva & Comp., 1933, p. 107).

[670] Cf.: "Art. 333. [...] I – no caso de falência do devedor, ou de concurso de credores; [...]".

[671] Cf. a redação do artigo 77 da Lei nº 11.101/05: "Art. 77. A decretação da falência determina o vencimento antecipado das dívidas do devedor e dos sócios ilimitada e solidariamente responsáveis, com o abatimento proporcional dos juros, e converte todos os créditos em moeda estrangeira para a moeda do País, pelo câmbio do dia da decisão judicial, para todos os efeitos desta Lei".

[672] Em sentido contrário, há quem entenda que a falência do devedor não seria hipótese de vencimento antecipado no caso das garantias fiduciárias, pois, considerando que o bem objeto da garantia é de propriedade do credor e não se submete aos efeitos da falência, isso não traria qualquer risco ao devedor. Logo, seria necessária também a mora por parte do falido e não só sua falência. Nesse sentido: LOUREIRO, Francisco Eduardo. **Código Civil comentado**: doutrina e jurisprudência, 8. ed. In: PELUSO, Cezar (coord.). Barueri: Manole, 2014, p. 1316;

Por fim, o artigo 1.426 do Código Civil estabelece que as dívidas vencidas antecipadamente não compreenderão "os juros correspondentes ao tempo ainda não decorrido". Nada mais lógico. Os "juros para existirem necessitam do decurso do tempo e se este ainda não decorreu, segue-se que, não existindo juros, também não podem ser devidos"[673].

3.4. Consequências do inadimplemento

Como discutido, as garantias fiduciárias, em razão da propriedade resolúvel que as compõe, estão marcadas por dois momentos distintos: (i) a vigência da propriedade resolúvel, enquanto o evento futuro e incerto está pendente, e (ii) o período posterior à data prevista para concretização desse evento, que pode ter ocorrido ou não.

Até aqui foi estudado o funcionamento das garantias fiduciárias em um primeiro momento, no qual a dívida está pendente e o termo de pagamento ainda não adveio. Com relação ao segundo momento, também já foi abordado no Capítulo 3.3.2. que com o pagamento da dívida a resolução da propriedade se opera imediatamente em favor do fiduciante. A partir de agora, então, tratar-se-á das garantias fiduciárias no caso de inadimplemento.

A razão desse ponto não estar especificamente abordado no Capítulo 3.3.2., como ocorreu na situação do adimplemento da dívida, por exemplo, reside no fato de que, diferentemente do que ocorre na propriedade resolúvel comum (não fiduciária), a não ocorrência do evento a que está subordinada a propriedade resolúvel não acarreta na transformação imediata da propriedade resolúvel em propriedade plena e perpétua em favor do fiduciário.

Considerando que, no caso das garantias fiduciárias, a propriedade resolúvel é um acessório de um contrato principal de dívida, se as

---

e RESTIFFE NETO, Paulo; RESTIFFE, Paulo Sérgio. **Garantia fiduciária**: direito e ações: manual teórico e prático com jurisprudência. 3. ed. rev., atual. e ampl. São Paulo: Revista dos Tribunais, 2000, p. 522-533. No entanto, tais posições ignoram que a dívida não vence antecipadamente apenas por risco sobre o objeto da garantia, mas também sobre o legítimo risco de o devedor não adimplir a dívida, como exposto. Após a excussão da garantia, por exemplo, o valor do bem poderia não ser suficiente para a quitação da dívida, de modo que o credor teria que participar do processo de falência de qualquer forma.

[673] FRAGA, Affonso, **Direitos reaes de garantia**: penhor, antichrese e hypotheca. São Paulo: Saraiva & Comp., 1933, p. 113.

consequências de qualquer atraso no pagamento fossem a obtenção plena e definitiva do bem pelo fiduciário, o fiduciante estaria em situação de grande desvantagem. Daí porque há regramento específico para regular as consequências da não verificação da condição a que estava subordinada a propriedade resolúvel em se tratando de propriedade fiduciária com função de garantia.

3.4.1. Consolidação da propriedade

A propriedade que é transferida ao credor das garantais fiduciárias é, como se viu, limitada, e, nos termos do artigo 1.367 do Código Civil, não se equipara à propriedade plena tratada no artigo 1.231 do Código Civil. Dessa forma, com o inadimplemento do fiduciante, para que a garantia fiduciária possa efetivar sua função, é necessário que essa propriedade se torne plena, o que ocorre como decorrência de ser propriedade resolúvel.

Logo, na propriedade fiduciária também ocorrerá a consolidação da propriedade para o credor, já que é uma das faces da propriedade resolúvel, mas isso se dará de forma adaptada ao escopo de garantia. Assim, os efeitos da consolidação nesse caso levarão à transformação do bem em dinheiro, e não à obtenção definitiva dos atributos de usar e gozar da propriedade, como ocorre com a propriedade resolúvel não fiduciária.[674]

Essa consolidação, em um primeiro momento, não foi expressamente prevista no Código Civil, até porque decorre da própria resolubilidade da propriedade, que se opera tanto para o credor quanto para o devedor. Porém, posteriormente, a Lei nº 13.043/14 incluiu no Código Civil o artigo 1.368-B, parágrafo único, que ressalta expressamente a consolidação da propriedade.[675] Também nesse sentido as demais leis do triplo regime[676]. Logo, a consolidação da propriedade deve ser vista como parte da estrutura geral das garantias fiduciárias.

---

[674] CHALHUB, Melhim Namem. **Alienação fiduciária**: Negócio fiduciário. 5. ed. rev., atual. e ampl. Rio de Janeiro: Forense, 2017, p. 170.

[675] No sentido de que a consolidação da propriedade também vale para as garantias fiduciárias contraídas com base no Código Civil: CHALHUB, Melhim Namem, **Alienação fiduciária**: Negócio fiduciário. 5. ed. rev., atual. e ampl. Rio de Janeiro: Forense, 2017, p. 168 e 211-212; SÃO PAULO, Tribunal de Justiça de. Apelação Cível nº 0000712-76.2015.8.26.0547, Rel. Desembargadora Maria Lúcia Pizzotti, 30ª Câmara de Direito Privado, j. em 29.03.2017.

[676] Cf. o artigo 3º, §1º, do Decreto-Lei nº 911/69, que regula o procedimento de excussão da garantia da Lei nº 4.728/65, e o artigo 26, *caput* e § 7º, da Lei nº 9.514/97. Com relação aos

3. TEORIA GERAL DAS GARANTIAS FIDUCIÁRIAS

E conforme se extrai do mencionado parágrafo único do artigo 1.368-B do Código Civil, com a consolidação a propriedade fiduciária passa a ser propriedade plena[677], ainda que continue com limitações. O fiduciário transferirá a terceiro a propriedade plena e para isso deve possuir uma propriedade plena, já que não se pode transmitir mais direitos do que tem.

Sendo assim, a consolidação da propriedade após o inadimplemento do fiduciante, em qualquer das espécies de garantias fiduciárias, é o marco para que o fiduciário possa excutir a garantia e se pagar com o produto dessa excussão.[678] Após essa consolidação é que o fiduciário poderá vender o imóvel, o móvel corpóreo, o móvel incorpóreo ou se apropriar dos valores já recebidos em decorrência dos direitos creditórios.

Alguns autores, contudo, considerando que o fiduciário, em razão da função de garantia, não pode ficar com a propriedade plena do bem,

créditos cedidos fiduciariamente, nem a Lei nº 4.728/65, nem a Lei nº 9.514/97 expressam a necessidade de consolidação. Contudo, considerando que tais bens também estão sujeitos ao regime da propriedade resolúvel e não há nada que justifique um tratamento diferenciado a eles com relação às demais espécies de garantias fiduciárias, a interpretação deve ser uniforme, no sentido de que a consolidação da propriedade é necessária.

[677] Entendem que com o inadimplemento passa a poder ocorrer a consolidação da propriedade, que, por sua vez, dá ao fiduciário a propriedade plena: CHALHUB, Melhim Namem, **Alienação fiduciária**: Negócio fiduciário. 5. ed. rev., atual. e ampl. Rio de Janeiro: Forense, 2017, p. 211-212; RESTIFFE NETO, Paulo; RESTIFFE, Paulo Sérgio. **Garantia fiduciária**: direito e ações: manual teórico e prático com jurisprudência. 3. ed. rev., atual. e ampl. São Paulo: Revista dos Tribunais, 2000, p. 329; CASTRO, João Mendes de Oliveira; et al. Temas polêmicos de alienação fiduciária em garantia: a responsabilidade do credor fiduciário por obrigações propter rem. **Revista de Direito Bancário e do Mercado de Capitais**, São Paulo, v. 74, out./dez. 2016, p. 175-202; TERRA, Marcelo. **Alienação fiduciária de imóveis em garantia** (lei nº 9.514/97, primeiras linhas). Porto Alegre: Sergio Antonio Fabris Editor, 1998, p. 45. Alves tem posição diversa, pois entende que a condição resolutiva não estaria definitivamente frustrada com o inadimplemento, de modo que a consolidação implica apenas o alargamento do conteúdo da propriedade fiduciária (ALVES, José Carlos Moreira. **Da alienação fiduciária em garantia**. 3. ed. Rio de Janeiro: Forense, 1987, p. 212-213). Gomes, por sua vez, considera que o fiduciário "jamais adquire a propriedade plena", uma vez que está obrigado a vendê-la (GOMES, Orlando. **Alienação Fiduciária**. 4. ed. São Paulo: Revista dos Tribunais, 1975, p. 21).

[678] Nesse sentido: RESTIFFE NETO, Paulo; RESTIFFE, Paulo Sérgio. **Garantia fiduciária**: direito e ações: manual teórico e prático com jurisprudência. 3. ed. rev., atual. e ampl. São Paulo: Revista dos Tribunais, 2000, p. 507; CHALHUB, Melhim Namem. **Alienação fiduciária**: Negócio fiduciário. 5. ed. rev., atual. e ampl. Rio de Janeiro: Forense, 2017, p. 168; GOMES, Orlando. **Alienação Fiduciária**. 4. ed. São Paulo: Revista dos Tribunais, 1975, p. 126.

pois tem a obrigação de vendê-lo, afirmam que inexistiria a consolidação da propriedade nas garantias fiduciárias.[679] Contudo, esse não pode ser considerado o melhor entendimento.

De fato, mesmo depois do inadimplemento a propriedade do fiduciário continua limitada, estando o fiduciário obstado de usar e fruir do bem, como ressalta Alves,[680] e com uma obrigação indissociável de venda do bem, como se verá mais adiante. Mas essa obrigação não só não impede a consolidação como é uma consequência dela. Antes da consolidação, o fiduciário não tinha sequer o poder de disposição.

Como a consolidação, então, implica o fim da propriedade resolúvel, a partir desse momento o fiduciante deixa de ter o direito real de recuperar a propriedade do bem.[681] Isso não significa que ele não possa vir a readquiri-lo, mas apenas que não possui o mesmo direito expectativo oponível *erga omnes* que tinha enquanto a dívida não estava vencida.

Tanto é que o artigo 27, §2º-B, da Lei nº 9.514/97 (incluído pela Lei nº 13.465/17)[682], por exemplo, reforça que, entre o momento em que é

---

[679] Veja-se: AMARAL NETO, Francisco dos Santos. A alienação fiduciária em garantia no direito brasileiro. **Revista de Direito civil, imobiliário, agrário e empresarial**, v. 22, ano 6, out./dez. 1982, p. 43; NASSER, Paulo Magalhães; SILVA, Candice Buckley Bittencourt. Anotações sobre a propriedade fiduciária e a alienação fiduciária em garantia. In: VENOSA, Sílvio de Salvo; GAGLIARDI, Rafael Villar; NASSER, Paulo Magalhães. **10 anos do Código Civil: desafios e perspectivas**. São Paulo: Atlas, 2012, p. 677.

[680] ALVES, José Carlos Moreira. **Da alienação fiduciária em garantia**. 3. ed. Rio de Janeiro: Forense, 1987, nota de rodapé 229, p. 133 e 245. Em sentido semelhante: NASSER, Paulo Magalhães; SILVA, Candice Buckley Bittencourt, Anotações sobre a propriedade fiduciária e a alienação fiduciária em garantia. In: VENOSA, Sílvio de Salvo; GAGLIARDI, Rafael Villar; NASSER, Paulo Magalhães. **10 anos do Código Civil: desafios e perspectivas**. São Paulo: Atlas, 2012, p. 677.

[681] Cf., nesse sentido: LOUREIRO, Francisco Eduardo. **Código Civil comentado**: doutrina e jurisprudência, 8. ed. In: PELUSO, Cezar (coord.). Barueri: Manole, 2014, p. 1308; CHALHUB, Melhim Namem, **Alienação fiduciária**: Negócio fiduciário. 5. ed. rev., atual. e ampl. Rio de Janeiro: Forense, 2017, p. 277-279; DELGADO, Mário Luiz. A purgação da mora nos contratos de alienação fiduciária de bem imóvel. Uma questão de direito intertemporal. **Revista de Direito Imobiliário**, São Paulo, v. 84, p. 441-461, jan./jun. 2018. No sentido oposto, de que a propriedade não deixa de ser resolúvel: OLIVEIRA, Gleydson Kleber Lopes de. **Comentários ao Código Civil brasileiro**, v. 12: da propriedade, da superfície e das servidões. In: ALVIM, Arruda; ALVIM, Thereza (coord.). Rio de Janeiro: Forense, 2004, p. 239.

[682] Cf.: "§ 2º-B. Após a averbação da consolidação da propriedade fiduciária no patrimônio do credor fiduciário e até a data da realização do segundo leilão, é assegurado ao devedor

consolidada a propriedade do fiduciário e o momento em que o imóvel é definitivamente vendido a terceiro, o fiduciante tem apenas preferência para adquirir o imóvel.[683]

Por fim, não há uma generalização de como ocorrerá a consolidação da propriedade nas garantias fiduciárias. Há casos em que ela ocorrerá na esfera judicial[684] e casos em que isso não é necessário, ocorrendo a consolidação de forma extrajudicial[685].

O que se tem como generalidade é que a consolidação não ocorre automaticamente, com o simples inadimplemento, até porque o fiduciário

---

fiduciante o direito de preferência para adquirir o imóvel por preço correspondente ao valor da dívida, somado aos encargos e despesas de que trata o § 2o deste artigo, aos valores correspondentes ao imposto sobre transmissão inter vivos e ao laudêmio, se for o caso, pagos para efeito de consolidação da propriedade fiduciária no patrimônio do credor fiduciário, e às despesas inerentes ao procedimento de cobrança e leilão, incumbindo, também, ao devedor fiduciante o pagamento dos encargos tributários e despesas exigíveis para a nova aquisição do imóvel, de que trata este parágrafo, inclusive custas e emolumentos".

[683] Tal artigo, juntamente com o artigo 39, II, da Lei nº 9.514/97, também incluído pela Lei nº 13.465/17, para constar expressamente a restrição do artigo 34 do Decreto-Lei nº 70/66 às dívidas hipotecárias, foram promulgados como forma de refutar a jurisprudência formada no Superior Tribunal de Justiça no sentido de que o fiduciante, na alienação fiduciária de imóveis, poderia purgar a mora até a assinatura de eventual auto de arrematação do imóvel, com base em aplicação subsidiária do artigo 34 do mencionado Decreto-Lei, exclusivo para dívidas hipotecárias (BRASIL, Superior Tribunal de Justiça. AgInt no REsp nº 1567195/SP, Rel. Ministro Paulo de Tarso Sanseverino, Terceira Turma, j. em 13.06.2017; BRASIL, Superior Tribunal de Justiça. REsp nº 1462210/RS, Rel. Ministro Ricardo Villas Bôas Cueva, Terceira Turma, j. em 18.11.2014). Apesar de não ser possível adentrar essa discussão sobre a possibilidade de purgação da mora após a consolidação na alienação fiduciária de imóveis, sob pena de fugir ao escopo geral deste estudo, pontua-se que, após as recentes alterações legislativas, fica confirmado que o Superior Tribunal de Justiça deveria rever seu posicionamento quanto à possibilidade de purgação da mora, o que não vem ocorrendo (BRASIL, Superior Tribunal de Justiça. AgInt no REsp nº 1760519/SC, Rel. Ministra Maria Isabel Gallotti, Quarta Turma, j. em 17.09.2019; BRASIL, Superior Tribunal de Justiça. AgInt no AREsp nº 1360554/PR, Rel. Ministro Marco Aurélio Bellizze, Terceira Turma, j. em 13.05.2019). Para mais sobre essa discussão, ver: CHALHUB, Melhim Namem. Alienação fiduciária de bens imóveis. 20 anos de vigência da Lei 9.514/1997. **Revista de Direito Imobiliário**, São Paulo, v. 84, p. 495-531, jan./jun. 2018; e DELGADO, Mário Luiz. A purgação da mora nos contratos de alienação fiduciária de bem imóvel. Uma questão de direito intertemporal. **Revista de Direito Imobiliário**, São Paulo, v. 84, p. 441-461, jan./jun. 2018.

[684] Cf. artigo 3º, § 1º, do Decreto-Lei nº 911/69.

[685] Cf. artigo 26 da Lei nº 9.514/97.

tem a faculdade de ajuizar ação de execução extrajudicial antes de consolidar o bem em sua propriedade[686]. Necessita de condição precedente, consubstanciada em notificação do fiduciante sobre a mora.

Estando a se tratar nas garantias fiduciárias de obrigação positiva e líquida, a mora do fiduciante ocorre de pleno direito com o advento do termo sem o respectivo pagamento, conforme artigo 397 do Código Civil (mora *ex re*). No entanto, para que seja possível a consolidação da propriedade em favor do fiduciário a mora precisa ser comprovada por meio da notificação do fiduciante.[687]

---

[686] O ajuizamento de ação de execução extrajudicial não implica renúncia sobre a garantia, de modo que o bem permanecerá na propriedade resolúvel do fiduciário até a efetiva quitação da dívida. Nesse sentido: ALVES, José Carlos Moreira. **Da alienação fiduciária em garantia**. 3. ed. Rio de Janeiro: Forense, 1987, p. 239; GOMES, Orlando. **Alienação Fiduciária**. 4. ed. São Paulo: Revista dos Tribunais, 1975, p. 136; BRASIL, Supremo Tribunal Federal, RE nº 88059, Rel. Ministro Cordeiro Guerra, Segunda Turma, j. em 13.12.1977; BRASIL, Superior Tribunal de Justiça. REsp nº 791.194/RS, Rel. Ministro Humberto Gomes de Barros, Terceira Turma, j. em 14.12.2006; SÃO PAULO, Tribunal de Justiça de. AI nº 2151685-30.2017.8.26.0000; Rel. Desembargador Paulo Ayrosa, 31ª Câmara de Direito Privado, j. em 04.10.2017; SÃO PAULO, Tribunal de Justiça de. AC nº 1000114-78.2016.8.26.0577; Rel. Desembargador Virgilio de Oliveira Junior, 21ª Câmara de Direito Privado, j. em 03.04.2017; SÃO PAULO, Tribunal de Justiça de. AI nº 2112142-88.2015.8.26.0000, Rel. Desembargador Silveira Paulilo, 21ª Câmara de Direito Privado, j. em 01.09.2015; SÃO PAULO, Tribunal de Justiça de. AC nº 1115913-48.2016.8.26.0100, Rel. Desembargador Pedro Kodama, 37ª Câmara de Direito Privado, j. em 29.08.2017. Em sentido oposto, especialmente em casos de recuperação judicial: SÃO PAULO, Tribunal de Justiça de. AI nº 2046174-77.2016.8.26.0000, Rel. Desembargador Teixeira Leite, 1ª Câmara Reservada de Direito Empresarial, j. em 10.08.2016; SÃO PAULO, Tribunal de Justiça de. AI nº 2176617-82.2017.8.26.0000, Rel. Desembargador Fortes Barbosa, 1ª Câmara Reservada de Direito Empresarial, j. em 16.11.2017; PARANÁ, Tribunal de Justiça do. AC nº 265251-9, Rel. Desembargador Mendes Silva, 13ª Câmara Cível, j. em 16.02.2005. Encontrou-se também um julgado pontual em que se entendeu que no caso da alienação fiduciária de imóvel seria obrigatória a excussão da garantia, estando vedada a via da execução extrajudicial para o fiduciário: SÃO PAULO, Tribunal de Justiça de. Apelação Cível nº 1101920-64.2018.8.26.0100, Rel. Miguel Petroni Neto, 16ª Câmara de Direito Privado, j. em 10.09.2019.

[687] Cf.: GOMES, Orlando. **Alienação Fiduciária**. 4. ed. São Paulo: Revista dos Tribunais, 1975, p. 100; ALVES, José Carlos Moreira. **Da alienação fiduciária em garantia**. 3. ed. Rio de Janeiro: Forense, 1987, p. 209-210; CHALHUB, Melhim Namem. **Alienação fiduciária**: Negócio fiduciário. 5. ed. rev., atual. e ampl. Rio de Janeiro: Forense, 2017, p. 193 e 271-272; AMARAL NETO, Francisco dos Santos. A alienação fiduciária em garantia no direito brasileiro. **Revista de Direito Civil, imobiliário, agrário e empresarial**, v. 22, ano 6, out./dez. 1982, p. 44.

3. TEORIA GERAL DAS GARANTIAS FIDUCIÁRIAS

Isso fica claro no artigo 3º do Decreto-Lei nº 911/69, que estabelece que o fiduciário só poderá ter deferida a liminar de busca e apreensão do bem móvel dado em garantia e, consequentemente, a consolidação da propriedade (§§ 1º e 2º do artigo 3º), se comprovar a existência da mora[688] na forma preestabelecida no mesmo Decreto-Lei[689]. De modo similar, os artigos 26 e 26-A da Lei nº 9.514/97, determinam que a propriedade só poderá se consolidar com o fiduciário após a notificação do fiduciante na forma específica da referida Lei.[690]

---

[688] Cf.: "Art. 3º O proprietário fiduciário ou credor poderá, desde que comprovada a mora, na forma estabelecida pelo § 2o do art. 2o, ou o inadimplemento, requerer contra o devedor ou terceiro a busca e apreensão do bem alienado fiduciariamente, a qual será concedida liminarmente, podendo ser apreciada em plantão judiciário.
§ 1º Cinco dias após executada a liminar mencionada no caput, consolidar-se-ão a propriedade e a posse plena e exclusiva do bem no patrimônio do credor fiduciário, cabendo às repartições competentes, quando for o caso, expedir novo certificado de registro de propriedade em nome do credor, ou de terceiro por ele indicado, livre do ônus da propriedade fiduciária. [...]".
[689] "Art. 2º. [...] § 2o A mora decorrerá do simples vencimento do prazo para pagamento e poderá ser comprovada por carta registrada com aviso de recebimento, não se exigindo que a assinatura constante do referido aviso seja a do próprio destinatário. [...]".
[690] "Art. 26. Vencida e não paga, no todo ou em parte, a dívida e constituído em mora o fiduciante, consolidar-se-á, nos termos deste artigo, a propriedade do imóvel em nome do fiduciário. § 1º Para os fins do disposto neste artigo, o fiduciante, ou seu representante legal ou procurador regularmente constituído, será intimado, a requerimento do fiduciário, pelo oficial do competente Registro de Imóveis, a satisfazer, no prazo de quinze dias, a prestação vencida e as que se vencerem até a data do pagamento, os juros convencionais, as penalidades e os demais encargos contratuais, os encargos legais, inclusive tributos, as contribuições condominiais imputáveis ao imóvel, além das despesas de cobrança e de intimação. [...] § 3º A intimação far-se-á pessoalmente ao fiduciante, ou ao seu representante legal ou ao procurador regularmente constituído, podendo ser promovida, por solicitação do oficial do Registro de Imóveis, por oficial de Registro de Títulos e Documentos da comarca da situação do imóvel ou do domicílio de quem deva recebê-la, ou pelo correio, com aviso de recebimento. [...]
§ 5º Purgada a mora no Registro de Imóveis, convalescerá o contrato de alienação fiduciária. [...] § 7º Decorrido o prazo de que trata o § 1o sem a purgação da mora, o oficial do competente Registro de Imóveis, certificando esse fato, promoverá a averbação, na matrícula do imóvel, da consolidação da propriedade em nome do fiduciário, à vista da prova do pagamento por este, do imposto de transmissão inter vivos e, se for o caso, do laudêmio. [...].
Art. 26-A. Os procedimentos de cobrança, purgação de mora e consolidação da propriedade fiduciária relativos às operações de financiamento habitacional, inclusive as operações do Programa Minha Casa, Minha Vida, instituído pela Lei nº 11.977, de 7 de julho de 2009, com recursos advindos da integralização de cotas no Fundo de Arrendamento Residencial (FAR),

O fato de o Código Civil ter sido omisso sobre essa questão, por sua vez, não implica óbice à aplicação geral dessa necessidade de notificação para que seja possibilitada a consolidação, uma vez que, além de não existir dispositivo proibindo a aplicação do procedimento do Decreto-Lei nº 911/69 às suas normas de direito material quando de sua promulgação, de modo que não seria necessário ter tratado dessa questão especificamente, deve ser dada interpretação coerente ao instituto.[691]

A notificação, que contará com requisitos próprios a depender da espécie de garantia fiduciária[692], tem como função proteger os interesses

---

sujeitam-se às normas especiais estabelecidas neste artigo. § 1º A consolidação da propriedade em nome do credor fiduciário será averbada no registro de imóveis trinta dias após a expiração do prazo para purgação da mora de que trata o § 1o do art. 26 desta Lei. § 2º Até a data da averbação da consolidação da propriedade fiduciária, é assegurado ao devedor fiduciante pagar as parcelas da dívida vencidas e as despesas de que trata o inciso II do § 3o do art. 27, hipótese em que convalescerá o contrato de alienação fiduciária".

[691] Consideram a notificação do fiduciante como necessária em todas as formas de garantia: SILVA, Fábio Rocha Pinto e. **Garantias das obrigações**: uma análise sistemática do direito das garantias e uma proposta abrangente para sua reforma. São Paulo: Editora IASP, 2017, p. 501; LOUREIRO, Francisco Eduardo. **Código Civil comentado**: doutrina e jurisprudência, 8. ed. In: PELUSO, Cezar (coord.). Barueri: Manole, 2014, p. 1308. Nesse sentido, também dois julgados do Tribunal de Justiça de São Paulo: SÃO PAULO, Tribunal de Justiça de. Apelação Cível nº 0000712-76.2015.8.26.0547, Rel. Desembargadora Maria Lúcia Pizzotti, 30ª Câmara de Direito Privado, j. em 29.03.2017; SÃO PAULO, Tribunal de Justiça de. Agravo de Instrumento nº 2107218-92.2019.8.26.0000, Rel. Desembargador Antonio Rigolin, 31ª Câmara de Direito Privado, j. em 25.07.2017.

[692] Quanto à notificação regida pela Lei nº 9.514/97, a lei determina, em seu artigo 26, §3º, que a intimação do fiduciante seja pessoal, o que é aplicado pela jurisprudência (por exemplo: BRASIL, Superior Tribunal de Justiça. REsp nº 1531144/PB, Rel. Ministro Moura Ribeiro, Terceira Turma, j. em 15.03.2016; BRASIL, Superior Tribunal de Justiça. AgRg no AREsp nº 604.510/RS, Rel. Ministro João Otávio De Noronha, Terceira Turma, j. em 25.08.2015). No entanto, inexistindo previsão legal nesse sentido no Decreto-Lei nº 911/69, que, pelo contrário, ressalta ser dispensável a assinatura do fiduciante no comprovante de recebimento, tem-se entendido que a notificação pessoal do fiduciante nas garantias fiduciárias reguladas pela Lei nº 4.728/65 não é necessária, de modo que a notificação enviada para o endereço do contrato, independentemente da assinatura do fiduciante, é considerada eficaz (por exemplo: BRASIL, Superior Tribunal de Justiça. AgInt no REsp nº 1828198/RS, Rel. Ministro Luis Felipe Salomão, Quarta Turma, j. em 15.10.2019; BRASIL, Superior Tribunal de Justiça. AgInt no AREsp nº 1272430/MS, Rel. Ministro Raul Araújo, Quarta Turma, j. em 06.08.2019). Em um caso concreto, a título elucidativo, a notificação enviada por meio de carta registrada ao domicílio do fiduciante retornou com o aviso de que ele teria se mudado.

do fiduciante, que será o afetado pelo início da excussão do bem dado em garantia. É com base nela que poderá o fiduciante opor sua resistência, caso perceba estar sendo lesado[693], ou purgar a mora, fazendo convalescer o contrato das garantias fiduciárias[694].

A possibilidade de purgação da mora, por força do próprio artigo 401, I, do Código Civil, é direito do fiduciante. Ela está expressamente prevista nos mencionados artigos 26 e 26-A da Lei nº 9.514/97 e não está excluída no caso do Decreto-Lei nº 911/69 (e consequentemente da alienação fiduciária prevista na Lei nº 4.728/65).

Apesar de tal Decreto-Lei, em seu artigo 3º, §2º, determinar a intimação para pagamento integral da dívida e não para purgação da mora[695], o dispositivo legal faz referência a momento posterior ao da notificação extrajudicial sobre a mora, que, como se viu, é condição prévia para o pedido liminar de busca e apreensão.[696] Ou seja, é após a notificação extra-

---

Ainda assim, decidiu-se que "a bem dos princípios da probidade e boa-fé, não é imputável ao credor fiduciário a desídia do devedor que deixou de informar a mudança do domicílio indicado no contrato, frustrando, assim, a comunicação entre as partes" (BRASIL, Superior Tribunal de Justiça. REsp nº 1828778/RS, Rel. Ministra Nancy Andrighi, Terceira Turma, j. em 27.08.2019).

[693] CHALHUB, Melhim Namem. **Alienação fiduciária**: Negócio fiduciário. 5. ed. rev., atual. e ampl. Rio de Janeiro: Forense, 2017, p. 357.

[694] Nesse sentido: LOUREIRO, Francisco Eduardo. **Código Civil comentado**: doutrina e jurisprudência, 8. ed. In: PELUSO, Cezar (coord.). Barueri: Manole, 2014, p. 1308; RESTIFFE NETO, Paulo; RESTIFFE, Paulo Sérgio. **Garantia fiduciária**: direito e ações: manual teórico e prático com jurisprudência. 3. ed. rev., atual. e ampl. São Paulo: Revista dos Tribunais, 2000, p. 672; TEPEDINO, Gustavo; BARBOZA, Heloisa Helena; MORAES, Maria Celina Bodin de. **Código Civil interpretado conforme a Constituição da República**, v. III. Rio de Janeiro: Renovar, 2011, p. 738.

[695] Cf.: "Art. 3º. [...] § 2º No prazo do § 1o, o devedor fiduciante poderá pagar a integralidade da dívida pendente, segundo os valores apresentados pelo credor fiduciário na inicial, hipótese na qual o bem lhe será restituído livre do ônus. [...]".

[696] O Superior Tribunal de Justiça tem inúmeros acórdãos que endossam a necessidade de pagamento integral da dívida no curso do processo de busca e apreensão para que o fiduciante não perca o bem. Contudo, tais julgados não sugerem que também na notificação extrajudicial apta a comprovar a mora o valor integral da dívida deveria ser cobrado. Veja-se, a título de exemplo, trecho da ementa de julgado representativo da questão: "Para fins do art. 543-C do Código de Processo Civil: 'Nos contratos firmados na vigência da Lei n. 10.931/2004, compete ao devedor, no prazo de 5 (cinco) dias após a execução da liminar na ação de busca e apreensão, pagar a integralidade da dívida – entendida esta como os valores apresentados e

judicial, que cabe ao fiduciário comprovar a efetivação, e não durante o processo de busca e apreensão, que o fiduciante terá a oportunidade de purgar a mora, conforme entendimento do Superior Tribunal de Justiça[697]. Não purgada a mora, contudo, terá o fiduciário o direito de ter o bem dado em garantia consolidado em sua propriedade, possibilitando sua posterior venda, como se verá na sequência.

Então, como bem notado por Loureiro, a notificação do fiduciante não é apenas forma de comprovar a mora, mas o meio pelo qual se confirma o inadimplemento absoluto do fiduciante.[698]

3.4.2. Conversão do bem em dinheiro

O bem transferido para o fiduciário tem como função garanti-lo quanto à dívida contraída pelo fiduciante. Logo, esse bem, que tem um valor econômico, está diretamente relacionado ao valor da dívida, em que pese a inexistência de regra impondo uma equivalência ou proporção entre eles.

As partes são livres para pactuar as garantias da forma que melhor lhes convier. Um bem que vale mais que a dívida proporcionará condições melhores para quem a contrai, enquanto um que valha menos não conferirá

---

comprovados pelo credor na inicial –, sob pena de consolidação da propriedade do bem móvel objeto de alienação fiduciária'" (BRASIL, Superior Tribunal de Justiça. REsp nº 1418593/MS, Rel. Ministro Luis Felipe Salomão, Segunda Seção, j. em 14.05.2014).

[697] Vale conferir a ementa de recente julgado: "AGRAVO INTERNO NO RECURSO ESPECIAL. AÇÃO DE BUSCA E APREENSÃO. CÉDULA DE CRÉDITO BANCÁRIO COM ALIENAÇÃO FIDUCIÁRIA EM GARANTIA. NOTIFICAÇÃO EXTRAJUDICIAL. TELEGRAMA DIGITAL. VALIDADE. RECURSO DESPROVIDO. 1. A mora decorre do simples vencimento, nos termos do art. 2º, § 2º, do Decreto-Lei n. 911/1969, estando condicionado o ajuizamento da ação de busca e apreensão pelo credor, apenas, à comprovação do envio da notificação extrajudicial para o endereço do devedor indicado no contrato, sendo prescindível que seja pessoal. 2. Embora a prática do ato seja demonstrada, costumeiramente, por meio de aviso de recebimento (AR) por via postal, considera-se cumprida a exigência pelo envio de telegrama digital, com certidão de entrega expedida pela Empresa Brasileira de Correios e Telégrafos, porquanto atingido o dever de informação, a fim de possibilitar que o devedor possa purgar a mora. 3. Agravo interno desprovido" (BRASIL, Superior Tribunal de Justiça. AgInt no REsp nº 1821119/PR, Rel. Ministro Marco Aurélio Bellizze, Terceira Turma, j. em 23.09.2019).

[698] LOUREIRO, Francisco Eduardo. **Código Civil comentado**: doutrina e jurisprudência, 8. ed. In: PELUSO, Cezar (coord.). Barueri: Manole, 2014, p. 1308. No mesmo sentido: SÃO PAULO, Tribunal de Justiça de. Agravo de Instrumento nº 2107218-92.2019.8.26.0000, Rel. Desembargador Antonio Rigolin, 31ª Câmara de Direito Privado, j. em 25.07.2017.

condições tão favoráveis. Isso é decorrência do simples raciocínio de que se o bem garantidor da dívida for mais valioso que ela, mais fácil será de quitá-la no caso de inadimplemento, e se for menos, não será suficiente para saldá-la. Além disso, o valor dos bens e o valor da dívida variam com o tempo e de forma não uniforme, de modo que, se em algum momento houve uma equivalência ou proporção de valores, provavelmente quando do eventual inadimplemento ela não mais existirá.

Dessa forma, previsse a lei que com o inadimplemento a propriedade se consolidaria em nome do fiduciário de forma plena e definitiva como modo de quitação da dívida, ou ele ou o fiduciante enriqueceriam às custas um do outro, a depender do valor do bem e da dívida.

Não é essa a intenção do instituto. Tendo a propriedade fiduciária a função de garantia, o fiduciário não tem interesse sobre as utilidades do bem recebido a esse título, mas sim sobre o valor que este bem representa, o qual será utilizado para saldar a dívida. Daí porque, como adiantado, há a necessidade de conversão do bem em dinheiro após a consolidação da propriedade.

Nesse sentido a explicação de Chalhub:

> Registre-se, por relevante, que a incorporação do bem ao patrimônio do credor-fiduciário não se faz incondicionalmente, nem o autoriza a dele se apropriar em caráter definitivo, pois a lei onera a propriedade que ingressa no seu patrimônio com o dever de ofertá-lo à venda e subsequente acertamento de haveres, pelo qual o antigo fiduciário se apropria do valor correspondente ao seu crédito e entrega ao antigo devedor-fiduciante o que exceder. A legislação, assim, tanto em relação aos bens móveis, fungíveis ou infungíveis, como em relação aos bens imóveis, adapta a propriedade resolúvel à função de garantia. De fato, não obstante sejam efeitos naturais da propriedade fiduciária (resolúvel) a reversão da propriedade plena ao devedor ou sua consolidação no patrimônio do credor, caso se implemente a condição, no primeiro caso, ou caso ela se frustre, no segundo caso, o art. 66-B e seus parágrafos da Lei 4.728/1965, com a redação dada pela Lei 10.931/2004, e a Lei 9.514/1996 (sic), além do Decreto-lei 911/1969, com a redação dada pela Lei 13.043/2014, cuidaram de adequar os efeitos da consolidação da propriedade no credor ao regime jurídico dos direitos reais de garantia, e é atendendo à lógica desse regime que determina a conversão do bem em dinheiro, mesmo depois de incorporado ao patrimônio do antigo

credor-fiduciário, mediante venda, diretamente ou em leilão, obrigando o credor a entregar ao antigo devedor um demonstrativo do crédito e do resultado do leilão.[699]

A seguir, serão observados os aspectos dessa conversão do bem em dinheiro, como a obrigação de venda e a respectiva apuração de saldo de parte a parte, bem como a vedação ao pacto comissório e as hipóteses em que o fiduciário poderá ficar com o bem de forma definitiva.

3.4.2.1. Obrigação de venda

O Código Civil é expresso no sentido de que o credor está "obrigado a vender" o bem caso a dívida seja inadimplida.[700] Igualmente, o artigo 27 da Lei nº 9.514/97, ao tratar da alienação fiduciária de imóveis, coloca como mandatória a realização de leilões extrajudiciais para tentativa de venda do bem.[701] Então, em que pese a utilização em outras leis do verbo "poder" para tratar da necessidade de venda, como é o caso dos artigos 66-B, §3º, da Lei nº 4.728/65, 2º do Decreto-Lei nº 911/69 e 151 da Lei nº 7.565/86[702], não se entende que estariam as leis a conferir uma faculdade.

O termo "poder" é colocado logo em seguida de "inadimplemento", de forma a especificar que é só a partir desse momento que o fiduciário tem o poder de disposição da coisa, como visto[703]. Explica Gomes, nessa linha,

---

[699] CHALHUB, Melhim Namem. **Alienação fiduciária**: Negócio fiduciário. 5. ed. rev., atual. e ampl. Rio de Janeiro: Forense, 2017, p. 172-173.

[700] Cf.: "Art. 1.364. Vencida a dívida, e não paga, fica o credor obrigado a vender, judicial ou extrajudicialmente, a coisa a terceiros, a aplicar o preço no pagamento de seu crédito e das despesas de cobrança, e a entregar o saldo, se houver, ao devedor".

[701] Cf.: "Art. 27. Uma vez consolidada a propriedade em seu nome, o fiduciário, no prazo de trinta dias, contados da data do registro de que trata o § 7º do artigo anterior, promoverá público leilão para a alienação do imóvel. § 1º Se no primeiro leilão público o maior lance oferecido for inferior ao valor do imóvel, estipulado na forma do inciso VI e do parágrafo único do art. 24 desta Lei, será realizado o segundo leilão nos quinze dias seguintes. § 2º No segundo leilão, será aceito o maior lance oferecido, desde que igual ou superior ao valor da dívida, das despesas, dos prêmios de seguro, dos encargos legais, inclusive tributos, e das contribuições condominiais. [...]".

[702] Cf.: "Art. 151. No caso de inadimplemento da obrigação garantida, o credor fiduciário poderá alienar o objeto da garantia a terceiros e aplicar o respectivo preço no pagamento do seu crédito e das despesas decorrentes da cobrança, entregando ao devedor o saldo, se houver".

[703] Cf. Capítulo 3.3.3.2.

que, ao tratar de um "poder", a lei faculta ao fiduciário uma opção entre outras de satisfação do crédito. Pode vender extrajudicialmente, mas as vias judiciais não estariam obstruídas. Ou seja, o fiduciário pode promover a venda, "mas ao realizá-la não exerce uma *faculdade*. O vender é, para o credor, um *ônus jurídico*, no exato sentido de 'imposição legal para tutela de interesse próprio'"[704].

Nesse sentido, Alves falou em ônus de venda da coisa[705] e Chalhub em "ônus [...] de ofertar o bem à venda"[706]. Buzaid colocou que o fiduciário tem um "poder-dever" de alienar o bem[707], Wald considerou existir o "encargo" de vender[708] e Azevedo ressaltou que haveria "um gravame na coisa própria"[709]. Independentemente da nomenclatura que se tenha usado para a situação, fato é que o Código Civil consolidou a obrigação do fiduciário de vender o bem. É claro que não é sempre que se encontrarão compradores, mas o fiduciário deve empregar seus esforços nesse sentido, já que não pode usar e fruir do bem[710].

Única exceção à obrigação de venda está nos casos de garantia fiduciária fruto do "Programa Minha Casa, Minha Vida", hipótese em

---

[704] GOMES, Orlando. **Alienação Fiduciária**. 4. ed. São Paulo: Revista dos Tribunais, 1975, p. 115.

[705] ALVES, José Carlos Moreira. **Da alienação fiduciária em garantia**. 3. ed. Rio de Janeiro: Forense, 1987, p. 241.

[706] CHALHUB, Melhim Namem. **Alienação fiduciária**: Negócio fiduciário. 5. ed. rev., atual. e ampl. Rio de Janeiro: Forense, 2017, p. 168.

[707] BUZAID, Alfredo. Ensaio sobre a Alienação Fiduciária em Garantia. **Revista dos Tribunais**, São Paulo, v. 401, ano 58, mar. 1969, p. 25.

[708] WALD, Arnoldo. Da alienação fiduciária. **Revista dos Tribunais**, São Paulo, v. 400, ano 58, fev. 1969, p. 25-26.

[709] AZEVEDO, Álvaro Villaça. Alienação fiduciária de bem imóvel. **Revista Magister de Direito Civil e Processual Civil**, Porto Alegre, n. 1, ano 1, jul./ago. 2004, p. 45.

[710] Quanto a esse ponto, Tepedino, Barboza e Moraes formulam pertinente crítica à construção do instituto: "A obrigatoriedade da venda (v. art. 1.364) cria ainda outra perplexidade, pois pode acontecer de não se encontrar terceiro disposto a adquirir a coisa, ao mesmo tempo que se veda sua permanência com o fiduciário. A legislação extravagante, atenta ao problema, já corrigiu a distorção no que tange à alienação fiduciária de imóveis: permite-se ao credor ficar com o bem, com a contrapartida da extinção da dívida, quando o maior lance oferecido no segundo leilão for igual ou inferior ao valor da dívida (L. 9.514/1997, art. 27, §5º). [...]" (TEPEDINO, Gustavo; BARBOZA, Heloisa Helena; MORAES, Maria Celina Bodin de. **Código Civil interpretado conforme a Constituição da República**, v. III. Rio de Janeiro: Renovar, 2011, p. 743).

que, consolidada a propriedade, o bem ficará com o fiduciário para ser reincluído no programa governamental.[711] Como a garantia fiduciária só foi pactuada para fomentar o programa, com base nos subsídios nele previstos, não faria sentido o imóvel ser vendido a terceiro ao invés de continuar a fomentar a política pública, pois o fiduciante já havia sido beneficiado anteriormente.

Ademais, a obrigação de venda não existirá com relação aos bens dados em garantia que, por si só, já representam quantia em dinheiro, como as quotas de fundo de investimento[712] e os direitos creditórios, estes que, (i) se vencidos e pagos, consubstanciarão em dinheiro passível de apropriação pelo fiduciário, (ii) se vencidos e não pagos, poderão ser cobrados, e (iii) se não vencidos, como são bens móveis, além de se poder aguardar o vencimento, poderão ser vendidos a terceiros como os demais bens objetos das garantias fiduciárias.

Quanto à necessidade de ajuizar ação judicial para consolidação da propriedade e obtenção da posse antes da venda, isso variará de garantia para garantia[713], do mesmo modo que varia entre elas o próprio procedi-

---

[711] Cf. dispositivos da Lei nº 11.977/09: "Art. 6º-A. As operações realizadas com recursos advindos da integralização de cotas no FAR (Fundo de Arrendamento Residencial) e recursos transferidos ao FDS (Fundo de Desenvolvimento Social), conforme previsto no inciso II do caput do art. 2o, são limitadas a famílias com renda mensal de até R$ 1.395,00 (mil trezentos e noventa e cinco reais), e condicionadas a: [...] § 9º Uma vez consolidada a propriedade em seu nome, em virtude do não pagamento da dívida pelo beneficiário, o FAR e o FDS, na qualidade de credores fiduciários, ficam dispensados de levar o imóvel a leilão, devendo promover sua reinclusão no respectivo programa habitacional, destinando-o à aquisição por beneficiário a ser indicado conforme as políticas habitacionais e regras que estiverem vigentes".

[712] Cf. o §7º do artigo 88 da Lei nº 11.196/05: "Art. 88. [...] § 7º Não ocorrendo o pagamento integral da dívida no prazo fixado no § 6º deste artigo, o credor poderá requerer ao agente fiduciário que lhe transfira, em caráter pleno, exclusivo e irrevogável, a titularidade de quotas suficientes para a sua quitação, sem prejuízo da ação de despejo e da demanda, por meios próprios, da diferença eventualmente existente, na hipótese de insuficiência da garantia".

[713] O Decreto-Lei nº 911/69 é aplicável exclusivamente às garantias fiduciárias reguladas pela Lei nº 4.728/65 (créditos constituídos no âmbito do mercado financeiro e de capitais) e para garantias de créditos fiscais e previdenciários, com base em seu artigo 8º-A e jurisprudência já consolidada (cf., exemplificativamente: BRASIL, Superior Tribunal de Justiça. AgInt no REsp nº 1478452/SP, Rel. Ministro Luis Felipe Salomão, Quarta Turma, j. em 15.10.2019; BRASIL, Superior Tribunal de Justiça. REsp nº 1311071/SC, Rel. Ministro Ricardo Villas Bôas Cueva, Terceira Turma, j. em 21.03.2017). Com base no artigo 3º, é necessário o ajuizamento de ação de busca e apreensão para a obtenção da posse e consolidação da propriedade, momento

mento[714] e o prazo[715] para venda. Quanto a isso, a única característica geral entre as garantias fiduciárias é a possibilidade da venda e da apropriação do produto do bem ocorrerem extrajudicialmente, conforme artigos 1.364 do Código Civil, 27 da Lei nº 9.514/97, 66-B, §3º, da Lei nº 4.728/65 e 2º do Decreto-Lei nº 911/69.

Esse procedimento extrajudicial de venda do bem e apropriação de seu produto é um dos grandes diferenciais que as garantias fiduciárias possuem, trazendo mais celeridade e efetividade para o procedimento de realização da garantia.

Importante ressaltar que tal forma de realização não ofende o devido processo legal ou o direito de acesso do fiduciante à Justiça, uma vez que este não está impedido de levar ao Judiciário os pontos em que entende estar sendo lesado, no qual o contraditório poderá ser amplamente exercido. Afinal, vale lembrar, pois sempre muito relevante para as garantias fiduciárias, que o fiduciário está vendendo bem de sua propriedade e sobre o qual possui direito de disposição.[716]

---

a partir do qual estará possibilitada a venda. No entanto, as demais garantias fiduciárias não necessitam do ajuizamento de qualquer ação judicial para a venda do bem, sendo desnecessária a prévia recuperação da posse (que os fiduciários não farão por meio da ação de busca e apreensão, mas sim por ação de reintegração de posse, contando a alienação fiduciária de imóveis com um procedimento de reintegração de posse ainda mais específico, nos termos do artigo 30 da Lei nº 9.514/97), que pode ser feita inclusive por eventual adquirente.

[714] Enquanto o §3º do artigo 66-B da Lei nº 4.728/65, o artigo 2º do Decreto-Lei nº 911/69 e o artigo 1.364 do Código Civil dão liberdade ao fiduciário quanto à forma de venda, podendo ser judicial ou extrajudicial, por hasta pública ou não, a Lei nº 9.514/97, em seu artigo 27, estabelece cuidadoso procedimento de venda extrajudicial por meio de leilões públicos.

[715] Com relação aos bens móveis, não há prazo legal previsto para a consumação da venda dos bens, até porque encontrar possíveis compradores é algo que vai além da intenção do fiduciário (cf., por exemplo: SÃO PAULO, Tribunal de Justiça de. Apelação nº 1000700-90.2016.8.26.0165, Rel. Desembargador Milton Carvalho, 36ª Câmara de Direito Privado, j. em 12.06.2017). Apenas há prazo estipulado no artigo 27 da Lei nº 9.514/97 porque ela prevê que se nos dois leilões públicos realizados não surgirem interessados na arrematação pelos preços mínimos legais o fiduciário ficará com o imóvel em definitivo, como forma de quitação da dívida (cf. Capítulo 3.4.2.).

[716] A ressalva ganha especial relevância em razão de o Supremo Tribunal Federal, no RE nº 860.631/SP, ter reconhecido a repercussão geral de recurso extraordinário em que se contesta a constitucionalidade do procedimento de excussão extrajudicial previsto na Lei nº 9.514/97 em face do artigo 5º, incisos XXXV, LIII, LIV e LV, da Constituição Federal (que, em suma, regram o devido processo legal). Segundo o Ministro Relator Luiz Fux, "há

3.4.2.2. Vedação ao pacto comissório

A obrigação de se apropriar definitivamente apenas do dinheiro (e não do bem) para satisfazer a dívida também encontra guarida na proibição de "pactuar, no ato constitutivo da garantia real, a faculdade de apropriar-se o credor do seu objeto em caso de não ser cumprida a obrigação garantida"[717]. Essa pactuação, chamada de pacto comissório, por ter sido inicialmente instituída na *Lex Commissoria* do direito romano[718], vem sendo proibida nos ordenamentos de herança romana desde os tempos do Imperador Constantino, que percebeu nela uma forma de o credor realizar "*manobras capciosas*" e decretou-lhe a nulidade[719].

Nas palavras de Bevilaqua, "o direito protege o fraco contra o forte, impede que a pressão da necessidade leve o devedor a convencionar o abandono do bem ao credor por quantia irrisória"[720]. Isso porque tal pacto ignora a comum falta de equivalência entre o valor do bem e o valor da dívida, podendo o credor dele se apropriar definitivamente independentemente da discrepância entre eles. Daí a unanimidade em enxergar

---

necessidade de posicionamento desta Suprema Corte no que concerne à matéria *sub examine*, a fim de se garantir segurança jurídica aos contratantes e maior estabilidade às relações jurídicas no mercado imobiliário nacional, tudo a influenciar políticas governamentais de incentivo à moradia" (BRASIL, Supremo Tribunal Federal. RE nº 860631 RG, Rel. Ministro Luiz Fux, Tribunal Pleno, j. em 01.02.2018). Na mesma linha, o Ministro Marco Aurélio assentiu que "cumpre ao Supremo elucidar a harmonia, ou não, com a Constituição Federal, de execução direta de dívida pelo credor, considerado o Decreto-Lei nº 70/1966 e a Lei nº 9.514/1997". Em que pese ainda não haver decisão de mérito sobre o assunto, eventual julgamento em desfavor da extrajudicialidade do procedimento poderia causar grave impacto não só no sistema imobiliário, como nas garantias fiduciárias em geral. Para mais sobre as razões pelas quais o recurso extraordinário deve ser desprovido, ver: CHALHUB, Melhim Namem. Alienação fiduciária de bens imóveis. 20 anos de vigência da Lei 9.514/1997. **Revista de Direito Imobiliário**, São Paulo, v. 84, jan./jun. 2018, p. 495-531.

[717] PEREIRA, Caio Mário da Silva. **Instituições de direito civil**. 21. ed. Rio de Janeiro: Forense, 2013, p. 282.

[718] FULGÊNCIO, Tito. **Direito real de hipoteca**, v. I. Atualização de José de Aguiar Dias. Rio de Janeiro: Forense p. 111.

[719] BEVILAQUA, Clovis. **Código Civil dos Estados Unidos do Brasil comentado**, v. III. Rio de Janeiro: Francisco Alves, 1938, p. 347.

[720] BEVILAQUA, Clovis. **Código Civil dos Estados Unidos do Brasil comentado**, v. III. Rio de Janeiro: Francisco Alves, 1938, p. 347.

na proibição um motivo de "ordem ética"[721], uma forma de proteção do devedor.

Mas não é só. Também se vislumbra na vedação do pacto comissório uma forma de proteger o interesse de terceiros, preservando, de certo modo, a *par conditio creditorum*, princípio segundo o qual, em eventual rateio, os credores devem receber tratamento igualitário, sem que o devedor privilegie qualquer deles.[722]

Ao proibir o fiduciário de ficar com o bem quando do inadimplemento da dívida, obrigando-o a vendê-lo, impede-se que um dos credores desfalque o patrimônio do devedor em valor maior do que teria direito (em caso de valor do bem maior que o valor da dívida), já que o excedente da venda, deve ser devolvido ao devedor, em benefício dos demais credores.[723]

No direito brasileiro, a proibição já existia para os direitos reais de garantia e foi replicada para as garantias fiduciárias, o que gerou algumas críticas. Isso porque, no caso dos direitos reais de garantia, o bem continua na propriedade do devedor, enquanto nas garantias fiduciárias ele já se encontra na propriedade do credor, de modo que não haveria porque impedir algo que é efeito natural deste tipo de garantia.[724] Comenta Gomes que o legislador se deixou impressionar "pela semelhança da alienação fiduciária em garantia com o penhor, esquecendo-se de que, em relação

---

[721] BEVILAQUA, Clovis. **Código Civil dos Estados Unidos do Brasil comentado**, v. III. Rio de Janeiro: Francisco Alves, 1938, p. 347. Nessa linha, Monteiro (MONTEIRO, Washington de Barros. **Curso de direito civil**, v. 3: Direito das coisas. 35. ed. rev. e atual. São Paulo: Saraiva, 1999, p. 336) e Viana (VIANA, Marco Aurelio da Silva. **Comentários ao Novo Código Civil**, v. xvi: dos direitos reais; coord. Sálvio de Figueiredo Teixeira. Rio de Janeiro: Forense, 2003, p. 532) falam em "ordem moral".

[722] GUEDES, Gisela Sampaio da Cruz; TERRA, Aline de Miranda Valverde. Pacto comissório *vs.* Pacto Marciano: estruturas semelhantes com repercussões diversas. In: GUEDES, Gisela Sampaio da Cruz; MORAES, Maria Celina Bodin de; MEIRELES, Rose Melo Vencelau. **Direito das Garantias**. São Paulo: Saraiva, 2017, p. 185.

[723] GUEDES, Gisela Sampaio da Cruz; TERRA, Aline de Miranda Valverde. Pacto comissório vs. Pacto Marciano: estruturas semelhantes com repercussões diversas. In: GUEDES, Gisela Sampaio da Cruz; MORAES, Maria Celina Bodin de; MEIRELES, Rose Melo Vencelau. **Direito das Garantias**. São Paulo: Saraiva, 2017, p. 185.

[724] PEREIRA, Caio Mário da Silva. **Instituições de direito civil**. 21. ed. Rio de Janeiro: Forense, 2013, p. 374.

àquela não subsistiam, como não subsistem, as razões determinantes da proibição do *pacto comissório*"[725].

É nessa linha que Miranda, tratando da transmissão da propriedade em segurança (negócio fiduciário), antes da criação das garantias fiduciárias, afirmou que o pacto comissório seria inaplicável, uma vez que a transmissão da propriedade do bem ao credor já estaria contida no próprio negócio.[726]

No entanto, assim como nos direitos reais de garantia, a propriedade fiduciária em garantia tem a função de vincular um bem à segurança de uma dívida, ainda que neste caso já exista a transmissão do bem, remanescendo necessária a coibição de abusos para a proteção do fiduciante e de terceiros. Logo, nas garantias fiduciárias a vedação ao pacto comissório tem como consequência não a impossibilidade de que o credor pactue possa se tornar proprietário, mas sim a impossibilidade de que pactue possa ficar com o bem em definitivo pelo valor da dívida no caso de inadimplemento.[727]

---

[725] GOMES, Orlando. **Alienação Fiduciária**. 4. ed. São Paulo: Revista dos Tribunais, 1975, p. 95.

[726] MIRANDA, Francisco Cavalcanti Pontes de. **Tratado de Direito Privado**. t. 21. Atualização de Nelson Nery Jr. e Luciano de Camargo Penteado. São Paulo: Revista dos Tribunais, 2012, p. 450. Veja-se as palavras do autor: "Raciocinemos. Quem é outorgado em pacto de transmissão em segurança não poderia ficar subordinado à *ratio legis* do art. 765 do Código Civil porque *já* é adquirente. O que a lei proíbe é que ao outorgado da segurança se dê o direito formativo gerador ou o direito expectativo, ou a pretensão a adquirir o bem sobre que recai o direito real de garantia. Mas o outorgado em pacto de transmissão em segurança já é o proprietário: não se poderia negar tornar-se aquilo que êle já é. Pode-se vedar o vir a ser, não o ser. Ao titular do direito real de garantia não se permite que se torne mais do que é. Aplicar-se o art. 765 ao outorgado em pacto de transmissão em segurança seria negar-se a alguém poder de continuar a ser o que já é".

[727] Nesse sentido, Restiffe Neto e Restiffe afirmam que: "Já na alienação fiduciária, ao contrário, por expressa previsão legal, a regra é a proibição de ficar o credor fiduciário com o objeto da garantia. Em caso de inadimplemento, apanha a coisa, mas exclusivamente para pagar-se com o produto da venda de excussão, que é obrigatória, e não com a coisa" (RESTIFFE NETO, Paulo; RESTIFFE, Paulo Sérgio. **Garantia fiduciária**: direito e ações: manual teórico e prático com jurisprudência. 3. ed. rev., atual. e ampl. São Paulo: Revista dos Tribunais, 2000, p. 502). Gomes também acaba por anuir que esse é o efeito do pacto comissório nas garantias fiduciárias (GOMES, Orlando, **Alienação Fiduciária**. 4. ed. São Paulo: Revista dos Tribunais, 1975, p. 86-87).

3. TEORIA GERAL DAS GARANTIAS FIDUCIÁRIAS

A proibição ao pacto comissório é norma cogente[728], sendo que seu desrespeito gera nulidade da cláusula (e apenas dela) de pleno direito[729], conforme redação do artigo 1.365 do Código Civil, segundo a qual "é nula a cláusula que autoriza o proprietário fiduciário a ficar com a coisa alienada em garantia, se a dívida não for paga no vencimento".[730]

A aplicação geral da disposição se dá em razão do artigo 1.368-A do Código Civil, já que nenhuma das outras leis é incompatível com o instituto. Pelo contrário, a Lei nº 4.728/65 previa a mesma disposição até a reforma conjunta do triplo regime promovida pela Lei nº 10.931/04[731]. Só deixou de prever em razão da tentativa de sistematização da referida lei, oportunidade em que, como ocorrido também com outras características das garantias fiduciárias, a disposição foi excluída da Lei nº 4.728/65 ao mesmo tempo em que se confirmou a aplicação subsidiária do Código Civil.[732]

---

[728] NASSER, Paulo Magalhães; SILVA, Candice Buckley Bittencourt. Anotações sobre a propriedade fiduciária e a alienação fiduciária em garantia. In: VENOSA, Sílvio de Salvo; GAGLIARDI, Rafael Villar, NASSER, Paulo Magalhães. **10 anos do Código Civil**: desafios e perspectivas. São Paulo: Atlas, 2012, p. 678.

[729] FACHIN, Luiz Edson. **Comentários ao Código Civil**: parte especial: direito das coisas, v. 15 (arts. 1.277 a 1.368). In: AZEVEDO, Antônio Junqueira de (coord.). São Paulo: Saraiva, 2003, p. 359.

[730] Daí porque causaram estranheza as disposições insertas nos projetos de códigos comerciais em discussão no Legislativo no sentido de que os já mencionados contratos fiduciários poderiam conter "previsão sobre a possibilidade de o instituidor, no caso de contrato fiduciário para constituição de garantia, oferecer em benefício do administrador ou de terceiro, em pagamento da correspondente obrigação, a totalidade ou parte do patrimônio fiduciário, e, se for o caso, o regime de sua implementação" (cf. artigo 477, XVI, do PL nº 487/13 e 354, XVI, do PL nº 1.572/11). Como tal previsão poderia ferir a *ratio* da vedação ao pacto comissório, o entendimento mais coerente é o de que essa pactuação só poderia ser feita na forma de um pacto marciano, conforme se verá no Capítulo 3.4.2.4. (nesse sentido: OLIVA, Milena Donato. O contrato fiduciário previsto no Projeto de Lei do Senado 487/2013: titularidade fiduciária e separação patrimonial. In: COELHO, Fábio Ulhoa; LIMA, Tiago Astor Rocha; NUNES, Marcelo Guedes (coord.). **Novas reflexões sobre o projeto de código comercial**. São Paulo: Saraiva, 2015, p. 425-426).

[731] Cf. a redação original do artigo 66, §7º, e a redação dada pelo Decreto-Lei nº 911/69 ao artigo 66, §6º.

[732] Nesse sentido: NORONHA, Fernando. A alienação fiduciária em garantia e o leasing financeiro como supergarantias das obrigações. **Revista dos Tribunais**, São Paulo, v. 845, mar. 2006, p. 37-49. Em sentido contrário, considerando que a exclusão da disposição na

A Lei nº 9.514/97, por sua vez, também não conta com a disposição expressamente, mas, além de não ter nenhum indício de possibilidade de utilização do pacto, seu artigo 19, §1º[733], por exemplo, deixa claro que na cessão fiduciária de direitos creditórios o fiduciário se utilizará dos valores provenientes dos créditos recebidos fiduciariamente até o limite da dívida, sem possibilidade de apropriação dos próprios créditos e do produto deles no que a sobejar.

Não se pode dizer, além disso, que a possibilidade prevista nessa lei de o fiduciário ficar com o imóvel em definitivo implicaria conflito com a vedação ao pacto comissório. Isso porque, conforme se nota da simples leitura do artigo 27, §§5º e 6º, a possibilidade só se consuma depois de realizados dois leilões extrajudiciais para a venda do bem, sendo possível o imóvel ficar definitivamente no patrimônio do fiduciário apenas se frustrados esses leilões.[734]

Ora, tendo o fiduciário que ofertar o imóvel a leilão por duas vezes antes de poder ter o imóvel definitivamente em sua propriedade, é logicamente incabível a existência de uma cláusula contratual permitindo que fique com o imóvel com o simples inadimplemento.[735] Não só não há

Lei nº 4.728/65 tornaria possível a celebração do pacto nas garantias fiduciárias sujeitas a ela: FERNANDES, Jean Carlos. **Cessão fiduciária de títulos de crédito**: a posição do credor fiduciário na recuperação judicial da empresa. 2. ed. Rio de Janeiro: Lumen Juris, 2010, p. 205.

[733] Cf.: "Art. 19. [...] § 1º As importâncias recebidas na forma do inciso IV deste artigo, depois de deduzidas as despesas de cobrança e de administração, serão creditadas ao devedor cedente, na operação objeto da cessão fiduciária, até final liquidação da dívida e encargos, responsabilizando-se o credor fiduciário perante o cedente, como depositário, pelo que receber além do que este lhe devia".

[734] Cf.: "Art. 27. [...] § 5º Se, no segundo leilão, o maior lance oferecido não for igual ou superior ao valor referido no § 2º, considerar-se-á extinta a dívida e exonerado o credor da obrigação de que trata o § 4º.

§ 6º Na hipótese de que trata o parágrafo anterior, o credor, no prazo de cinco dias a contar da data do segundo leilão, dará ao devedor quitação da dívida, mediante termo próprio".

[735] Cf.: TERRA, Marcelo. **Alienação fiduciária de imóveis em garantia** (lei nº 9.514/97, primeiras linhas). Porto Alegre: Sergio Antonio Fabris Editor, 1998, p. 55-56. No sentido de que a possibilidade de ficar com o imóvel romperia a obstrução ao pacto comissório: KOJRANSKI, Nelson. Pacto comissório e a alienação fiduciária. In: NASCIMBENI, Asdrubal Franco; MARCACINI, Augusto Tavares Rosa; BERTASI, Maria Odete Duque. **Contratos empresariais interpretados pelos tribunais**. São Paulo: Quartier Latin, 2015, p. 81.

contradição nessa lei com a ideia de vedação ao pacto comissório, como há uma consonância.

O que se busca com a vedação é a proteção do devedor e de terceiros, para que não haja o risco de fiduciário ficar com um bem com valor muito maior que o da dívida como forma de quitação, prejudicando os demais. Nesse sentido, o §2º do mesmo artigo 27 coloca como requisito do segundo leilão público que seja dado lance que atinja ao menos o valor da dívida com os demais acréscimos. Se nenhum lance que atinja o valor mínimo for dado neste leilão, estar-se-á diante de hipótese que o valor de mercado do bem é menor que o valor da dívida, sendo o fiduciário o único prejudicado com a incorporação de bem com valor menor que o da dívida como forma de ela ser integralmente quitada.

3.4.2.3. Apuração de saldo

Considerando, então, que há a necessidade de conversão do bem em dinheiro e que dificilmente o bem dado em garantia possuirá o exato valor da dívida, normalmente, após a venda, ou terá faltado dinheiro para a satisfação da dívida, ou terá sobrado, a depender de o bem valer mais ou menos que ela.

Para que não haja enriquecimento ilícito de nenhuma das partes, é regra de aplicação geral a todas as garantias fiduciárias, e desde a *fiducia cum creditore* romana[736], a necessidade de o fiduciário restituir ao fiduciante o saldo que sobejar a dívida ou a permanência da obrigação do fiduciante pelo remanescente nos casos em que o bem não for suficiente para a quitação integral.

Nesse sentido, determinam a devolução ao fiduciante do excedente em relação à dívida o artigo 1.364 do Código Civil, o artigo 66-B, §3º, da Lei nº 4.728/65, o artigo 2º do Decreto-Lei nº 911/69, os artigos 19, §1º, e 27, §4º, da Lei nº 9.514/97 e o artigo 151 da Lei nº 7.565/86. Com relação à responsabilidade do fiduciante pelo remanescente, a obrigação está prevista expressamente no artigo 1.366 do Código Civil, no artigo 19, §2º, da Lei nº 9.514/97, no artigo 151, § 1º, da Lei nº 7.565/86, no artigo 88, §7º, da Lei nº 11.196/05, e no artigo 14, §6º, da Lei nº 11.795/08.

Considerando essas possíveis responsabilidades de parte a parte, que dependerão exclusivamente do preço pelo qual o bem será vendido, o

---

[736] Cf. Capítulo 1.1.

ideal seria que o bem fosse vendido de acordo com avaliação idônea, bem como que o fiduciante participasse deste processo de avaliação e venda.[737]

Apesar de a lei não determinar o direito de fiscalização da alienação extrajudicial por parte do fiduciante, tampouco a necessidade de avaliação do bem em todos os casos, estando o fiduciário livre para vendê-lo como melhor lhe convier em parte das garantias fiduciárias[738], a ausência de avaliação do bem e de acompanhamento pelo fiduciante desse procedimento acarretam inconvenientes para o fiduciário, como (i) estar sujeito

---

[737] Cf. julgado do Superior Tribunal de Justiça em que se entendeu necessário dar conhecimento ao fiduciante das condições da alienação: BRASIL, Superior Tribunal de Justiça. REsp nº 327.291/RS, Rel. Ministra Nancy Andrighi, Terceira Turma, j. em 20.09.2001. No mesmo sentido: GOMES, Orlando. **Alienação Fiduciária**. 4. ed. São Paulo: Revista dos Tribunais, 1975, p. 116; OLIVEIRA, Gleydson Kleber Lopes de. **Comentários ao Código Civil brasileiro**, v. 12: da propriedade, da superfície e das servidões. In: ALVIM, Arruda; ALVIM, Thereza (coord.). Rio de Janeiro: Forense, 2004, p. 240. Afinal, como colocou Viana, "considerando-se o *princípio da eticidade*, entendemos que se for levantada a questão da liquidez e certeza, ao argumento de que a venda extrajudicial foi a preço vil, o juiz deve buscar solução mais justa e equitativa, evitando que a parte mais fraca da relação seja prejudicada. Mas se o devedor concordou com o preço, participou da venda extrajudicial, ou avençou previamente o valor da coisa para essa hipótese, nesse caso entendemos que nada mais merece debate" (VIANA, Marco Aurelio da Silva. **Comentários ao Novo Código Civil**, v. xvi: dos direitos reais. In: TEIXEIRA, Sálvio de Figueiredo (coord.). Rio de Janeiro: Forense, 2003, p. 535). Por fim, vale pontuar que no caso da alienação fiduciária de imóveis, a Lei nº 13.465/17 incluiu o parágrafo §2º-A no artigo 26 da Lei nº 9.514/97, pelo qual se positivou entendimento jurisprudencial do Superior Tribunal de Justiça de que o fiduciante deve ser intimado da realização dos leilões extrajudiciais do procedimento de excussão da garantia (cf., exemplificativamente BRASIL, Superior Tribunal de Justiça, REsp nº 1447687/DF, Rel. Ministro Ricardo Villas Bôas Cueva, Terceira Turma, j. em 21.08.2014).

[738] Exceto pela alienação fiduciária de bens imóveis, em que o fiduciário deve levar o imóvel a leilão na forma do artigo 27 da Lei nº 9.514/97, considerando os valores de avaliação no contrato e para fins de ITBI para o primeiro leilão, e da dívida para o segundo leilão, o fiduciário é, em tese, livre para realizar a venda do bem para quem quiser e pelo preço que entender necessário. Nesse sentido: BRASIL, Superior Tribunal de Justiça. REsp nº 327.291/RS, Rel. Ministra Nancy Andrighi, Terceira Turma, j. em 20.09.2001; RESTIFFE NETO, Paulo; RESTIFFE, Paulo Sérgio. **Garantia fiduciária**: direito e ações – manual teórico e prático com jurisprudência. 3. ed. rev., atual. e ampl. São Paulo: Revista dos Tribunais, 2000, p. 703; LOUREIRO, Francisco Eduardo. **Código Civil comentado**: doutrina e jurisprudência, 8. ed. In: PELUSO, Cezar (coord.). Barueri: Manole, 2014, p. 1312.

a ação de prestação de contas[739], (ii) ser responsabilizado por venda em valor abaixo do mercado[740] e (iii) perder o direito de entrar com ação de execução de eventual crédito remanescente em razão da falta de liquidez que isso traria ao título executivo extrajudicial[741].

Além disso, tendo o fiduciante direito a eventual excedente quando da venda do bem, é entendimento já consolidado do Superior Tribunal de Justiça que não deverá ocorrer a devolução das parcelas pagas por ele[742]. Segundo o referido tribunal, tal entendimento não colide de forma alguma com o artigo 53 do Código de Defesa do Consumidor (Lei nº 8.078/90), pelo qual "consideram-se nulas de pleno direito as cláusulas que estabeleçam a perda total das prestações pagas em benefício do credor que, em

---

[739] Como previsto no artigo 2º do Decreto-Lei nº 911/69, mas aplicável a todas as garantias fiduciárias, inclusive à alienação fiduciária de imóveis (CHALHUB, Melhim Namem. **Alienação fiduciária**: Negócio fiduciário. 5. ed. rev., atual. e ampl. Rio de Janeiro: Forense, 2017, p. 291), o fiduciante tem direito a prestação de contas por parte do fiduciário, a fim de apurar eventual excedente a que tenha direito ou contestar o saldo remanescente dele cobrado. Veja-se entendimento do Superior Tribunal de Justiça: BRASIL, Superior Tribunal de Justiça. REsp nº 1678525/SP, Rel. Ministro Antonio Carlos Ferreira, Quarta Turma, j. em 05.10.2017; BRASIL, Superior Tribunal de Justiça. REsp nº 67.295/RO, Rel. Ministro Eduardo Ribeiro, Terceira Turma, j. em 26.08.1996.

[740] Nesse sentido: ALVES, José Carlos Moreira. **Da alienação fiduciária em garantia**. 3. ed. Rio de Janeiro: Forense, 1987, p. 251; RESTIFFE NETO, Paulo; RESTIFFE, Paulo Sérgio, **Garantia fiduciária**: direito e ações - manual teórico e prático com jurisprudência. 3. ed. rev., atual. e ampl. São Paulo: Revista dos Tribunais, 2000, p. 703; LOUREIRO, Francisco Eduardo, **Código Civil comentado**: doutrina e jurisprudência, 8. ed. In: PELUSO, Cezar (coord.). Barueri: Manole, 2014, p. 1312.

[741] Cf. súmula 394 do Superior Tribunal de Justiça, de 27.5.2009: "Cabe ação monitória para haver saldo remanescente oriundo de venda extrajudicial de bem alienado fiduciariamente em garantia". No mesmo sentido: LOUREIRO, Francisco Eduardo, **Código Civil comentado**: doutrina e jurisprudência, 8. ed. In: PELUSO, Cezar (coord.). Barueri: Manole, 2014, p. 1315; CHALHUB, Melhim Namem, **Alienação fiduciária**: Negócio fiduciário. 5. ed. rev., atual. e ampl. Rio de Janeiro: Forense, 2017, p. 231-232; OLIVEIRA, Gleydson Kleber Lopes de. **Comentários ao Código Civil brasileiro**, v. 12: da propriedade, da superfície e das servidões. In: ALVIM, Arruda; ALVIM, Thereza (coord.). Rio de Janeiro: Forense, 2004, p. 248-249.

[742] Cf.: BRASIL, Superior Tribunal de Justiça. AgInt no REsp nº 1823069/SP, Rel. Ministro Antonio Carlos Ferreira, Quarta Turma, j. em 14.10.2019; BRASIL, Superior Tribunal de Justiça. REsp nº 166.753/SP, Rel. Ministro Castro Filho, Terceira Turma, j. em 03.05.2005; BRASIL, Superior Tribunal de Justiça. REsp nº 437.451/RJ, Rel. Ministro Carlos Alberto Menezes Direito, Terceira Turma, j. em 11.02.2003.

razão do inadimplemento, pleitear a resolução do contrato e a retomada do produto alienado"[743].

De fato, sendo as garantias fiduciárias acessórias de um mútuo, as parcelas pagas pelo fiduciante não são para adquirir o bem, mas sim para devolver o capital que ele efetivamente pegou emprestado e que se assegura com o bem em garantia.[744] O mutuário, conforme artigo 586 do Código Civil, é "obrigado a restituir ao mutuante o que dele recebeu", de modo que seria incorreto que tivesse de volta as parcelas que pagou ao mutuante.[745]

Assim como em todos os contratos de mútuo com garantias reais, deve-se, em primeiro lugar, ser quitado o valor total da dívida. Reposto o valor mutuado, será devolvido ao fiduciante eventual excedente com a venda do bem dado em garantia, na forma do artigo 53 do Código de Defesa do Consumidor. Referido artigo deve ser lido como proibição de que por meio de cláusula contratual o fiduciante renuncie a eventual excedente quando da venda do bem.[746]

E mesmo para a hipótese do artigo 27, §§5º e 6º da Lei nº 9.514/97, em que o fiduciário pode ficar com o bem em definitivo, como forma de quitação da dívida, caso o segundo leilão com lance mínimo pelo valor da dívida mais os respectivos encargos reste infrutífero, o entendimento é igualmente de não violação ao diploma consumerista.[747] Não poderia ser

---

[743] Cf. o artigo em sua integralidade: "Art. 53. Nos contratos de compra e venda de móveis ou imóveis mediante pagamento em prestações, bem como nas alienações fiduciárias em garantia, consideram-se nulas de pleno direito as cláusulas que estabeleçam a perda total das prestações pagas em benefício do credor que, em razão do inadimplemento, pleitear a resolução do contrato e a retomada do produto alienado".

[744] Nas palavras de Chalhub, "o *bem* objeto da alienação fiduciária *é garantia do mútuo, não objeto do mútuo*; serve o bem para dar mais eficácia ao recebimento do crédito, mas não substitui o objeto do contrato, que, repita-se, é dinheiro" (CHALHUB, Melhim Namem. **Alienação fiduciária**: Negócio fiduciário. 5. ed. rev., atual. e ampl. Rio de Janeiro: Forense, 2017, p. 346).

[745] Para uma análise mais completa sobre a questão, ver: CHALHUB, Melhim Namem. **Alienação fiduciária**: Negócio fiduciário. 5. ed. rev., atual. e ampl. Rio de Janeiro: Forense, 2017, p. 339-347.

[746] LOUREIRO, Francisco Eduardo. **Código Civil comentado**: doutrina e jurisprudência, 8. ed. In: PELUSO, Cezar (coord.). Barueri: Manole, 2014, p. 1312.

[747] Cf. a ementa de um dos julgados: "PROCESSUAL CIVIL. AGRAVO INTERNO NO RECURSO ESPECIAL. ALIENAÇÃO FIDUCIÁRIA EM GARANTIA. INADIMPLÊNCIA. ARTS. 26 E 27 DA LEI N. 9.514/1997. NORMA ESPECIAL. PREVALÊNCIA SOBRE O CDC. SÚMULA N. 543/STJ. INAPLICABILIDADE. DECISÃO MANTIDA. 1. A jurisprudência do

3. TEORIA GERAL DAS GARANTIAS FIDUCIÁRIAS

diferente, uma vez que a Lei nº 9.514/97 é lei especial frente ao Código de Defesa do Consumidor e, não tendo sido possível a venda do bem pelo valor da dívida, supõe-se que o valor do bem não é apto a gerar excedente do qual o fiduciante possa eventualmente usufruir. Essa previsão, por sua vez, é a exceção que confirma a regra de que o fiduciante sempre será responsável pelo remanescente e o fiduciário responsável pelo excedente, conforme os parágrafos 5º e 6º do artigo 27 da Lei nº 9.514/97.

Nessa hipótese excepcional, o fiduciário é obrigado a ficar com o bem em definitivo, numa espécie de "adjudicação obrigatória"[748], como forma de quitação da dívida, independentemente de eventual saldo remanescente da dívida não suprido com o valor do bem, ou de improvável excedente em favor do fiduciante[749].

Há nesse caso uma divisão dos riscos entre fiduciário e fiduciante[750], sendo que o fiduciário tende a ser mais desfavorecido, considerando que o segundo leilão que pode gerar a adjudicação obrigatória é pelo valor da dívida e demais encargos, de modo que, se não houver arrematantes, muito provavelmente o bem vale menos que ela e existiria um saldo remanescente a ser cobrado.[751]

Superior Tribunal de Justiça já firmou entendimento de que, ocorrendo o inadimplemento de devedor em contrato de alienação fiduciária em garantia de bens imóveis, a quitação da dívida deverá observar a forma prevista nos arts. 26 e 27 da Lei n. 9.514/1997, por se tratar de legislação específica, o que afasta, por consequência, a aplicação do art. 53 do CDC. Incidência da Súmula n. 83/STJ. 2. Não se aplica, ao caso, conteúdo da Súmula n. 543/STJ. 3. Agravo interno a que se nega provimento" (BRASIL, Superior Tribunal de Justiça. AgInt no REsp nº 1823069/SP, Rel. Ministro Antonio Carlos Ferreira, Quarta Turma, j. em 14.10.2019).

[748] Conforme expressão utilizada por Silva (SILVA, Fábio Rocha Pinto e. **Garantias imobiliárias em contratos empresariais**: hipoteca e alienação fiduciária. São Paulo: Almedina: 2014, p. 188).

[749] Considerando que no segundo leilão o bem é ofertado pelo valor da dívida, seriam em menor número os casos em que o bem com valor maior que o da dívida não seria adquirido nesse leilão pelo valor da dívida.

[750] GUEDES, Gisela Sampaio da Cruz; TERRA, Aline de Miranda Valverde. Alienação fiduciária em garantia de bens imóveis: possíveis soluções para as deficiências e insuficiências da disciplina legal. In: GUEDES, Gisela Sampaio da Cruz; MORAES, Maria Celina Bodin de; MEIRELES, Rose Melo Vencelau. **Direito das Garantias**. São Paulo: Saraiva, 2017, p. 231-232.

[751] Bem pontuado por Guedes e Terra que, em razão disso, tem se tornado prática do mercado fiduciário exigir outras garantias além da alienação fiduciária de imóveis para serem excutidas antes da referida garantia fiduciária, de forma que o fiduciário evite o risco de se sair prejudicado

Ainda assim, a lei determina que nenhum saldo poderá ser cobrado por nenhuma das partes, sendo a exceção que confirma a regra geral, ao invés de invalidá-la, justamente em razão das inúmeras críticas de que é passível.

Primeiro, vale dizer que a garantia fiduciária é um acessório da dívida. Dessa forma, é a satisfação da dívida que extingue a garantia, e não a realização da garantia que extingue a dívida, visto que o acessório segue o principal e não o contrário. A regra é o fiduciante permanecer pessoalmente obrigado pelo remanescente da dívida.[752]

Segundo, nota-se que a disposição da adjudicação obrigatória foi prevista quando a lei era pensada para ser utilizada apenas em operações do mercado imobiliário e não em qualquer negócio jurídico. Ou seja, essa é uma regra que, assim como a do "Programa Minha Casa, Minha Vida", em que sequer há necessidade do fiduciário colocar o bem para a venda em razão da finalidade do programa em que está inserida[753], foi pensada para um nicho específico e particular, mas acabou se expandindo sem os devidos ajustes. Fosse apenas para a utilização no mercado habitacional, faria sentido a disposição legal como forma de proteger o adquirente de imóvel, estabelecendo que a execução da dívida contraída pelo fiduciante nunca fosse além da perda do bem que se buscava adquirir com o financiamento, sem responsabilização posterior por eventual remanescente. Fora desse contexto, não há razão para sua aplicação.[754]

(GUEDES, Gisela Sampaio da Cruz; TERRA, Aline de Miranda Valverde, Alienação fiduciária em garantia de bens imóveis: possíveis soluções para as deficiências e insuficiências da disciplina legal. In: GUEDES, Gisela Sampaio da Cruz; MORAES, Maria Celina Bodin de; MEIRELES, Rose Melo Vencelau. **Direito das Garantias**. São Paulo: Saraiva, 2017, p. 233-234).

[752] Cf.: GOMES, Orlando. **Alienação Fiduciária**. 4. ed. São Paulo: Revista dos Tribunais, 1975, p. 164; SILVA, Fábio Rocha Pinto e, **Garantias imobiliárias em contratos empresariais**: hipoteca e alienação fiduciária. São Paulo: Almedina: 2014, p. 157-158.

[753] Cf. Capítulo 3.4.2.1.

[754] Nesse sentido: CHALHUB, Melhim Namem. **Alienação fiduciária**: Negócio fiduciário. 5. ed. rev., atual. e ampl. Rio de Janeiro: Forense, 2017, p. 291-293; OLIVA, Milena Donato. RENTERÍA, Pablo. Fidúcia: a importância da incorporação dos efeitos do trust no direito brasileiro. **Revista Trimestral de Direito Civil**, Rio de Janeiro, v. 48, out./dez. 2011, p. 57; GUEDES, Gisela Sampaio da Cruz; TERRA, Aline de Miranda Valverde. Alienação fiduciária em garantia de bens imóveis: possíveis soluções para as deficiências e insuficiências da disciplina legal. In: GUEDES, Gisela Sampaio da Cruz; MORAES, Maria Celina Bodin de; MEIRELES, Rose Melo Vencelau. **Direito das Garantias**. São Paulo: Saraiva, 2017, p. 234-236; SILVA, Fábio Rocha Pinto e. **Garantias imobiliárias em contratos empresariais**:

Apesar de não se pretender aqui dar interpretação contra disposição legal, ressalta-se apenas que a hipótese de adjudicação obrigatória, prevista na Lei nº 9.514/97, não invalida a conclusão de que, nas garantias fiduciárias, tanto fiduciante quanto o fiduciário são responsáveis pelo saldo em favor de um ou de outro após a venda do bem.

3.4.2.4. Formas lícitas de o fiduciário obter definitivamente o bem
A regra, como abordado, é que o fiduciário está obrigado a vender o bem para apuração de saldo, sendo vedada a estipulação de cláusula que permita a ele ficar com o bem como forma de quitação da dívida. No entanto,

---

hipoteca e alienação fiduciária. São Paulo: Almedina: 2014, p. 156-157. Tanto é que já foram promulgadas leis mais recentes excluindo a quitação da alienação fiduciária de imóveis de alguns contratos, como o de consórcio (artigo 14, §6º, da Lei nº 11.795/08) e de abertura de crédito (artigo 9º da Lei nº 13.476/17). Por sua vez, o Tribunal de Justiça de São Paulo já julgou caso em que, existindo a alienação fiduciária de três imóveis diferentes, se entendeu configurar enriquecimento ilícito a situação de a excussão de um deles levar à extinção da dívida e, consequentemente, das demais garantias. Sendo muito difícil que os procedimentos de excussão de cada um dos imóveis ocorressem de forma concomitante e necessária a análise do caso concreto frente à finalidade da disposição legal em discussão, a adjudicação obrigatória em um deles não levaria, portanto, à quitação da dívida em prejuízo das demais. É o que explicou o Relator Francisco Loureiro: "Cuida-se de espécie de perdão legal do saldo remanescente da dívida, depois de esgotada a garantia da propriedade fiduciária pela excussão do imóvel. Sucede que, no caso concreto, a propriedade fiduciária teve por objeto não somente um, mas sim três valiosos imóveis nos quais se encontram instaladas fazendas e plantas de usinas de cana de açúcar. A excussão conjunta dos três imóveis rurais, situados em Estados variados da Federação, certamente seria difícil, diante da dificuldade de se encontrar licitante disposto a arrematar as três unidades simultaneamente. Seria reduzida a liquidez dos ativos, em detrimento de credores e devedores. O preceito do art. 26, parágrafo 5º., foi pensado para a hipótese mais comum de propriedade fiduciária, qual seja, o financiamento da casa própria. Sucede que na reforma legislativa de 2.004 a propriedade fiduciária recebeu expressiva ampliação, e passou a servir de garantia para contratos em geral. Houve, por consequência, uma sofisticação dos negócios que passaram a contar com a propriedade fiduciária, que escapam das hipóteses legais. Certos contratos passaram a contar com diversos imóveis em garantia fiduciária simultânea. Em outros casos, determinado imóvel passou a servir de garantia a diversos contratos" (SÃO PAULO, Tribunal de Justiça de. Agravo de Instrumento nº 2034093-33.2015.8.26.0000, Rel. Desembargador Francisco Loureiro, 1ª Câmara Reservada de Direito Empresarial, j. em 08.04.2015). Nessa linha, também há projeto de lei em trâmite perante a Câmara dos Deputados em que é proposta a aplicação do artigo 27, §5º da Lei nº 9.514/97 apenas aos financiamentos habitacionais (cf. PL nº 6.525/13).

essa regra gera um inconveniente, já que para qualquer dívida, inclusive as não garantidas, o credor sempre pôde tomar para si bens do devedor como forma de pagamento, nos termos dos artigos 824 e 825, I, do Código de Processo Civil.

A situação se agrava ao considerar que o fiduciante pode não possuir bens a serem expropriados em eventual ação de execução e que o fiduciário igualmente pode não encontrar compradores para o bem consolidado em sua propriedade, sobre o qual não possui os poderes de uso e gozo.[755] Daí porque existem hipóteses nas quais o fiduciário poderá obter de forma definitiva o bem que já está em sua propriedade, a fim de satisfazer a dívida, tal como ocorre com a adjudicação obrigatória na alienação fiduciária de imóveis, mencionada anteriormente.

Essas hipóteses são expressamente permitidas pelo parágrafo único do artigo 1.368-B, no qual se ressalta que o fiduciário pode se tornar proprietário pleno pela "consolidação da propriedade, adjudicação, dação ou outra forma pela qual lhe tenha sido transmitida a propriedade plena".

O primeira dessas hipóteses a ser considerada é o pacto marciano[756], que Guedes e Terra vieram a chamar de "ovelha branca" da família em que também é parente o pacto comissório, por poder ser pactuado quando da contratação da garantia fiduciária e dar ao fiduciário a possibilidade de se apropriar definitivamente do bem em eventual inadimplemento da dívida, mas, nesses caso, "desde que (i) o bem seja previamente submetido a uma avaliação independente, levada a cabo por terceiro, (ii) e seja devolvida ao devedor a quantia que, eventualmente, sobejar o valor da dívida".[757]

---

[755] NASSER, Paulo Magalhães; SILVA, Candice Buckley Bittencourt. Anotações sobre a propriedade fiduciária e a alienação fiduciária em garantia. In: VENOSA, Sílvio de Salvo; GAGLIARDI, Rafael Villar; NASSER, Paulo Magalhães. **10 anos do Código Civil**: desafios e perspectivas. São Paulo: Atlas, 2012, p. 682.

[756] Que leva esse nome por decorrer da lição do jurisconsulto romano chamado Marciano (FRAGA, Affonso. **Direitos reaes de garantia**: penhor, antichrese e hypotheca. São Paulo: Saraiva & Comp., 1933, p. 123-124).

[757] GUEDES, Gisela Sampaio da Cruz; TERRA, Aline de Miranda Valverde. Alienação fiduciária em garantia de bens imóveis: possíveis soluções para as deficiências e insuficiências da disciplina legal. In: GUEDES, Gisela Sampaio da Cruz; MORAES, Maria Celina Bodin de; MEIRELES, Rose Melo Vencelau. **Direito das Garantias**. São Paulo: Saraiva, 2017, p. 204-205.

O pacto marciano distingue-se do comissório no ponto fundamental que leva à nulidade deste segundo, qual seja, o valor pelo qual o bem ficará para o credor. Sendo necessária avaliação por terceiro e mandatória a devolução do montante que supere o valor da dívida, não há prejuízo para o devedor e nem para terceiros na celebração do pacto marciano, não remanescendo razão para proibição. A justa avaliação "'purifica', por assim dizer, o que há de genuinamente censurável no pacto comissório e refina a cláusula (desde que, evidentemente, seja feito com correição)"[758]. O pacto marciano, aparentemente, ainda não teve muita utilização prática, já que não se encontram grandes discussões sobre ele na jurisprudência. Contudo, a doutrina vem realçando a necessidade de sua admissão.[759]

Mesmo que não estipulado o pacto marciano, o fiduciário ainda poderá se tornar proprietário do bem por meio de acordo com o fiduciante. Isso porque há a previsão legal de que o fiduciante, com a anuência do fiduciário, pode dar seu direito eventual ao bem como forma de quitação se a dívida vencer e não for paga, conforme artigos 1.365 do Código Civil[760]

---

[758] GUEDES, Gisela Sampaio da Cruz; TERRA, Aline de Miranda Valverde. Alienação fiduciária em garantia de bens imóveis: possíveis soluções para as deficiências e insuficiências da disciplina legal. In: GUEDES, Gisela Sampaio da Cruz; MORAES, Maria Celina Bodin de; MEIRELES, Rose Melo Vencelau. **Direito das Garantias**. São Paulo: Saraiva, 2017, p. 206.

[759] Cf.: GUEDES, Gisela Sampaio da Cruz; TERRA, Aline de Miranda Valverde. Alienação fiduciária em garantia de bens imóveis: possíveis soluções para as deficiências e insuficiências da disciplina legal. In: GUEDES, Gisela Sampaio da Cruz; MORAES, Maria Celina Bodin de; MEIRELES, Rose Melo Vencelau. **Direito das Garantias**. São Paulo: Saraiva, 2017; ALVES, José Carlos Moreira. **Da alienação fiduciária em garantia**. 3. ed. Rio de Janeiro: Forense, 1987, p. 147; NASSER, Paulo Magalhães; SILVA, Candice Buckley Bittencourt. Anotações sobre a propriedade fiduciária e a alienação fiduciária em garantia. In: VENOSA, Sílvio de Salvo, GAGLIARDI, Rafael Villar, NASSER, Paulo Magalhães. **10 anos do Código Civil**: desafios e perspectivas. São Paulo: Atlas, 2012, p. 683; FRAGA, Affonso. **Direitos reaes de garantia**: penhor, antichrese e hypotheca. São Paulo: Saraiva & Comp., 1933, p. 123-124. Vale conferir o clássico trecho do último autor: "Esta clausula e todas as demais que fôrem estipuladas deixando a estima do justo preço ao arbitrio de terceiros eleitos pelas partes, são validas. É a lição de Marciano, confirmada pelo rescripto dos imperadores Severo e Antonino: [...]. Pouco importa que a estimação do justo preço seja feita *ex tunc* ou *ex nunc*, pois, em qualquer dos casos, essa convenção, não podendo ser parificada a *lex commissoria* visto o justo preço não ser o da divida ou o imposto pelo credor, é valida para todos os effeitos de direito".

[760] Cf.: "Art. 1.365. [...] Parágrafo único. O devedor pode, com a anuência do credor, dar seu direito eventual à coisa em pagamento da dívida, após o vencimento desta".

e 26, §8º, da Lei nº 9.514/97[761]. É a dação em pagamento prevista para qualquer obrigação (artigo 356 do Código Civil)[762]. Importante notar que o fiduciante pode dar seu direito eventual ao bem e não o bem em si[763], tendo em vista que não é proprietário desde a constituição da garantia. De qualquer forma, nesse caso, torna-se o fiduciário proprietário definitivo do bem.

Permitindo a dação como forma de extinção da dívida, a lei acaba deixando de lado a proteção a terceiros, que poderão ser eventualmente prejudicados caso o bem valha muito mais que a dívida. Porém, fato é que, após o inadimplemento, o fiduciante não necessita mais do empréstimo como antes e terá menos necessidade de se submeter a uma dação lesiva.[764]

Quando o fiduciante celebra um mútuo com garantia fiduciária, espera pagar a dívida e readquirir o bem, pouco importando se o valor do bem é maior que o da dívida, estando mais sujeito a aceitar algo como o pacto comissório. Por outro lado, quando se está na situação de inadimplemento, o fiduciante tem consciência de que, se o valor do bem for maior que a dívida, terá direito ao excedente quando da venda, inexistindo vantagem em dar seu direito em pagamento e perder a chance de recuperar eventual

---

[761] Cf.: "Art. 26. Vencida e não paga, no todo ou em parte, a dívida e constituído em mora o fiduciante, consolidar-se-á, nos termos deste artigo, a propriedade do imóvel em nome do fiduciário. [...]
§ 8o O fiduciante pode, com a anuência do fiduciário, dar seu direito eventual ao imóvel em pagamento da dívida, dispensados os procedimentos previstos no art. 27".
[762] Nesse sentido: PEREIRA, Caio Mário da Silva. **Instituições de direito civil**, v. 4. 21. ed. Rio de Janeiro: Forense, 2013, p. 283; FACHIN, Luiz Edson. **Comentários ao Código Civil**: parte especial: direito das coisas, v. 15 (arts. 1.277 a 1.368). In: AZEVEDO, Antônio Junqueira de (coord.). São Paulo: Saraiva, 2003, p. 362.
[763] TEPEDINO, Gustavo; BARBOZA, Heloisa Helena; MORAES, Maria Celina Bodin de. **Código Civil interpretado conforme a Constituição da República**, v. III. Rio de Janeiro: Renovar, 2011, p. 743.
[764] Como explica Benacchio, "a previsão de validade do pagamento nessa hipótese decorre da diversidade de momentos psicológicos do devedor em consideração ao vencimento da dívida. O devedor, antes do vencimento da dívida, deseja o bem e, portanto, aceita acordo potencialmente danoso a seus interesses. De outra parte, após o vencimento da dívida, por presunção comum, o devedor ficaria livre das referidas pressões psicológicas e, assim, estaria livre para deliberar sem estar sujeito ao poder inicial do credor" (BENACCHIO, Marcelo. **Comentários ao Código Civil**: direito privado contemporâneo. In: NANNI, Giovanni Ettore (coord.). São Paulo: Saraiva Educação, 2018, p. 1744).

saldo.[765] Daí porque desnecessária sua proteção e improvável o prejuízo a terceiros.

Por fim, o fiduciário também tem a possibilidade de adquirir o bem definitivamente sem qualquer necessidade de acordo com o fiduciante, por meio de adjudicação judicial, conforme os permissivos artigos 1.368-B, parágrafo único, do Código Civil, e 824 e 825, I, do Código de Processo Civil.

Nesse caso, assim como ocorre com o pacto marciano, antes de adjudicar o bem, o fiduciário terá que proceder com avaliação idônea, obtendo o valor pelo qual o bem poderá ser adquirido, sem prejudicar o fiduciante ou terceiros. Nesse caso, também não há qualquer razão para vedação.[766]

3.5. Propriedade fiduciária como propriedade

De tudo que se viu, foi possível perceber que a propriedade fiduciária possui muitas restrições em relação ao que se tem como essencial ao direito de propriedade. Não só a propriedade fiduciária é resolúvel, como também é limitadíssima, não gera obrigações e responsabilidades para o seu titular e não dá a ele o direito de se utilizar das faculdades de uso e gozo em momento algum, pois o fiduciário está obrigado a vender o bem mesmo após a consolidação decorrente do inadimplemento do fiduciante. Essas características têm feito com que a propriedade fiduciária, enquanto nova modalidade do direito de propriedade, sofra inúmeras críticas, que colocam em xeque essa categorização.

Como visto no Capítulo 3.1.1., os direitos reais podem ser divididos entre os de gozo e os com função de garantia. Nos direitos reais de gozo,

---

[765] O Superior Tribunal de Justiça já decidiu no sentido de que efetivada a dação em pagamento, o fiduciante perde direito ao excedente decorrente de venda pelo fiduciário: BRASIL, Superior Tribunal de Justiça. AgInt no AREsp nº 1095235/DF, Rel. Ministra Maria Isabel Gallotti, Quarta Turma, j. em 28.11.2017.

[766] Nesse sentido: NASSER, Paulo Magalhães; SILVA, Candice Buckley Bittencourt. Anotações sobre a propriedade fiduciária e a alienação fiduciária em garantia. In: VENOSA, Sílvio de Salvo; GAGLIARDI, Rafael Villar; NASSER, Paulo Magalhães. **10 anos do Código Civil**: desafios e perspectivas. São Paulo: Atlas, 2012, p. 679-682; RESTIFFE NETO, Paulo; RESTIFFE, Paulo Sérgio. **Garantia fiduciária**: direito e ações: manual teórico e prático com jurisprudência. 3. ed. rev., atual. e ampl. São Paulo: Revista dos Tribunais, 2000, p. 698; LOUREIRO, Francisco Eduardo. **Código Civil comentado**: doutrina e jurisprudência, 8. ed. In: PELUSO, Cezar (coord.). Barueri: Manole, 2014, p. 1317.

o titular pode fazer valer a utilidade do bem para satisfazer as suas necessidades, tendo como exemplo principal o direito de propriedade. Nos direitos reais com função de garantia, vincula-se o bem à satisfação de um crédito, sem a possibilidade de o titular aproveitar as utilidades essenciais do bem, sendo exemplos a hipoteca e o penhor. É com base nessa divisão e nas características apresentadas pela propriedade fiduciária que são vistos entendimentos de que ela não seria forma de propriedade, mas sim mais uma garantia real como a hipoteca e o penhor.[767]

Os defensores dessa teoria ressaltam que a propriedade fiduciária não tem a essência do direito de propriedade, mas apenas as características das garantias reais. Não há a possibilidade de uso e gozo do bem, assim como a disposição é limitada a hipóteses restritas.[768] Além disso, enquanto a dívida não está vencida e inadimplida, o bem não integra o patrimônio do fiduciário de forma contábil,[769] e, mesmo após o inadimplemento, há a obrigação de venda do bem[770], de modo que o fiduciário

---

[767] SILVA, Fábio Rocha Pinto e. **Garantias das obrigações**: uma análise sistemática do direito das garantias e uma proposta abrangente para sua reforma. São Paulo: Editora IASP, 2017, p. 115.

[768] SILVA, Fábio Rocha Pinto e. **Garantias das obrigações**: uma análise sistemática do direito das garantias e uma proposta abrangente para sua reforma. São Paulo: Editora IASP, 2017, p. 116.

[769] CHALHUB, Melhim Namem. **Alienação fiduciária**: Negócio fiduciário. 5. ed. rev., atual. e ampl. Rio de Janeiro: Forense, 2017, p. 109 e 111. Enquanto não inadimplida a dívida, o bem de que o fiduciário tem a propriedade fiduciária é registrado em sua contabilidade em contas de compensação, que são "registros apartados do conjunto patrimonial, com a única função de controle de certos atos, fatos ou negócios; nelas são registradas as garantias, em geral" (CHALHUB, Melhim Namem, **Alienação fiduciária**: Negócio fiduciário. 5. ed. rev., atual. e ampl. Rio de Janeiro: Forense, 2017, p. 143). Cf. Circular nº 1.273/87 do BACEN.

[770] Nesse sentido: AZEVEDO, Álvaro Villaça. **Prisão civil por dívida**. 2. ed. rev., atual. e ampl. São Paulo: Revista dos Tribunais, 2000, p 104 e 124-125; NORONHA, Fernando. A alienação fiduciária em garantia e o leasing financeiro como supergarantias das obrigações. **Revista dos Tribunais**, São Paulo, v. 845, mar. 2006, p. 37-49. Veja-se trecho do voto do Ministro Ruy Rosado de Aguiar em clássico julgamento do Superior Tribunal de Justiça, à época da discussão em torno da possibilidade de prisão do fiduciante como depositário fiel: "Aliás, tecnicamente, nem mesmo de 'proprietário' o credor fiduciário pode ser rotulado, pois nem, sequer, pode ficar com a coisa. Só com o produto de sua venda, com a dedução daquilo que o devedor já lhe pagou" (BRASIL, Superior Tribunal de Justiça, EREsp nº 149.518/GO, Rel. Ministro Ruy Rosado De Aguiar, Corte Especial, j. em 05.05.1999).

nunca chegaria a ser efetivamente proprietário[771]. Além disso, não há possibilidade (ao menos não deveria haver) de responsabilização do fiduciário pelas obrigações inerentes ao bem e decorrentes de seu uso[772], bem como o fiduciário não sofre o risco de perecimento ou deterioração do bem[773].

A falta dessa essência também ocorreria nos direitos reais de garantia, que têm como função unicamente modificar o princípio da igualdade entre os credores[774] e estariam mais afeitos à incidência sobre bens incorpóreos, como ocorre na propriedade fiduciária, diferentemente dos direitos reais de fruição[775]. A propriedade fiduciária e os direitos reais de garantia estariam, portanto, equidistantes do direito de propriedade.[776]

Para proporcionar uma garantia mais segura, teriam sido mesclados direitos reais incompatíveis (de gozo e de garantia), retirando-se, dessa forma, todo o conteúdo do direito de propriedade e tornando-o uma "'concha vazia', apenas para justificar a exclusão dos demais credores"[777]. Daí porque a propriedade fiduciária se submeteria ao regime dos direitos reais de garantia (com base também no artigo 1.367 do Código Civil)[778]

---

[771] NORONHA, Fernando. A alienação fiduciária em garantia e o leasing financeiro como supergarantias das obrigações. **Revista dos Tribunais**, São Paulo, v. 845, mar. 2006, p. 37-49.

[772] SILVA, Fábio Rocha Pinto e. **Garantias das obrigações**: uma análise sistemática do direito das garantias e uma proposta abrangente para sua reforma. São Paulo: Editora IASP, 2017, p. 117-118.

[773] Nesse sentido: AZEVEDO, Álvaro Villaça. **Prisão civil por dívida**. 2. ed. rev., atual. e ampl. São Paulo: Revista dos Tribunais, 2000, p. 125; BRASIL, Superior Tribunal de Justiça, EREsp nº 149.518/GO, Rel. Ministro Ruy Rosado De Aguiar, Corte Especial, j. em 05.05.1999.

[774] SILVA, Fábio Rocha Pinto e, **Garantias das obrigações**: uma análise sistemática do direito das garantias e uma proposta abrangente para sua reforma. São Paulo: Editora IASP, 2017, p. 739.

[775] SILVA, Fábio Rocha Pinto e. **Garantias das obrigações**: uma análise sistemática do direito das garantias e uma proposta abrangente para sua reforma. São Paulo: Editora IASP, 2017, p. 735.

[776] SILVA, Fábio Rocha Pinto e. **Garantias das obrigações**: uma análise sistemática do direito das garantias e uma proposta abrangente para sua reforma. São Paulo: Editora IASP, 2017, p. 477.

[777] SILVA, Fábio Rocha Pinto e. **Garantias das obrigações**: uma análise sistemática do direito das garantias e uma proposta abrangente para sua reforma. São Paulo: Editora IASP, 2017, p. 708.

[778] Nesse sentido: BENACCHIO, Marcelo. **Comentários ao Código Civil**: direito privado contemporâneo. In: NANNI, Giovanni Ettore (coord.). São Paulo: Saraiva Educação, 2018,

e como modalidade do direito de propriedade não passaria de "ficção jurídica"[779].

No entanto, em que pese a propriedade fiduciária em garantia de fato se aproxime muito do regime dos direitos reais de garantia, até porque vincula o bem ao cumprimento de uma obrigação, conforme ressalta Chalhub[780], isso de forma alguma invalida a propriedade fiduciária como modalidade de direito de propriedade. Podem ser feitas críticas quando

---

p. 1745; TEPEDINO, Gustavo; BARBOZA, Heloisa Helena; MORAES, Maria Celina Bodin de. **Código Civil interpretado conforme a Constituição da República**, v. III. Rio de Janeiro: Renovar, 2011, p. 727; CHALHUB, Melhim Namem. **Alienação fiduciária**: Negócio fiduciário. 5. ed. rev., atual. e ampl. Rio de Janeiro: Forense, 2017, p. 139.

[779] SILVA, Fábio Rocha Pinto e, **Garantias das obrigações**: uma análise sistemática do direito das garantias e uma proposta abrangente para sua reforma. São Paulo: Editora IASP, 2017, p. 119. Também falam em ficção legal: NORONHA, Fernando, A alienação fiduciária em garantia e o leasing financeiro como supergarantias das obrigações. **Revista dos Tribunais**, São Paulo, v. 845, mar. 2006, p. 37-49; KOJRANSKI, Nelson. Pacto comissório e a alienação fiduciária. In: NASCIMBENI, Asdrubal Franco; MERCACINI, Augusto Tavares Rosa; BERTASI, Maria Odete Duque (coord.). **Contratos empresariais interpretados pelos tribunais**. São Paulo: Quartier Latin, 2015, p. 79. Azevedo chega a apontar que a alienação fiduciária de bens móveis não passaria de um penhor irregular (AZEVEDO, Álvaro Villaça, **Prisão civil por dívida**. 2. ed. rev., atual. e ampl. São Paulo: Revista dos Tribunais, 2000, p. 125), enquanto Silva afirma que a propriedade fiduciária foi reduzida a "um penhor ou uma hipoteca exclusivos" (SILVA, Fábio Rocha Pinto e, **Garantias das obrigações**: uma análise sistemática do direito das garantias e uma proposta abrangente para sua reforma. São Paulo: Editora IASP, 2017, p. 477). Por sua vez, Nogueira afirma que "a lei bem podia ter chamado a propriedade fiduciária em garantia de qualquer outra coisa que não propriedade, especificando-o como um direito real como um outro qualquer, mas com características distintas. Aliás, a propriedade fiduciária em garantia é nada mais do que isto mesmo: tal qual o penhor ou a hipoteca, uma espécie de direito real com a finalidade de garantia, mas com suas próprias especificidades, que lhe conferem tratamento distinto dos demais direitos reais em determinadas situações" (NOGUEIRA, André Carvalho. Propriedade fiduciária em garantia: o sistema dicotômico da propriedade no Brasil. In: **Revista de Direito Bancário e do Mercado de Capitais**, nº 39, ano 11. São Paulo: Revista dos Tribunais, jan./mar., 2008, p. 74). Por fim, Chalhub ressalta que "a localização do regime jurídico da propriedade fiduciária em garantia no contexto das normas sobre o direito de propriedade, e não nas normas sobre os direitos reais de garantia, tem dado causa à sua imprópria qualificação como direito de propriedade" (CHALHUB, Melhim Namem. **Alienação fiduciária**: Negócio fiduciário. 5. ed. rev., atual. e ampl. Rio de Janeiro: Forense, 2017, p. 131).

[780] CHALHUB, Melhim Namem, **Alienação fiduciária**: Negócio fiduciário. 5. ed. rev., atual. e ampl. Rio de Janeiro: Forense, 2017, p. 139-140.

comparada à propriedade plena, mas a questão é que o legislador optou por criar essa propriedade com características de garantia.

No início deste estudo, foram abordados os negócios fiduciários, que exerceram grande influência na origem das garantias fiduciárias (como se extrai dos próprios nomes positivados para essas garantias, alienação fiduciária e cessão fiduciária), ainda que no caso destas o poder de abuso não seja evidente como naqueles negócios. Fato é que quando o negócio fiduciário com função de garantia (ou a fiducia *cum creditore* romana) era utilizado, a principal vantagem buscada pelo credor era a transmissão do bem dado em garantia do devedor para o credor, de modo que este tivesse mais segurança quanto à quitação da dívida.

Foi igualmente o que o legislador brasileiro buscou: uma garantia em que o bem efetivamente deixasse o patrimônio do devedor, fornecendo a segurança necessária para o credor, que, ele sim, deteria a propriedade do bem, e possibilitando uma realização mais efetiva da garantia.

É claro que, positivada a garantia, foram impostos obstáculos mais eficazes à possibilidade de abuso pelo credor, sendo mais evidentes as limitações decorrentes da função de garantia da propriedade transmitida. Contudo, ainda se trata, como nos negócios fiduciários, da transferência de mais (propriedade) para a obtenção de menos (garantia)[781], com a única diferença de que esse menos passou a ser impassível de abuso. Isso não afasta a necessidade do bem deixar a propriedade do devedor e passar a pertencer ao credor.

Então, ainda que talvez o legislador não precisasse ter tratado a propriedade fiduciária como modalidade do direito de propriedade, optou por assim fazer para dar a força[782] necessária para que essas garantias pudessem enfrentar as grandes discussões a que seriam submetidas em razão de sua exclusividade, criando o que Noronha veio a chamar de supergarantias[783]. A bem da verdade, não fosse modalidade de propriedade,

---

[781] RESTIFFE NETO, Paulo; RESTIFFE, Paulo Sérgio. **Garantia fiduciária**: direito e ações: manual teórico e prático com jurisprudência. 3. ed. rev., atual. e ampl. São Paulo: Revista dos Tribunais, 2000, p. 324.

[782] Vale relembrar aqui que, como ensina Rodotà, a propriedade é o instituto com tutela jurídica mais forte em nossa sociedade (RODOTÀ, Stefano. ***Il terribile diritto***: *studi sulla proprietà privata*. 2. ed. Bolonha: *Società editrice il Mulino*, 1990, p. 17 e 19).

[783] NORONHA, Fernando. A alienação fiduciária em garantia e o leasing financeiro como supergarantias das obrigações. **Revista dos Tribunais**, São Paulo, v. 845, mar. 2006, p. 37-49.

talvez a propriedade fiduciária não tivesse superado os entraves a ela impostos na recuperação judicial do devedor, por exemplo.

Como explica Alves, um dos mentores da construção da propriedade fiduciária no Código Civil da forma como se encontra hoje[784], não se poderia colocar a propriedade fiduciária junto aos direitos reais de garantia apenas em razão do seu escopo, uma vez que deveria prevalecer sua essência de modalidade de propriedade limitada[785]:

> Essa colocação do instituto dentro da sistemática do Anteprojeto foi objeto de debates por parte dos membros de sua Comissão Elaboradora e Revisora, os quais se dividiram em duas correntes: uns, favoráveis à inserção da propriedade fiduciária no título referente à propriedade; outros, tendentes a colocá-la junto aos direitos reais de garantia. Prevaleceu, porém, a tese dos primeiros, e, a nosso ver, a mais correta, embora deixe, para segundo plano, a finalidade de garantia, uma vez que dá relevo à circunstância de se tratar de modalidade de propriedade limitada. Em última análise, a opção por uma das duas orientações decorre da predominância que se dê a um dos aspectos da propriedade fiduciária. [...] O que é certo é que, numa sistemática da ordem que seguiu o Anteprojeto no Livro concernente ao Direito das Coisas, no qual se distinguem nitidamente, de um lado, o direito de propriedade, e, de outro, os direitos reais limitados (entre os quais se disciplinam o penhor, a anticrese e a hipoteca), não se poderia colocar, junto a estes, a propriedade fiduciária, apenas para destacar o escopo de garantia que a caracteriza. Não é ela direito real limitado, mas, sim, modalidade de domínio limitado, limitação que resulta de sua finalidade.

Cabe aos intérpretes, portanto, aceitar essa nova modalidade de propriedade, com conteúdo extremamente reduzido em razão das imposições feitas pela Lei, sem que deixe de ser propriedade. Como ressalta Silva, trata-se de uma discussão sobre o conteúdo mínimo do direito de propriedade[786], que é definido pela lei e está em constante

---

[784] ALVES, José Carlos Moreira. **Da alienação fiduciária em garantia**. 3. ed. Rio de Janeiro: Forense, 1987, p. 264.
[785] ALVES, José Carlos Moreira. **Da alienação fiduciária em garantia**. 3. ed. Rio de Janeiro: Forense, 1987, p. 264-265.
[786] SILVA, Fábio Rocha Pinto e. **Garantias das obrigações**: uma análise sistemática do direito das garantias e uma proposta abrangente para sua reforma. São Paulo: Editora IASP, 2017, p. 114.

evolução, de acordo com as necessidades da sociedade, como exposto no Capítulo 3.1.2.

Logo, não se pode afirmar que a propriedade fiduciária seria incompatível com o direito de propriedade, já que, na substância, criou o legislador um direito de propriedade, ainda que sem a possibilidade de gozo e fruição do bem, sem obrigações e riscos para o proprietário fiduciário e permitindo o exercício sobre bens incorpóreos. Na propriedade fiduciária há uma realocação dos atributos da propriedade sem que o fiduciário deixe de ser, aos olhos da lei, o proprietário[787].

A forma de desfuncionalização positivada da propriedade para servir à função de garantia foi a criação da modalidade propriedade fiduciária, que é, ao mesmo tempo, propriedade resolúvel, propriedade limitada e propriedade desonerada.

Não fosse propriedade, seria necessário admitir que enquanto perdura a garantia o bem permaneceria sem proprietário, uma vez que é condição fundamental da garantia a retirada do bem da propriedade do devedor. Não fosse propriedade, o fiduciário não poderia ter a posse indireta do bem nos casos em que há o desdobramento da posse[788]. Não fosse o fiduciário proprietário, o bem não poderia se consolidar em sua propriedade quando do inadimplemento, aumentando o conteúdo de sua propriedade para que dela pudesse dispor. Não fosse o fiduciário proprietário, não teria em momento algum a capacidade de disposição do bem, com o poder de transmiti-lo a terceiro com todos os atributos da propriedade plena, a demonstrar a elasticidade de sua propriedade, pois não se pode transmitir mais poderes do que se tem.[789]

E não há qualquer incompatibilidade na utilização de um direito real de gozo para a função de garantia. São os direitos reais *em* garantia (e não

---

[787] CASTRO, João Mendes de Oliveira; et al. Temas polêmicos de alienação fiduciária em garantia: a responsabilidade do credor fiduciário por obrigações propter rem. **Revista de Direito Bancário e do Mercado de Capitais**, São Paulo, v. 74, out./dez. 2016, p. 175-202.

[788] Cf. Capítulo 3.3.3.1.

[789] Cf. Capítulo 3.4.1. e ALVES, José Carlos Moreira. **Da alienação fiduciária em garantia**. 3. ed. Rio de Janeiro: Forense, 1987, p. 164. Este autor ressalta que a possibilidade de transmissão da propriedade plena a terceiro demonstra a elasticidade inerente ao conceito de propriedade.

de garantia) sobre os quais Miranda já tinha se debruçado[790]. O fato de ter sido criada uma nova modalidade de propriedade para essa função não muda isso[791], uma vez que o bem a ser utilizado como garantia passa a ser do próprio credor, e não alheio como no caso dos direitos reais *de* garantia.[792] A propriedade fiduciária é sim garantia real, mas em hipótese alguma se confunde com os direitos reais *de* garantia (hipoteca, penhor e anticrese)[793]. A propriedade fiduciária é propriedade e é garantia, não havendo qualquer desnaturação a aplicação do regime geral das garantias reais a ela, como determina a lei.

Por fim, tal como ocorre no *mortgage* da *Common Law*[794], há quem defenda que nas garantias fiduciárias o fiduciário teria apenas a propriedade formal enquanto o fiduciante contaria com a propriedade substancial

---

[790] MIRANDA, Francisco Cavalcanti Pontes de. **Tratado de Direito Privado**. t. 21. Atualização de Nelson Nery Jr. e Luciano de Camargo Penteado. São Paulo: Revista dos Tribunais, 2012, p. 479.

[791] No entendimento de Alves, só estariam abrangidos pelo conceito de direito real *em* garantia os direitos reais de gozo utilizados como garantia por negócio atípico, no que não se enquadrariam as garantias fiduciárias (ALVES, José Carlos Moreira, **Da alienação fiduciária em garantia**. 3. ed. Rio de Janeiro: Forense, 1987, p. 158). Porém, a propriedade fiduciária positivada é modalidade de propriedade que permanece na titularidade do próprio credor e é voltada para a função de garantir a dívida, assim como no caso da transmissão da propriedade em segurança (negócio fiduciário com função de garantia) abordado por Miranda, não havendo razões para a exclusão dessa classificação.

[792] Nesse sentido: PENTEADO, Luciano de Camargo. **Direito das coisas**. São Paulo: Revista dos Tribunais, 2008, p. 125-128; CHALHUB, Melhim Namem. **Alienação fiduciária**: Negócio fiduciário. 5. ed. rev., atual. e ampl. Rio de Janeiro: Forense, 2017, p. 177-178.

[793] ALVES, José Carlos Moreira. **Da alienação fiduciária em garantia**. 3. ed. Rio de Janeiro: Forense, 1987, p. 156-158. Cf. relevante trecho do texto do autor: "Neste caso, há uma propriedade que difere da propriedade plena ou da propriedade limitada pela aposição de condição resolutiva. É ela direito real típico – nova modalidade, como se verá no número seguinte, de propriedade limitada – que a lei criou para atender, especificamente, a determinada necessidade de ordem econômica. [...] Também não se confunde a *propriedade fiduciária* resultante da alienação fiduciária com os direitos reais limitados de garantia (penhor, anticrese e hipoteca), pois, nestes, seu titular não é proprietário da coisa dada em garantia, ao contrário do que sucede com o titular da *propriedade fiduciária*, que tem, sobre a coisa que garante o pagamento do débito, direito de propriedade, embora limitado" (ALVES, José Carlos Moreira. **Da alienação fiduciária em garantia**. 3. ed. Rio de Janeiro: Forense, 1987, p. 156-157).

[794] Cf. Capítulo 1.4.2.

do bem[795], uma vez que essa teria sido a estrutura organizada pelo próprio ordenamento jurídico brasileiro, no qual já estariam inclusive previstas outras hipóteses de cisão da propriedade[796] e não haveria nenhuma norma a vedá-la.[797] A percepção de que ocorreria a cisão da propriedade nas garantias fiduciárias seria decorrência da atuação de proprietário que o fiduciante assume perante terceiros mesmo após a constituição da garantia fiduciária, que geralmente usa e goza do bem, é responsável pelas obrigações dele decorrentes, suporta os riscos de seu uso e contabiliza o bem como parte do seu patrimônio.[798]

No entanto, por todas as razões expostas com relação à existência de efetiva propriedade em favor do fiduciário, também não se vislumbra uma cisão do direito de propriedade quando da constituição das garantias fiduciárias.

A intenção do legislador em momento algum se demonstrou ser a de cindir a propriedade. Na verdade, como se viu, a lei determina que o único

---

[795] Cf. o artigo de Nogueira sobre essa questão (NOGUEIRA, André Carvalho. Propriedade fiduciária em garantia: o sistema dicotômico da propriedade no Brasil. **Revista de Direito Bancário e do Mercado de Capitais**, São Paulo, n. 39, ano 11, jan./mar. 2008, p. 56-78).

[796] Um exemplo dado é o da propriedade fiduciária atribuída à instituição custodiante para a custódia de ações fungíveis, prevista no artigo 41, §4º, da Lei nº 6.404/76, a qual não retira a condição de proprietário do acionista. Apesar dessa propriedade fiduciária não ter a função de garantia, seria uma forma de demonstrar a possibilidade da dupla propriedade do sistema jurídico brasileiro (NOGUEIRA, André Carvalho, Propriedade fiduciária em garantia: o sistema dicotômico da propriedade no Brasil. **Revista de Direito Bancário e do Mercado de Capitais**, São Paulo, n. 39, ano 11, jan./mar. 2008, p. 68-69).

[797] NOGUEIRA, André Carvalho. Propriedade fiduciária em garantia: o sistema dicotômico da propriedade no Brasil. **Revista de Direito Bancário e do Mercado de Capitais**, São Paulo, n. 39, ano 11, jan./mar. 2008, p. 68-69.

[798] Nesse sentido: NOGUEIRA, André Carvalho. Propriedade fiduciária em garantia: o sistema dicotômico da propriedade no Brasil. **Revista de Direito Bancário e do Mercado de Capitais**, São Paulo, n. 39, ano 11, jan./mar. 2008, p. 65-78; AZEVEDO, Álvaro Villaça. **Prisão civil por dívida**. 2. ed. rev., atual. e ampl. São Paulo: Revista dos Tribunais, 2000, p. 110 e 123-124. Chalhub, por mencionar que a noção de dupla propriedade que ocorre no *trust* é incompatível com os sistemas de filiação romana, e tentando explicar a situação do fiduciante perante terceiros, vislumbra nas garantias fiduciárias a existência de uma *propriedade-poder* para o fiduciário e de uma *propriedade-riqueza* para o fiduciante, sendo a primeira uma situação proprietária jurídica e a segunda uma situação proprietária econômica (CHALHUB, Melhim Namem. **Alienação fiduciária**: Negócio fiduciário. 5. ed. rev., atual. e ampl. Rio de Janeiro: Forense, 2017, p. 21 e 105).

proprietário do bem enquanto perdurarem as garantias fiduciárias é o proprietário fiduciário. Mais do que isso, a própria criação das garantias fiduciárias teve como finalidade primordial a retirada do bem da propriedade do devedor, com o objetivo de tornar ainda mais fortes as garantias fiduciárias. Daí porque não há que se falar que de uma visão indutiva se poderia inferir a cisão da propriedade.

O fiduciário é o único proprietário aos olhos da lei[799], ocorrendo apenas que, para esse novo direito real que é a propriedade fiduciária, o legislador redistribuiu direitos e obrigações normalmente inerentes ao direito de propriedade, o que não desnatura a propriedade existente para o fiduciário e tampouco cria um direito de propriedade para o fiduciante.

Portanto, ainda que se defendesse que a cisão não violaria a concepção de propriedade no direito brasileiro, discussão que por si só criaria óbices desnecessários para o desenvolvimento das garantias fiduciárias[800], essa cisão deveria estar expressa em lei, o que não é caso.

---

[799] CASTRO, João Mendes de Oliveira; et al. Temas polêmicos de alienação fiduciária em garantia: a responsabilidade do credor fiduciário por obrigações propter rem. **Revista de Direito Bancário e do Mercado de Capitais**, São Paulo, v. 74, out./dez. 2016, p. 175-202.

[800] Ainda que haja boa fundamentação para argumentar que o ordenamento brasileiro não proíbe a cisão da propriedade, há diversos entendimentos no sentido de que os ordenamentos calcados na concepção romana de propriedade não permitem essa cisão, tendo em vista que a propriedade deve ser exclusiva (cf., nesse sentido: CARIOTA-FERRARA, Luigi. *I negozi fiduciari*. Pádua: Cedam, 1933, p. 30; WALD, Arnoldo. Algumas considerações a respeito da utilização do "trust"' no direito brasileiro. **Revista de Direito Mercantil, Industrial, Econômico e Financeiro**, São Paulo, n. 99, ano 34, jul./set. 1995, p. 110; WALD, Arnoldo. **Direito das coisas**. Atualização de Álvaro Villaça Azevedo e Véra Fradera. 11. ed. São Paulo: Saraiva, 2002, p. 106; MONTEIRO, Washington de Barros. **Curso de direito civil**, v. 3: Direito das coisas. 35. ed. rev. e atual. São Paulo: Saraiva, 1999, p. 13-14; OLIVA, Milena Donato. RENTERÍA, Pablo. Fidúcia: a importância da incorporação dos efeitos do trust no direito brasileiro. **Revista Trimestral de Direito Civil**, Rio de Janeiro, v. 48, out./dez. 2011, p. 30). Logo, a defesa dessa cisão por questões puramente indutivas poderia gerar enfrentamentos desnecessário para as garantias fiduciárias.

CONCLUSÕES

Apesar de inexistir uma disciplina geral clara aplicável às garantias fiduciárias, mesmo considerando as alterações da Lei nº 10.931/04, é possível identificar no direito brasileiro uma teoria geral das garantias fiduciárias.

Em todos os casos, as garantias fiduciárias nada mais são do que uma forma de garantir uma dívida por meio da transmissão da propriedade de bem do fiduciante para o fiduciário, conferindo a este uma garantia mais segura e efetiva. Esse é o pilar primordial das garantias fiduciárias, por si só suficiente para dirimir muitas controvérsias desnecessariamente impostas a algumas espécies dessas garantias.

A transmissão da propriedade é essencial nessas garantias pois dela decorrem os dois principais objetivos buscados quando de sua criação, quais sejam, (i) a retirada do bem da propriedade do fiduciante de forma a dar para o fiduciário exclusividade em eventual utilização do bem para satisfação da dívida (segurança) e (ii) a obtenção de propriedade pelo fiduciário, facilitando a execução da garantia no caso de inadimplemento (efetividade). É em razão da transferência da propriedade que as garantias fiduciárias não se sujeitam a execuções ou a procedimentos de concurso de credores direcionados contra o patrimônio do fiduciante (segurança). É em razão da transferência da propriedade que o fiduciário poderá realizar a venda extrajudicial do bem em caso de inadimplemento (efetividade).

Portanto, para a obtenção de uma teoria geral das garantias fiduciárias essa estrutura basilar e os objetivos que ela busca atingir devem ser rigidamente observados, sob pena de serem dadas interpretações distintas a institutos com a mesma finalidade.

Ainda que a propriedade recebida pelo fiduciário de fato não seja propriedade plena, mas propriedade fiduciária, importante ressaltar que esta é sim modalidade de propriedade exclusiva. Ela não deve ser considerada um direito real de garantia, tampouco uma propriedade dividida com o fiduciante. A propriedade fiduciária é modalidade de propriedade criada pelo legislador especificamente para cumprir a função de garantia, sem que deixe de ser propriedade em sua essência, tanto que tem a elasticidade necessária para retomar a condição de propriedade plena.

Ao criar a propriedade destinada exclusivamente à garantia de uma dívida, o legislador, para que todos os poderes do fiduciário pudessem ser unicamente conferidos para o atingimento deste fim e para evitar abusos por parte dele, criou a propriedade fiduciária como resolúvel, limitada e desonerada.

Pela resolubilidade, o fiduciante retoma a propriedade do bem com o simples adimplemento da dívida, de pleno direito. O caminho contrário, por sua vez, não é tão imediato. Quando do inadimplemento, são impostas limitações na resolubilidade, de modo que o fiduciário não se torna de imediato o pleno proprietário do bem, tampouco é livre para passar a utilizá-lo. O escopo fiduciário modula as atribuições do proprietário e os efeitos da resolubilidade.

Por ser a propriedade do fiduciário voltada para a função de garantia, ela é limitadíssima, não sendo conferidas a ele, em momento algum, as faculdades de usar e gozar. E mesmo o poder de disposição do bem só passa a existir quando do inadimplemento da dívida pelo fiduciante, mediante regras próprias que não a mera não ocorrência da condição resolutiva. Enquanto não ocorrido o evento de inadimplemento, o fiduciário está vedado de dispor do bem, não obstante seja ele de sua propriedade. Nesse período o bem é inalienável por força de lei, daí porque ser igualmente impenhorável por credores do fiduciário. Sendo inalienável e impenhorável, o concurso de credores igualmente não afeta o bem.

Na realidade, considerando esse direcionamento do bem unicamente para o cumprimento de uma finalidade, e, portanto, não tendo o fiduciário nenhum poder além do necessário para a consecução de tal escopo e não estando o bem sujeito às dívidas gerais do fiduciário, a propriedade fiduciária deve ser tida como patrimônio de afetação, de titularidade do fiduciário.

Além disso, a propriedade fiduciária também é desonerada, uma vez que, sendo a transmissão da propriedade um acessório, exclusivamente para garantir uma dívida, não pode ela gerar ônus que, ao invés de assegurar o cumprimento da obrigação, apenas a agrave. Logo, no âmbito de uma teoria geral é necessário lembrar que o fiduciário não deve ser responsabilizado por obrigações *propter rem*, nem por danos causados pelo bem, assim como não tem obrigações financeiras de conservação do bem e não corre os riscos da perda deste. Na propriedade fiduciária todos esses ônus são alocados na pessoa do fiduciante, que sequer se exime da dívida em caso de deterioração, perda ou perecimento do bem.

Essa é a peculiar propriedade fiduciária prevista pelo legislador com função de garantia, aplicável a todas as garantias fiduciárias, sem distinção, e que depende de dois elementos para ser constituída: a celebração de um contrato (título) e a efetivação do registro desse contrato na repartição competente (modo).

O contrato deverá ser escrito, para que dele constem disposições obrigatórias sobre as características da dívida e a identificação do bem submetido à função de garantia, sob pena da própria impossibilidade de constituição da garantia. Além disso, o contrato poderá ter como objeto bem imóvel, bem móvel fungível, bem móvel infungível e direitos patrimoniais, podendo ser celebrado por todos os sujeitos capazes, apesar de nem todos os sujeitos poderem celebrar tais contratos em todas as ocasiões.

O registro, em seu turno, vai além da produção de efeitos contra terceiros. Ele é essencial para que a transferência da propriedade se efetive. Ou seja, para que se tenha uma interpretação coesa das garantias fiduciárias, elementar considerar que o registro será o modo de aquisição da propriedade em todas elas.

Ademais, tal como nos direitos reais de garantia, as garantias fiduciárias são indivisíveis e a dívida que elas garantem será considerada antecipadamente vencida, por força da lei, quando o fiduciante se tornar insolvente ou inadimplente de uma parcela da dívida e quando o bem dado em garantia se deteriorar, depreciar ou perecer e não for a garantia reforçada ou substituída, ou se o bem for desapropriado.

Por fim, em casos de não pagamento da dívida garantida, em que pese a diversidade de procedimentos, as garantias fiduciárias têm em comum a consolidação da propriedade em nome do fiduciário, desde que atendido o pré-requisito geral de ser o fiduciante notificado sobre a mora.

Essa consolidação não permitirá, em regra, que o fiduciante fique definitivamente com o bem, pois ele está obrigado a tentar vendê-lo para satisfação da dívida, entregando eventual quantia que sobejar ao fiduciante ou, não alcançando a venda o valor da dívida, cobrando do fiduciante o saldo remanescente.

No entanto, apesar da necessidade de venda e a impossibilidade do fiduciário estipular no contrato de constituição das garantias fiduciárias cláusula que o permita ficar com o bem como forma de quitação da dívida (pacto comissório), existem algumas formas do fiduciário ficar com o bem definitivamente, quais sejam: (i) quando da celebração do contrato, pactuar a possibilidade do fiduciário ficar com o bem mediante avaliação idônea e desde que devolvido ao fiduciante a parte do valor avaliado que ultrapasse o montante da dívida (pacto marciano); e, (ii) quando do vencimento da dívida sem o devido adimplemento, acordar com o fiduciante a dação do direito dele ao bem como forma de quitação ou adjudicar o bem em processo judicial, também após avaliação idônea.

Essa é a estrutura típica encontrada para o gênero das garantias fiduciárias. Com ela é possível dirimir grande parte das controvérsias que assolam a utilização dessas garantias, sendo sua aplicação essencial para propiciar a segurança jurídica tão cara ao direito das obrigações.

REFERÊNCIAS

ADAMEK, Marcelo Vieira von. Do endosso-mandato. **Revista de direito mercantil, industrial, econômico e financeiro**, São Paulo, v. 142, ano 45, p. 108-140, abr./jun. 2006.

ALVES, José Carlos Moreira. **Da alienação fiduciária em garantia**. 3. ed. Rio de Janeiro: Forense, 1987.

_____. Da fidúcia romana à alienação fiduciária em garantia no direito brasileiro. In: CAHALI, Yussef Said. **Contratos nominados**: doutrina e jurisprudência. São Paulo: Saraiva, 1995.

ALVES, Vilson Rodrigues. **Alienação fiduciária em garantia**: as ações de busca e apreensão e depósito – a impossibilidade de prisão civil do devedor. Campinas: Milennium, 1998.

AMARAL NETO, Francisco dos Santos. A alienação fiduciária em garantia no direito brasileiro. In: **Revista de Direito Civil, imobiliário, agrário e empresarial**, São Paulo, v. 22, ano 6, p. 36-49, out./dez. 1982.

AMENDOLARA, Cesar. Alienação Fiduciária Como Instrumento de Fomento à Concessão de Crédito. In: WAISBERG, Ivo; FONTES, Marcos Rolim Fernandes (coord.). **Contratos Bancários**. São Paulo: Quartier Latin, 2006.

ASCARELLI, Tullio. **Problemas das Sociedades Anônimas e direito comparado**. 2. ed. São Paulo: Saraiva, 1969.

AZEVEDO, Álvaro Villaça. **Contratos inominados ou atípicos e negócio fiduciário**. 3. ed. Belém: Cejup, 1988.

_____. **Prisão Civil por Dívida**. 2. ed. rev., atual. e ampl. São Paulo: Revista dos Tribunais, 2000.

_____. Alienação fiduciária de bem imóvel. **Revista Magister de Direito Civil e Processual Civil**, Porto Alegre, n. 1, ano 1, p. 41-49, jul./ago. 2004.

AZEVEDO, Antonio Junqueira de. Negócio Fiduciário. Frustração da fidúcia pela alienação indevida do bem transmitido. Oponibilidade ao terceiro adquirente dos efeitos da fidúcia germânica e de procuração em causa própria outorgada ao fiduciante. In: **Novos estudos e pareceres de direito privado**. São Paulo: Saraiva, 2009.

BENACCHIO, Marcelo. **Comentários ao Código Civil**: direito privado contemporâneo. In: NANNI, Giovanni Ettore (coord.). São Paulo: Saraiva Educação, 2018.

BETTI, Emilio. **Teoria geral do negócio jurídico**. Campinas: Servanda Editora, 2008.

BEVILAQUA, Clovis. **Código Civil dos Estados Unidos do Brasil comentado**, v. III. 5. ed. Rio de Janeiro: Francisco Alves, 1938.

BONFANTE, Pietro. *Istituzioni di diritto romano*. 9. ed. rev. e atual. Milão: Vallardi, 1932.

BUZAID, Alfredo. Ensaio sobre a Alienação Fiduciária em Garantia. **Revista dos Tribunais**, São Paulo, v. 401, ano 58, p. 11-29, mar. 1969.

CAMPINHO, Sérgio. **Sociedades anônimas**. 2. ed. São Paulo: Saraiva, 2017.

CANUTO, Elza Maria Alves. **Alienação fiduciária de bem móvel**: responsabilidade do avalista. Belo Horizonte: Del Rey, 2003.

CARIOTA-FERRARA, Luigi. *I negozi fiduciari*. Pádua: *Cedam*, 1933.

_____. *Negozio Giuridico Nel Diritto Privato Italiano*. Napoli: *Morano*, 1949.

CARVALHO, Milton Paulo de. Desconsideração do depósito em caso de prisão do alienante fiduciário. **Revista Jurídica**, Blumenau, n. 298, ano 50, p. 21-46, ago. 2002.

CARVALHOSA, Modesto; KUYVEN, Fernando. **Tratado de Direito Empresarial**, v. 3. São Paulo: Revista dos Tribunais, 2016.

CASTRO, João Mendes de Oliveira; et al. Temas polêmicos de alienação fiduciária em garantia: a responsabilidade do credor fiduciário por obrigações propter rem. In: **Revista de Direito Bancário e do Mercado de Capitais**, São Paulo, v. 74, p. 175-202, out./dez. 2016.

CHALHUB, Melhim Namem. **Alienação fiduciária**: Negócio fiduciário. 5. ed. rev., atual. e ampl. Rio de Janeiro: Forense, 2017.

_____. Alienação fiduciária de bens imóveis. 20 anos de vigência da Lei 9.514/1997. In: **Revista de Direito Imobiliário**, São Paulo, v. 84, p. 495-531, jan./jun. 2018.

_____; ASSUMPÇÃO, Márcio Calil de. Cessão fiduciária de direitos creditórios: aspectos da sua natureza jurídica e seu tratamento no concurso de credores. **RTDC**: Revista Trimestral de Direito Civil, Rio de Janeiro, v. 10, n. 38, p. 81-110, abr./jun. 2009.

COELHO, Fábio Ulhoa. A cessão fiduciária de títulos de crédito ou direitos creditórios e a recuperação judicial do devedor cedente. **Revista Magister de Direito Empresarial, Concorrencial e do Consumidor**, Porto Alegre, n. 34, ano 6, p. 21-34, jul./ago. 2010.

COMPARATO, Fábio Konder. Financiamento a consumidor com alienação fiduciária – Alienação fiduciária – Aval. **Revista dos Tribunais**, São Paulo, v. 514, ano 67, p. 49-55, ago. 1978.

CORDEIRO, António Menezes. **Tratado de Direito Civil Português**, v. 1: parte geral, t. 1. Coimbra: Almedina, 1999.

_____. **Tratado de Direito Civil Português**, v. 1: parte geral, t. 2. Coimbra: Almedina, 2000.

COVELLO, Sergio Carlos. **Contratos bancários**. 4. ed. rev. e atual. São Paulo: Leud, 2001.

COVIELLO, Nicola. *Manuale di Diritto Civile Italiano*, v. 1. 4. ed. Milão: *Società Editrice Libraria*, 1929.

CUEVA, Ricardo Villas Bôas. A trava bancária na jurisprudência do STJ. In: ANDRIGHI, Fátima Nancy, BENETI, Sidnei, ABRÃO, Carlos Henrique. **10 anos de vigência da lei de recuperação e falência (Lei n. 11.101/2005)**: retrospectiva geral contemplando a Lei n. 13.043/2014 e a Lei Complementar n. 147/2014. São Paulo: Saraiva, 2015.

DANTZGER, Afranio Carlos Camargo. Cessão fiduciária dos direitos do fiduciante – Financiamento bancário e consórcio. In: **Revista de Direito Bancário e do Mercado de Capitais**, São Paulo, v. 56, ano 15, p. 77-89, abr./jun. 2012.

DELGADO, Mário Luiz. A purgação da mora nos contratos de alienação fiduciária de bem imóvel. Uma questão de direito intertemporal. **Revista de Direito Imobiliário**, São Paulo, v. 84, p. 441-461, jan./jun. 2018.

DEL NERO, João Alberto Schutzer. Considerações sobre a eficácia do registro, efetuado em registro público material e territorialmente competente, de negócios jurídicos de obrigação e de certos negócios jurídicos de disposição. **Revista de direito mercantil, industrial, econômico e financeiro**, São Paulo, v. 166/167, ano 53, p. 219-271, ago. 2013 a jul. 2014.

DIAZ-CAÑABATE, Joaquín Garriguez. *Negocios fiduciários em derecho mercantil*. Madri: Civitas, 1976.

DINIZ, Maria Helena. **Dicionário Jurídico**, v. 4. São Paulo: Saraiva, 1998.

EIZIRIK, Nelson. **Lei das S/A comentada**, v. 1. São Paulo: Quartier Latin, 2011.

FABIAN, Christoph. **Fidúcia**: negócios fiduciários e relações externas. Porto Alegre: Sergio Antônio Fabris, 2007.

FACHIN, Luiz Edson. **Comentários ao Código Civil: parte especial**: direito das coisas, v. 15 (arts. 1.277 a 1.368). In: AZEVEDO, Antônio Junqueira de (coord.). São Paulo: Saraiva, 2003.

FERNANDES, Jean Carlos. **Cessão fiduciária dos títulos de crédito**. Rio de Janeiro: Lumen Juris, 2009.

FERRARA, Francesco. **A simulação dos negócios jurídicos**. São Paulo: Saraiva, 1939.

FERREIRA, Waldemar. O "trust" anglo-americano e o "fideicomiso" latino-americano. **Revista da Faculdade de Direito**, São Paulo, v. 51, p. 182-202, 1956.

FIUZA, Ricardo (coord.). **Novo código civil comentado**. 4. ed. São Paulo: Saraiva, 2005.

FRAGA, Affonso. **Direitos *reaes* de garantia**: penhor, *antichrese* e *hypotheca*. São Paulo: Saraiva & Comp., 1933.

FRANCESCHELLI, Remo. *Il "Trust" nel diritto inglese*. Pádua: Cedam, 1935.

_____. *La garanzia reale dei crediti nel diritto romano clássico e nel diritto inglese (fiducia cum creditore e mortgage*. In: *Studi in memoria di Aldo Albertoni*, v. III. Pádua: Cedam, 1935.

FOERSTER, Gerd. **O "trust" do Direito Anglo-Americano e os negócios fiduciários no Brasil**: perspectiva de direito comparado (considerações sobre o acolhimento do "trust" pelo direito brasileiro). Porto Alegre: Sergio Antonio Fabris Ed., 2013.

FULGÊNCIO, Tito. **Direito real de hipoteca**, v. I. Atualização de José de Aguiar Dias. Rio de Janeiro: Forense, 1960.

GODOY, Luciano de Souza; SERAFIM, Tatiana Flores Gaspar; MARTINIANO, Marcela Machado. O processo de recuperação judicial testa a eficácia do patrimônio de afetação. **Revista de Direito Recuperacional e Empresa**, São Paulo, v. 6, out./dez. 2017.

GOMES, Orlando. Contrato de Fidúcia ("trust"). In: **Revista Forense**, Rio de Janeiro, v. 211, ano 62, p. 11-20, jul./set. 1965.

_____. **Alienação Fiduciária**. 4. ed. São Paulo: Revista dos Tribunais, 1975.

_____. **Introdução ao Direito Civil**. 14. ed. Rio de Janeiro: Forense, 1999.

_____. **Direitos reais**. Atualização de Humberto Theodoro Júnior. 18. ed. Rio de Janeiro: Forense: 2002.

GONÇALVES, Aderbal da Cunha. **Da propriedade resolúvel**: sua projeção na alienação fiduciária em garantia. São Paulo: Revista dos Tribunais, 1979.

GONÇALVES, Carlos Roberto. **Direito Civil Brasileiro**, v. 5. 4. ed. São Paulo: Saraiva, 2009.

GRAU, Eros Roberto. Negócio jurídico inexistente – Alienação fiduciária em garantia: existência, validade e eficácia do negócio jurídico. In: **Revista de direito civil, imobiliário, agrário e empresarial**, São Paulo, v. 40, ano 11, p. 160-170, abr./jun. 1987.

GUEDES, Gisela Sampaio da Cruz. TERRA, Aline de Miranda Valverde. Alienação fiduciária em garantia de bens imóveis: possíveis soluções para as deficiências e insuficiências da disciplina legal. In: GUEDES, Gisela Sampaio da Cruz; MORAES, Maria Celina Bodin de; MEIRELES, Rose Melo Vencelau (Coords.). **Direito das Garantias**. São Paulo: Saraiva, 2017.

REFERÊNCIAS

_____; _____. Pacto comissório vs. Pacto Marciano: estruturas semelhantes com repercussões diversas. In: GUEDES, Gisela Sampaio da Cruz; MORAES, Maria Celina Bodin de; MEIRELES, Rose Melo Vencelau (Coords.). **Direito das Garantias**. São Paulo: Saraiva, 2017.

HILDEBRAND, Lucas Fajardo Nunes. Patrimônio, patrimônio separado ou especial, patrimônio autônomo. In: AZEVEDO, Erasmo Valladão; FRANÇA, Novaes (coord.). *Direito Societário Contemporâneo I*. São Paulo: Quartier Latin, 2009.

JACQUELIN, René. *De la fiducie*. Paris: A. Giard, Libraire-Éditeur, 1891.

KOJRANSKI, Nelson. Pacto comissório e a alienação fiduciária. In: NASCIMBENI, Asdrubal Franco; MARCACINI, Augusto Tavares Rosa; BERTASI, Maria Odete Duque (coord.). **Contratos empresariais interpretados pelos tribunais**. São Paulo: Quartier Latin, 2015.

LIMA, Otto de Sousa. **Negócio fiduciário**. São Paulo: Revista dos Tribunais, 1962.

LOBO, Jorge. Cessão Fiduciária em garantia de recebíveis performados e a performar. In: ANDRIGHI, Fátima Nancy; BENETI, Sidnei; ABRÃO, Carlos Henrique (Coords.). **10 anos de vigência da lei de recuperação e falência (Lei n. 11.101/2005)**: retrospectiva geral contemplando a Lei n. 13.043/2014 e a Lei Complementar n. 147/2014. São Paulo: Saraiva, 2015.

LONGO, Carlo. *Corso di diritto romano*. XI: la fiducia. Milão: *A. Giuffrè*, 1933.

LOPES, Miguel Maria de Serpa. **Curso de direito civil**, v. 6: Direito das coisas. Atualização de José Serpa Santa Maria. 4. ed. Rio de Janeiro: Freitas Bastos, 1996.

LOUREIRO, Francisco Eduardo. **Código Civil comentado**: doutrina e jurisprudência, 8. ed. In: PELUSO, Cezar (Coord.). Barueri: Manole, 2014.

MARINO, Francisco Paulo de Crescenzo. Notas sobre o negócio jurídico fiduciário. **Revista Trimestral de Direito Civil**, Rio de Janeiro, v. 20, ano 5, p. 35-63, out./dez. 2004.

_____. **Contratos coligados no direito brasileiro**. São Paulo: Saraiva, 2009.

MARKY, Thomas. **Curso elementar de direito romano**. 8. ed. São Paulo: Saraiva, 1995.

MARTINS-COSTA, Judith. Os negócios fiduciários – considerações sobre a possibilidade de acolhimento do "trust" no direito brasileiro. **Revista dos Tribunais**, São Paulo, v. 657, ano 79, p. 3-50, jul. 1990.

MARTINS, Fran. **Comentários à Lei das Sociedades Anônimas**. 4. ed., rev. e atual. Rio de Janeiro: Forense, 2010.

MARTINS, Raphael Manhães. A propriedade fiduciária no direito brasileiro: uma proposta para a construção do modelo dogmático. **Revista jurídica empresarial**, n. 14, ano 3, p. 145-162, mai./jun. 2010.

MARRONE, Matteo. *Istituzioni di diritto romano*. 3. ed. Palermo: *Palumbo*, 2006.

MARTORELL, Mariano Navarro. *La propriedad fiduciária*. Barcelona: *Bosch*, 1950.

MEIRA, Sílvio Augusto de Bastos. **Instituições de direito romano**. 2. ed. São Paulo: Max Limonad, 1962.

MIRANDA, Custódio da Piedade Ubaldino. Negócio jurídico indireto e negócios fiduciários. **Revista de Direito Civil, Imobiliário, Agrário e Empresarial**, v. 29, ano 8, p. 81-94, jul./set. 1984.

MIRANDA, Francisco Cavalcanti Pontes de. **Tratado de Direito Privado**, t. 3, 3. ed. Rio de Janeiro: Borsoi, 1970.

_____. **Tratado de Direito Privado**, t. 11. Atualização de Luiz Edson Fachin. São Paulo: Revista dos Tribunais, 2012.

_____. **Tratado de Direito Privado**, t. 21. Atualização de Nelson Nery Jr. e Luciano de Camargo Penteado. São Paulo: Revista dos Tribunais, 2012.

_____. **Tratado de Direito Privado**, t. 23. Atualização de Nelson Nery Jr. e Rosa Maria de Andrade Nery. São Paulo: Revista dos Tribunais, 2012.

MESSINA, Giuseppe. *Scritti Giuridici*, v. 1. Milão: A. Giuffrè, 1948.

MOLLE, Giacomo. *Manuale di diritto bancário*. 2. ed. Milão: A. Giuffrè, 1977.

MONTEIRO, Washington de Barros. **Curso de direito civil**, v. 3: Direito das coisas. 35. ed. rev. e atual. São Paulo: Saraiva, 1999.

NASSER, Paulo Magalhães; SILVA, Candice Buckley Bittencourt. Anotações sobre a propriedade fiduciária e a alienação fiduciária em garantia. In: VENOSA, Sílvio de Salvo; GAGLIARDI, Rafael Villar; NASSER, Paulo Magalhães (Coords.). **10 anos do Código Civil**: desafios e perspectivas. São Paulo: Atlas, 2012.

NOGUEIRA, André Carvalho. Propriedade fiduciária em garantia: o sistema dicotômico da propriedade no Brasil. **Revista de Direito Bancário e do Mercado de Capitais**, São Paulo, n. 39, ano 11, p. 56-78, jan./mar. 2008.

NORONHA, Fernando. A alienação fiduciária em garantia e o leasing financeiro como supergarantias das obrigações. **Revista dos Tribunais**, São Paulo, v. 845, p. 37-49, mar. 2006.

OLIVA, Milena Donato.; RENTERÍA, Pablo. Fidúcia: a importância da incorporação dos efeitos do trust no direito brasileiro. **Revista Trimestral de Direito Civil**, Rio de Janeiro, v. 48, p. 27-61, out./dez. 2011.

OLIVA, Milena Donato. **Do negócio fiduciário à fidúcia**. São Paulo: Atlas, 2014.

_____. O contrato fiduciário previsto no Projeto de Lei do Senado 487/2013: titularidade fiduciária e separação patrimonial. In: COELHO, Fábio Ulhoa; LIMA, Tiago Astor Rocha; NUNES, Marcelo Guedes (Coords.). **Novas reflexões sobre o projeto de código comercial**. São Paulo: Saraiva, 2015.

OLIVEIRA, Gleydson Kleber Lopes de. **Comentários ao Código Civil brasileiro**, v. 12: da propriedade, da superfície e das servidões. In: ALVIM, Arruda; ALVIM, Thereza (Coord.). Rio de Janeiro: Forense, 2004.

PALHARES, Cinara. **Distribuição dos riscos nos contratos de crédito ao consumidor**. Tese (Doutorado em Direito Civil) – Faculdade de Direito, Universidade de São Paulo, São Paulo, 2014.

PENTEADO, Luciano de Camargo. **Direito das coisas**. São Paulo: RT, 2008.
PEREIRA, Caio Mário da Silva. **Instituições de direito civil**, v. 4. 21. ed. Rio de Janeiro: Forense, 2013.
PEREIRA, Lafayette Rodrigues. **Direito das coisas**, adaptação ao Código Civil por José Bonifácio de Andrada e Silva. 6. ed. Rio de Janeiro: Freitas Bastos, 1956.
PETTIT, Philip H. ***Equity and the law of trusts***. 10. ed. Oxford: *University Press*, 2006.
POTTER, Harold. ***Potter's historical introduction to English law and its instittutions***. Atualização de Albert Kenneth Roland Kiralfy. 4. ed. Londres: *Sweet & Maxwell*, 1958.
RESTIFFE, Paulo Sérgio. Garantias tradicionais no novo Código Civil. **Revista dos Tribunais**, São Paulo, v. 821, p. 731 et seq, mar. 2004.
RESTIFFE NETO, Paulo; RESTIFFE, Paulo Sérgio. **Garantia fiduciária**: direito e ações: manual teórico e prático com jurisprudência. 3. ed. rev., atual. e ampl. São Paulo: Revista dos Tribunais, 2000.
RIZZARDO, Arnaldo. **Responsabilidade civil**. Rio de Janeiro: Forense, 2005.
ROBERT, Bruno. **Dividendo mínimo obrigatório nas S.A.**: apuração, declaração e pagamento. São Paulo: Quartier Latin, 2011.
RODOTÀ, Stefano. ***Il terribile diritto: studi sulla proprietà privata***. 2. ed. Bolonha: *Società editrice il Mulino*, 1990.
RODRIGUES, Silvio. **Direito civil**: Direito das coisas, v. 5. 28. ed. rev. e atual. de acordo com o novo Código Civil. São Paulo: Saraiva, 2003.
SACRAMONE, Marcelo Barbosa; PIVA, Fernanda Neves. Cessão fiduciária de créditos na recuperação judicial: Requisitos e limites à luz da jurisprudência. **Revista de Direito Bancário e do Mercado de Capitais**, São Paulo, v. 72, p. 133-155, abr./jun. 2016.
SANTOS, Joaquim Antonio de Vizeu Penalva. O negócio fiduciário no direito brasileiro. In: SANTOS, Theophilo de Azevedo (Coord.). **Novos estudos de direito comercial em homenagem a Celso Barbi Filho**. Rio de Janeiro: Forense, 2003.
SANTOS, José Beleza dos. **A simulação em direito civil**. 2. ed. São Paulo: Lejus, 1999.
SCALZILLI, João Pedro; SPINELLI, Luis Felipe; TELLECHEA, Rodrigo. **Recuperação de empresas e falência**. São Paulo: Almedina, 2016.
SILVA, De Plácido e. **Vocabulário Jurídico**. 18. ed. Rio de Janeiro: Forense, 2001.
SILVA, Fábio Rocha Pinto e. **Garantias Imobiliárias em Contratos Empresariais**: Hipoteca e Alienação Fiduciária. São Paulo: Almedina, 2014.
_____. **Garantias das obrigações**: uma análise sistemática do direito das garantias e uma proposta abrangente para sua reforma. São Paulo: Editora IASP, 2017.
SILVA, Luiz Augusto Beck da. **Alienação fiduciária em garantia**. 3. ed. Rio de Janeiro: Forense, 1998.

SZTAJN, Rachel. Externalidades e custos de transação: a redistribuição de direitos no novo Código Civil. **Revista de Direito Mercantil**, São Paulo, n. 133, ano XLIII, jan./mar. 2004.

_____. **Sistema Financeiro**. Rio de Janeiro: Elsevier, 2010.

STEPHEN, Sir James Fitzjames. *Commentaries on the laws of England*, v. II: *law of property*. Atualização de Edward Jenks. 18. ed. Londres: *Butterworth*, 1925.

STURZENEGGER, Luiz Carlos; CAVALCANTI, Henrique Leite. A situação do proprietário fiduciário de direitos creditórios em garantia, originados de contratos de cessão fiduciária, nos casos de submissão do devedor a regime de quebra. **Revista de Direito Bancário e do Mercado de Capitais**, São Paulo, v. 63, ano 17, p. 43-70, jan./mar. 2014.

TEIXEIRA, Egberto Lacerda; GUERREIRO, José Alexandre Tavares. **Das sociedades anônimas no direito brasileiro**. São Paulo: J. Bushatsky, 1979.

TEPEDINO, Gustavo. A incorporação dos direitos fundamentais pelo ordenamento brasileiro: sua eficácia nas relações jurídicas privadas. **Revista da AJURIS**, n. 100, ano 32, p. 153-167 dez. 2005.

_____.; BARBOZA, Heloisa Helena; MORAES, Maria Celina Bodin de. **Código Civil interpretado conforme a Constituição da República**, v. III. Rio de Janeiro: Renovar, 2011.

TERRA, Marcelo. **Alienação fiduciária de imóvel em garantia**. Porto Alegre: Sergio Antonio Fabris, 1998.

VASCONCELOS, L. Miguel Pestana de. **A Cessão de Créditos em Garantia e a Insolvência** – Em Particular da Posição do Cessionário na Insolvência do Cedente. Coimbra: Coimbra Editora, 2007.

_____. **Direito das garantias**. Coimbra: Almedina, 2011.

VASCONCELOS, Pedro Pais de. **Contratos Atípicos**. Tese (Doutorado em Direito) da Universidade de Coimbra. Coimbra: Almedina, 1995.

VENOSA, Sílvio de Salvo. **Código civil comentado**: direito das coisas, posse, direitos reais, propriedade, artigos 1.196 a 1.368, v. XII. In: AZEVEDO, Álvaro Villaça (Coord.). São Paulo: Atlas, 2003.

_____. **Direito civil: reais**. 18. ed. São Paulo: Atlas, 2018.

VIANA, Marco Aurelio da Silva. **Comentários ao Novo Código Civil**, v. xvi: dos direitos reais. In: TEIXEIRA, Sálvio de Figueiredo (Coord.). Rio de Janeiro: Forense, 2003.

WALD, Arnoldo. Da alienação fiduciária. **Revista dos Tribunais**, São Paulo, v. 400, ano 58, p. 25-30, fev. 1969.

_____. Novos instrumentos para o direito imobiliário: fundos, alienação fiduciária e "leasing". **Revista dos tribunais**, São Paulo, v. 432, ano 60, p. 249-253 out. 1971.

_____. Algumas considerações a respeito da utilização do "trust'" no direito brasileiro. **Revista de Direito Mercantil, Industrial, Econômico e Financeiro**, São Paulo, n. 99, ano 34, p. 105-120, jul./set. 1995.

_____. A patologia do direito bancário: causas e soluções – uma primeira visão panorâmica. **Revista de Direito Bancário e do Mercado de Capitais**, São Paulo, v. 7, p. 36-52, jan./mar. 2000.

_____. **Direito das coisas**. Atualização de Álvaro Villaça Azevedo e Véra Fradera. 11. ed. São Paulo: Saraiva, 2002.